Barkkel

Über dieses Buch

Filmstars sind verkörperte Mythen, die nicht nur in der Filmgeschichte, sondern tief in der Sozialgeschichte wurzeln. Sie haben Generationen in ihrem Verhalten, in ihrem Habitus, sogar in ihrer Moral beeinflußt. Umgekehrt waren sie auch präzise Verkörperungen von Zeitstimmungen, sozialgeschichtliche Figurationen. Sie sind Leitbilder und Image-Macher, die uns von der Filmindustrie zur bewundernden Nachahmung angeboten werden, gleichzeitig aber auch Schauspieler mit individuellen Eigenarten. Das hohe Sozialprestige der Hollywood-Stars etwa – sie nehmen in diesem Buch aus filmhistorischen und typologischen Gründen eine vorherrschende Stellung ein – ist Indiz für das Ausmaß, mit dem sie an der Meinungsbildung teilhaben. Die prägenden Großen – wie Bogart, Dean und Monroe noch in der Spätzeit des großen Starkinos Ende der 50er Jahre – haben die Gefühle ihrer Zeit sowohl ausgedrückt, als auch mitbestimmt und überdauert. Als Halbgötter unserer Zeit, fast mythische Gestalten, Spiegelbilder *und* Vorbilder unseres Jahrhunderts, sind die Stars auch heute, wo der Film nicht mehr kulturelles Zentrum ist, aber erneut an Bedeutung gewinnt, allgegenwärtig. In der Spannung zwischen individuellem Talent und Typage, Biographie und Marktwert entstehen Größe und Tragik, Glanz und Elend der Filmgestalten.

Die Filmgeschichte ist, wenn sie Leben und Legende der Leinwandstars ernst nimmt, immer auch Sittengeschichte. Bizarre Details aus dem Alltag der Kinowelt sind nicht nur individuell aufregend, sie zeigen auch die Sklavenarbeit in der Träumefabrik, die Sehnsüchte und ihren Verschleiß. Davon spricht dieses Buch. Es zeigt den wirklichen Star, der repräsentativ sein sollte für das individuelle Selbstverständnis und die Etikette der Liebe in der modernen Gesellschaft. Stars waren am größten, wenn sie diese Fähigkeit mit einer weiteren verbinden konnten: mit ihrem eigenen Image identisch zu sein.

Die Autoren

Adolf Heinzlmeier, Gestalter, Schriftsetzer und Hersteller, Studium der Germanistik, Romanistik und Philosophie, arbeitet über Filmtheorie und Kinomythen, lebt in Frankfurt und Straßburg.

Berndt Schulz, Germanist, mit den Spezialgebieten Filmästhetik und -theorie. Herausgeber von volkskundlich-literarischen Sammlungen. Kursleiter an einem Institut für Erwachsenenbildung. Dreht gerade einen Film über ein Lerngruppenprojekt.

Karsten Witte, Filmkritiker. Herausgeber der *Schriften* von Siegfried Kracauer und der *Theorie des Kinos*. Verschiedene Aufsätze in Sammelwerken, Fachzeitschriften, Kritiken in »Frankfurter Rundschau« und »DIE ZEIT«.

Adolf Heinzlmeier/Berndt Schulz/Karsten Witte

Die Unsterblichen des Kinos

Band 2:
Glanz und Mythos
der Stars der 40er und 50er Jahre

Fischer
Taschenbuch
Verlag

Lektorat: Ingeborg Mues
Das Bildmaterial hat Jürgen Menningen
aus seiner Sammlung zur Verfügung gestellt.

Originalausgabe
Fischer Taschenbuch Verlag
August 1980

Umschlagentwurf: Jan Buchholz/Reni Hinsch
(Foto: Sammlung Menningen)

Fischer Taschenbuch Verlag GmbH, Frankfurt am Main
© Fischer Taschenbuch Verlag GmbH, Frankfurt am Main, 1980
Gesamtherstellung: Clausen & Bosse, Leck
Printed in Germany
980-ISBN-3-596-23658-4

Inhalt

Vorwort		7
Humphrey Bogart	Doch ein Held	11
Ingrid Bergman	Pin-up des Herzens	23
Hans Albers	Athlet in Halbseide	33
Bette Davis	Marked Woman – Die gezeichnete Frau	43
Cary Grant	Der Gentleman als Komödiant	53
Tyrone Power	Freibeuter des Herzens	63
Vivien Leigh	Die Lady	71
Orson Welles	Überlebensgroß: Mr. Selfmademan	77
Rita Hayworth	Cover Girl	91
James Stewart	Der Mann aus Laramie	97
Gérard Philipe	Den Teufel im Leib	105
Hildegard Knef	Das Trümmermädchen	113
Simone Signoret	Diana als Schlampe	121
Brigitte Bardot	Wildfang mit Schmollmund	129
Maria Schell	Blondes Gemüt	137
Marlon Brando	Der Wilde	147
Marilyn Monroe	Zwei Seelen in der Brust	161
James Dean	Rebell ohne Ziel	175
Elizabeth Taylor	Die schöne Naive und die Whiskyflasche	185
Gregory Peck	Der aufrechte Amerikaner	195
Audrey Hepburn	Lolita der H-Linie	203
Sophia Loren	Herrlich, eine Frau zu sein	211
John Wayne	Der schwarze Falke	219
Jeanne Moreau	Femme fatale	231
Star-Typage und Varianten		239
Filmographien		255
Bildnachweis		271

Vorwort

Man hat hervorgehoben, daß die Lehren des Kinofilms sich an den ganzen Körper wenden (Wsewolod Pudowkin). Wir gehen ins Kino, um unser waches Ich in der Bilderflut zu ertränken. Aus der Tiefe des hypnotischen weißen Rechtecks steigen urplötzlich alle Geheimnisse der Einbildung auf, die uns vom Würgegriff bloßer Vernünftigkeit lostrennen. Wir erleben die »Fahrt durch die Luft mit dem Teufel Asmodi, der alle Dächer abhebt, alle Geheimnisse freilegt« (H. v. Hofmannsthal). Der Kinofilm, »diese Musik, die uns durch das Auge erreicht« (Elie Faure), ermöglicht uns die Vorführung einer grenzenlos lebenshaltigen Wirklichkeit, die in alle Richtungen Fluchtwege für Träume eröffnet.

Dagegen wird die Rationalität unseres Alltags immer abstrakter. In jedem Menschen steckt aber ganz elementar das Bedürfnis nach sinnlicher Lebenswirklichkeit und -wahrnehmung, ein »Hunger nach Sinn« (Alexander Kluge), der durch pure Technologie nicht abspeisbar ist.

Das Kino erscheint nun als getreues Abbild verdichteten, authentischen Lebens. Einer Zuschauerin war es nach einem Kinobesuch, als hätte sie »mitten im Leben gestanden«. Und wo das Kino Leben simuliert, reagieren wir sofort, die wir im Grunde andere Menschen, glückliche Beziehungen, nicht-gewöhnliche Gelegenheiten suchen, die unser Einzelschicksal vergessen machen und unser Alleinsein mit dem Feuerwerk besserer Möglichkeiten illuminieren. Ein Zuschauer drückte es so aus: »An manchen Tagen treibt mich eine Art Menschenhunger ins Kino.«

Der Leinwandstar ist der natürliche Träger dieses streunenden Lebens- und Menschenhungers. Weil der Film immer Bilder von der Grenze zu unbekannten Schönheiten, unerwarteten Geheimnissen liefert, also Licht und Schatten immer alles offenbaren können, werden die Leinwandstars – ganz körperlich – zu »realen Geheimnissen«. Das Starsystem nutzt diese natürliche, primär körperliche An-

7

ziehungskraft, hinter der Ideen oder Sachen zurücktreten.

Ist ein Star einmal kreiert, dann reicht seine Ausstrahlung über den Zusammenhang hinaus, in dem er erscheint. Unabhängig von der Rolle, die der Star spielt, verbindet ihn mit der Welt »außerhalb«, einer Welt, die mit der Erfahrung der Zuschauer so gespickt ist, daß sie für die Wirklichkeit gehalten werden kann, sein realistischer Typus. Sein Lächeln ist Alltag, es gehört ihm selbst. Seine Bewegungen und Gesten, seine Körpersprache, entstammen der Choreografie des Gewöhnlichen. Wie er über die Straße geht, um einen Drink zu nehmen, daran erkennen wir uns selbst. Erst wenn alle gewöhnlichen Anteile erschöpft sind, erscheint dahinter der Zauber seiner Unerreichbarkeit. Diese Aura macht ihn zum Star. In ihr erfährt die soziale Libido eine genußreiche Abfuhr.

Filmstars sind verkörperte Mythen, die nicht nur in der Filmgeschichte, sondern tief in der Sozialgeschichte wurzeln. Sie haben Generationen in ihrem Verhalten, in ihrem Habitus, sogar in ihrer Moral beeinflußt. Umgekehrt waren sie auch präzise Verkörperungen von Zeitstimmungen, sozialgeschichtliche Figurationen. Sie sind Leitbilder und Image-Macher, die uns von der Filmindustrie zur bewundernden Nachahmung angeboten werden, gleichzeitig aber auch Schauspieler mit individuellen Eigenarten. Das hohe Sozialprestige der Hollywood-Stars etwa – sie nehmen in diesem Buch aus filmhistorischen und typologischen Gründen eine vorherrschende Stellung ein – ist Indiz für das Ausmaß, mit dem sie an der Meinungsbildung teilhaben. Die prägenden Großen, wie Bogart, Dean oder Monroe, noch in der Spätzeit des alten Starkinos Ende der 50er Jahre, haben die Gefühle ihrer Zeit sowohl ausgedrückt als auch mitbestimmt und überdauert. Als Halbgötter unserer Zeit, Spiegelbilder *und* Vorbilder unseres Jahrhunderts sind die Stars auch heute allgegenwärtig.

Die Filmgeschichte ist, wenn sie Leben und Legende der Leinwandstars ernst nimmt, immer auch Sittengeschichte. Bizarre Details aus dem Alltag der Kinowelt und Kinomaschine sind nicht nur individuell aufregend, sie zeigen auch die Sklavenarbeit in der Träumefabrik, die Sehnsüchte und ihren Verschleiß. Die Filmindustrie hat seit ihrem Bestehen auch einen Film *über* ihre Stars gedreht, der deren legendäres, aber auch ihr zerbrochenes Leben zum Thema hatte und es zugleich verursachte. Auch davon spricht dieses Buch. Es stellt die wirklichen Stars heraus, die verschiedene Rollen auf sich vereinten: Sie waren richtungweisend für die Mann-Frau-Beziehung, sie machten dem individuellen Selbstverständnis in der Industriegesellschaft Angebote, und sie nahmen Rollen und gesellschaftliche Etikette der Liebe auf und formten sie mit ihrer Persönlichkeit um.

Ein solcher repräsentativer Startyp ist häufig mit seiner eigenen Variation konfrontiert worden. Kopien, Doubles und Epigonen sind ihm zur Seite getreten. Wir haben in unsere Auswahl die Stars aufgenommen, die uns authentisch erschienen für ihren Typus, deren schauspielerische Kraft dennoch die Gefahren der Typage überstand und die trotz ihrer Vielseitigkeit die Eigenschaft hatten, mit ihrem eigenen Image identisch zu sein. Schon aus Platzgründen mußten wir notwendigerweise andere große Stars in einem Schlußkapitel zusammenfassend darstellen. Auf Genrestars haben wir von vornherein verzichtet; ihre Darstellung erforderte einen eigenen Band.

Heute, wo das Interesse am Kino wieder ansteigt, kann man mit Genugtuung auch ein stärkeres Interesse an Filmliteratur, ohne die sich eine neue Filmkultur nicht entwickeln kann, konstatieren. Es gibt aber mehr als den »Jungen aktuellen Film« und die Reflexion darauf. Es gibt z. B die gefilmte und geschriebene *Geschichte* des Kinos. Soll der ansteigende Filmtrend einen soliden Unterbau erhalten, so kann die Arbeit an der Retrospektive der Filmgeschichte, die von den Kommunalen und Programmkinos begonnen wurde, gar nicht breit genug sein. Unser Buch will dazu, in einem bewußt spezifischen und begrenzten Bereich, seinen Beitrag leisten.

Frankfurt/Berlin, Januar 1980

Humphrey Bogart
Doch ein Held

»Die Welt ist drei Drinks zurück ...«

Humphrey DeForest Bogart: Aus seinen Filmen setzen sich Einzelteile zu einem Bild zusammen. Der tiefsitzende Hut, gegürteter Trenchcoat, bequeme Hosen, in deren Bund er die Daumen verhakt. Um seine nicht große Gestalt etwas wie Verlorenheit; das Zähneblecken: wie bei einem fröhlichen Skelett. Zog er die Oberlippe hoch und lächelte, meinte man, den Tod an der Arbeit zu sehen. Er war hartgesotten; frisch rasiert machte er den schlechtesten Eindruck; an seinen Kinnstoppeln hätte man gern ein Streichholz angezündet.

Bogarts Leben entsprach ganz seiner Filmexistenz. Er war stets er selbst. Nur so ist sein Mythos zu erklären, der in der Spätzeit des Films nicht seinesgleichen hat. Und doch ist Bogart nie ohne Fallschirm aus Flugzeugen gesprungen, und kein »Bum«* fand den Tod von seiner Hand. Sein Mythos ist Filmmythos. Die schillernden Umrisse seiner 75 Filmauftritte schrumpfen zu einem Kinoposter von starkem Wiedererkennungswert. Wer war Humphrey Bogart?

Nach den glaubwürdigsten Quellen ist er am 23. 1. 1899 geboren, in New York, wo man weiß, daß nur Geld und Gewalt nach oben führen. Seine Mutter: die talentierte Grafikerin Maud Humphrey Bogart. Der Vater: Dr. Belmont DeForest Bogart, ein vermögender Arzt, der aber dem Sohn 10000 Dollar Schulden hinterließ. Der Junge besuchte zunächst Renommierschulen, aber der Prestigetraum der Eltern, die »Yale University«, blieb unerreichbar.

Den Ersten Weltkrieg erlebte Humphrey bei der Marine. Danach beschließt er, Schauspieler zu werden. Von 1920 bis 1930 leiht er diversen Theaterbühnen sein Talent, er wartet darauf, daß der Film ihn entdeckt.

Aber zwischen New York und Hollywood liegen 3500 Meilen, ein weiter Weg. Humphrey Bogart braucht dreißig Jahre dafür. In der

---

* Ein »Bum« war für Bogart jemand, den er aufrichtig verachtete.

zehnminütigen Filmkomödie *Broadway's like that* (1930) bekommt der Broadwaymime Bogart seine erste kleine Nebenrolle. Immerhin folgt noch im gleichen Jahr sein Spielfilmdebüt. Irving Cummings verfilmt *A Devil with Woman*, und Bogart ist seiner Firma, der Fox, schon einen 3000-Dollar-Vertrag wert.

Danach übernimmt Bogart kleinere Rollen in Gesellschaftsstücken, spielt Gangster, Polizisten oder Soldaten, entwickelt jedoch keinen eigenen Stil. Äußerlich gleicht er eher Zeppo Marx, dem jüngsten der Marx-Brothers. Er ist ein glatter Junge vom Broadway, dessen Wunsch es ist, der Clark Gable der Fox zu werden. Erst der Lauf der Ereignisse graviert jenen schicksalhaften Zug in sein Gesicht; die nichtssagende Adrettheit des grimassierenden Partyhelden weicht erst zögernd.

Die große Chance erhält Bogart mit der Rolle des rüden Gangsters Duke Mantee in *The Petrified Forest* (1935), die er schon am Broadway verkörpert hatte. In diesem Lichtspiel kann Bogart zum ersten Mal mit seiner Anwesenheit beeindrucken, er beherrscht die Szenen.

Nach diesem eigentlichen Karrierebeginn ist Bogart als schwerer Junge vom Dienst in den Burbank Studios bei *Warner Brothers* festgelegt. Seine stoische Maxime sollte sein: zu hassen.

Tatsächlich waren Gangsterkarrieren auf der Leinwand wie die Bogarts Ausdruck eines realen gesellschaftlichen Hintergrundes jener Jahre. Nicht nur im Kino machte mit Gewalt Karriere, wem die Geburt den Anteilschein am süßen Leben verweigert hatte. Die Prohibition war nur der äußere Anlaß für eine Blütezeit schwerer Gangster, die ganze Städte regierten. Hollywood schaltete um und schuf seinen ersten realistischen Typus: den hartgesottenen Durchschnittsburschen. Er machte Geschäfte wie alle, und daß seine Tüchtigkeit jenseits der Gesetze Erfolg hatte, war weniger als ein Schönheitsfehler, es war Alltag. Als dramaturgisches Element garantierte es Milieuschärfe und den kritischen Blick auf die seriöse Gesellschaft.

Von den Positionen der legalen Geschäftemacher aus betrachtet, erregten die gewöhnlichen Gangster zwar die Öffentlichkeit, vertraten aber eine veraltete Wirtschaftsweise. Gegenüber dem hochindustrialisierten Reibach der Konzerne machten sie ihren Schnitt in Handarbeit. Gangsterdarsteller wie Bogarts Kollegen Edward G. Robinson und James Cagney bei Warner waren jedenfalls noch in der Niederlage talentiert genug, dem Zuschauer das Gefühl zu geben, die wirklich schweren Jungs seien davongekommen. Später war Bogart der zuständige Mann, dieses Gefühl zu erzeugen. Vorerst suchte er noch seine Rolle und beschreibt diese Zeit später so: »Ich war der Sand-

sack ... für jeden ... ging immer drauf und kriegte nie das Mädchen.«
Bogart bleibt Gefangener klischierter Gangster-Hauptrollen in zweitrangigen Kinodramen, ist schlecht gelaunt und denkt sogar zeitweise an Selbstmord. In seinen ersten 34 Filmen stirbt er zwanzigmal eines unnatürlichen Todes: Zwölfmal trifft ihn eine Kugel, in acht Leinwandwerken richtet ihn die Gewalt der Justiz. Auch sein Privatleben verläuft nicht glücklich. Nach zwei mißratenen Ehen mit den Schauspielerinnen Helen Menken (1926-27) und Mary Phillips (1928-37), heiratet er 1938 die kapriziöse Mayo Methot. Es wird eine geräuschvolle Verbindung, die nicht selten in tätliche Auseinandersetzungen mündet und bis 1945 hält. Bogart trinkt viel und wartet ohne übermäßiges Vertrauen auf seine Chance.
Raoul Walshs Kinostück *High Sierra* (1940) wird der Wendepunkt in seiner Laufbahn. John Huston schreibt das Drehbuch zu einer Sträflings-Rolle, die von Warner-Stars wie George Raft und Paul Muni abgelehnt worden war. Bogart leiht der Figur des Gangsters Roy Earle, der auf der Flucht ist und zur Strecke gebracht wird, unverwechselbares Profil. Ein Bogart-Charakter wird geboren: der hartgesottene Einzelgänger, zuverlässig als Partner und unbeirrbar als Feind, ein abgeklärter Mann, der das Leben kennt, betrogen worden ist und seine Gefühle hinter lakonischer Härte verbirgt. Dieser Film, Bogarts vierzigster und einer seiner besten überhaupt, wird zum Kassenschlager. Der Erfolg beschert nicht nur ihm, sondern auch

Gefühle hinter lakonischer Härte (mit Ida Lupino in *High Sierra*).

John Huston große Aufträge. Hustons Remake des schwarzen Kriminalromans *The Maltese Falcon* (»Die Spur des Falken«, 1941) von Dashiell Hammett wird als bester Privatdetektivfilm aller Zeiten gerühmt. Bogey, wie ihn seine Freunde nennen, spielt darin den kleingewachsenen Satan Sam Spade, diesmal auf der salonfähigen Seite des Gesetzes, deshalb aber nicht minder ausgekocht. Auf der Jagd nach dem kostbaren Falken bringt er eine Abenteuerbande und die Gangsterbraut, *die er liebt,* zur Strecke. Sein Lohn erweist sich am Ende als wertlos, und er bleibt geprellt, aber unbeeindruckt zurück. Mit diesem düsteren Thriller ist Bogarts Dasein in der zweiten Reihe endgültig Vergangenheit. Die noch folgenden 33 Fime bis zu seinem Tod sehen ihn immer als die Nummer eins in Werbung und Vorspann. Er ist der Star der Warner-Studios und ab 1943, einem Jahr, in dem er allein vier lange und einen Kurzfilm dreht, einer der zehn bestbezahlten Filmstars der Welt.

Mit seinem Freund John Huston arbeitet Bogart in fünf weiteren Filmen zusammen, die seine persönlichsten geworden sind. Er liefert darin Charaktere, deren Denken und Handeln völlig mit der Story verschmelzen. Werke wie: *The Treasure of the Sierra Madre* (»Der Schatz der Sierra Madre«, 1947), *Key Largo* (»Hafen des Lasters«, 1948) und *The African Queen* (1951) dokumentieren die identische Filmauffassung des Gespanns Huston/Bogart. Sie machen, mit Howard Hawks' *The Big Sleep* (»Tote schlafen fest«, 1945) und *To Have and Have not* (»Haben und Nichthaben«, 1944) und Michael Curtiz' *Casablanca* (1942), Bogeys eigentlichen Ruhm aus.

Casablanca ist gleichzeitig das Herzstück der Bogartschen Legende. Hier erreicht der Schauspieler eine Stufe, auf der alle Zutaten des Bogart-Charakters versammelt sind. In einer Atmosphäre, die zwischen Romantizismus und Widerstandspathos changiert, spielt Bogart den unengagierten, bisweilen zynischen Amerikaner Rick Blaine, der seine gutbesuchte Bar in Casablanca – einer Enklave des Vichy-Faschismus – managt. Durch das Auftauchen seiner einstigen Geliebten (Ingrid Bergman) gerät er in ein Bombardement von Gefühlen, die ihn auch als politisches Individuum reaktivieren.

Die Vereinigung von menschlichen Schwächen und politischer Moral, typisch für den »Bogartschen Menschen« (André Bazin), erreicht in dieser Figur antizipatorisches Format. »Die Probleme der Welt schlagen nicht in mein Fach. Ich bin Barbesitzer«, verkündet Bogart-Blaine. Oder: »Ich tue alles – für mich selbst.« Wer Bogeys lakonisches Selbstverständnis mehrfach im gleichen Lichtspiel genossen hat, ist geneigt, es schließlich selbst mit rauhem Sachverstand zu vertreten. »Ich halte meinen Kopf für niemanden hin.«

Und doch springt der Held schließlich in die Bresche und hilft den

14

Casablanca: Herzstück der Legende vom Bogartschen Menschen (mit Ingrid Bergman, Claude Rains, Pau Henreid).

Verfolgten. So geschieht es in *Casablanca* und in einer Reihe *schwarzer Filme,* die Bogarts lapidarer Weltanschauung auf den Leib geschrieben sind.

Die »Schwarze Serie«, eingeleitet von Hustons »Spur des Falken«, brachte mit ihrer Absage an optimistische Wertvorstellungen in harten, realistischen Geschichten das amerikanische Selbstverständnis der Kriegszeit auf die Leinwand. Zwischen 1941 und 1949 war es Bogart, der die Erfahrungen des verunsicherten Durchschnittsamerikaners gültig widerzuspiegeln verstand.

Während die großen Leinwandstars im Zweiten Weltkrieg vom aktiven Waffendienst befreit waren, sammelte Bogart vorübergehend als Truppenbetreuer in Nordafrika und Italien Erfahrungen. Das Paradox des Handelns, angesichts der Wahrscheinlichkeit des Scheiterns, ist seinen Darstellungen fortan eingeschrieben.

Der Typus Bogart steht ein für jene seltenen Momente, in denen der Film dem Tagtraum angemessen wird, in denen der hilflose Schund kommerzieller Abgötterei einer Lyrik des verläßlichen Mannes weicht. Im amerikanischen Film der Kriegs- und frühen Nachkriegszeit hatte der optimistische Tatmensch früherer Lichtspielepochen ausgespielt. Der neue, reservierte Held hatte in Bogart seinen zerfurchten Ausdruck gefunden. Nicht die Taten in seinem Leben, sondern das Leben in seinen Taten war entscheidend. Bogart, der Einzelgänger, handelt, um einen miserablen Zustand zu verändern. Er verändert letztlich jedoch nichts, nicht einmal sich selbst. Die Zurücknahme aller Gefühle ist sichtbar ein Ausdruck dieser Erfahrung. Angesichts einer konfusen Welt, die Ideale für Schwächen hält, lebt er stoisch nach der Unbedingtheit seiner Erfahrungen.

Brüchige Charaktere waren demgemäß Bogeys Spezialität. Er schien nie souverän auf der Höhe allgemein akzeptierter Normen. Daß niemand von den Superstars des Kinos so spät wie er den Weg zum Ruhm fand, steht als Symptom dafür. War ein James Cagney noch die kürzeste Verbindung zwischen einer Idee und ihrer Ausführung, so schwebten Geradlinigkeiten dieser Art bei Bogart immer in Gefahr, sich gegen ihn zu kehren. Bei Cagney war der Tod stets einkalkuliert. Wurde Bogart mit ihm konfrontiert, so zeigte sich darin nur der Zynismus eines lakonisch ertragenen Daseins.

In seiner mittleren Periode entwickelt Bogart standardisierte Ausdrucksweisen der Mimik, der Bewegung, Standards der Kleidung und der Psyche. Zwar verzichtet er nie auf ein feines Danebenstehen, scheint jedoch mit seinen Rollen verblüffend identisch. Er ist so sehr er selbst, daß der Zwang, vor der Kamera in eine Figur schlüpfen zu müssen, ihn zu ausgetüftelten Gesten zwingt: Er zupft an seinem Ohrläppchen herum, reibt sich (abwechselnd) Ober- und Unterlippe, kratzt an der Wange. Diese Gesten der Irritierung wurden Bausteine seiner Legende.

Ein Film wie *The Big Sleep* ist eine Hymne auf den Bogart-Charakter. Er spielt darin den cleveren Privatdetektiv Philip Marlowe, der eine ganze Lawine mörderischer Ereignisse mit sarkastischem Witz und robuster Entschlossenheit nicht nur unbeschadet übersteht, sondern auch zur Aufklärung bringt. Raymond Chandler, dessen Kriminalroman dem Drehbuch als Vorlage diente, war von Bogart eingenommen. »Alles was er tun muß, um eine Szene zu beherrschen, ist, daß er auftritt.« Tatsächlich war Bogart in jedem Film schon rein physisch der unbedingte Mittelpunkt. Ohne ihn wäre nicht nur die Besetzung anders, man würde *einen anderen Film sehen.*

The Big Sleep ist darüber hinaus ein Dokument anderer Art: der Verbindung mit Lauren »Betty« Bacall. Bogart hatte das 25 Jahre jüngere Fotomodell über den Regisseur Howard Hawks, vor den Dreharbeiten zu *To Have and Have not,* kennengelernt. Er erlag sofort Bacalls (»The Look«) berühmtem sinnlichen Blick. Kaum zwei Wochen nach der Scheidung von Mayo Methot heirateten sie. Die Ehe hielt bis zu Bogarts Tod.

Humphrey Bogart hielt sich selbst für einen »altmodischen Ein-Frauen-Mann«. Er schätzte häusliches Leben und ließ sich oft mit Familie und Hund fotografieren. Mit Frauen kam er gut aus. Sie sprachen eine Seite in ihm an, die im männlichen Konkurrenzkampf des Business verkümmert. Er verkörperte den Typ, der die

Bogie und Bacall: vom gleichen Stern (in *The Big Sleep*).

Frauen nicht auffordert, ihn zu lieben – aber sie tun es beharrlich. Die Verbindungen sind weder ewig noch verändern sie den Mann, der in allen gefühlsmäßigen Entäußerungen sich treu bleibt und sonst niemandem. Betty Bacall und Bogart sprachen dieselbe kostbare Sprache. In ihren gemeinsamen Filmen steigen sie jedenfalls auf wundersame Weise vom gleichen fremden Stern herab.

»Betty« Bacall durchschaute Bogarts beeindruckende Rauhheit. »Es gab da eine Reinheit, die erstaunt, wenn man an die Rollen denkt, die er spielte ... Hier war einer, der an etwas glaubte.« Wer so genau hinsah, bemerkte auch, wie anstrengend es für den hartgesottenen Lebensprofi war, ein Bösewicht zu sein. Bacall: »Er war ... äußerst gefühlvoll. Er konnte weinen, wenn ein Hund starb ...«

In der Zeit mit »Betty« Bacall gewinnt Bogart dem Tod Stück für Stück bewohnbares Land ab: urbares Leben, erfüllt von Arbeit, wenigen Freunden und reich durch seine Frau, mit der er abends trinkt und Schach spielt.

Als das Kriegstrauma verblaßte, die neuen Werte wirtschaftlicher und geistiger Prosperität Oberhand gewannen, verringerte sich die Nachfrage nach solchen Gestalten wie dem intellektuell gebrochenen Außenseiter. Der Wahlsieg Eisenhowers von 1952 gegen den Liberalen Adlai Stevenson, den Bogart und seine Frau unterstützt hatten, setzte als Umschwung auch personell seine Zeichen.

In seiner letzten Schaffensphase spielte Bogart zunehmend abweichende Rollencharaktere. Nach der zweiten Oscar-Nominierung erhielt er die begehrte Auszeichnung schließlich für seine Darstellung in *The African Queen*. In diesem Film spielt Bogart den alkohol- und seetüchtigen kanadischen Barkassenkapitän Charlie Allnutt, dessen Misogynie, mitten im Ersten Weltkrieg in den afrikanischen Sümpfen, von dem schrulligen Charme eines fliehenden Methodistenfräuleins (Katherine Hepburn) entwaffnet wird. Nach einem effektvollen Handstreich gegen ein deutsches Kriegsschiff erreichen beide mit dem rettenden Ufer auch den Hafen der Ehe. In hinreißender Selbstironie läßt diese Rolle das eingefahrene Helden-Image hinter sich.

Nach dem neurotischen Kapitänleutnant Queeg (*The Caine Mutiny*, »Die Caine war ihr Schicksal«, 1954) und dem gutmütigen Ausbrecher Joseph (*We're no Angels*, »Wir sind keine Engel«, 1955) mühte sich Bogart als falscher Geistlicher durch das eher rührselige, finanziell jedoch erfolgreiche Lichtspiel *The Left Hand of God* (»Die linke Hand Gottes«, 1955). Diese Filme waren Ausdruck seines Bemühens, sich den kommerziellen Erfordernissen Hollywoods anzupassen, sich ihnen gleichzeitig jedoch zu entziehen. Seine Präsenz, seine Gesten füllen auch noch die Szenen, wo den Drehbuchautor die

Selbstironische Überwindung des Mythos (mit Katharine Hepburn in *The African Queen*).

Phantasie im Stich ließ. Sein Grinsen vermochte ganze Dialoge zu unterminieren.

Erst in seinem letzten Film, *The Harder they Fall* (»Schmutziger Lorbeer«, 1956), gelang ihm noch einmal die Rolle des integren Nein-Sagers. Er rettet einen Boxer aus den Klauen des verbrecherischen Managements, setzt sein Leben und Honorar aufs Spiel und bleibt unbestechlich.

Dem Privatmann Humphrey Bogart wurde die Unbestechlichkeit ebenso gefährlich. 1947 geriet er in das Fadenkreuz des McCarthy-Ausschusses gegen »unamerikanische Umtriebe«. Er wurde beschuldigt, Kommunist zu sein. Mächtigen Leuten war seine Abneigung gegen reaktionäre Autoritäten ein Dorn im Auge. Devisen wie: Der einzige Sinn, viel Geld zu machen, sei es, einem Bonzen sagen zu können: Fahr zur Hölle!, reichten aus, ihn verdächtig zu machen.

Humphrey Bogart machte viel Geld. Auch seine letzten Filme waren kommerzielle Schlager. In den 50er Jahren besaß er die hochseetüchtige Segelyacht »Santana« als zweites Heim, zwei hochkarätige Jaguars, die Produktionsgesellschaft »Santana-Pictures« und garantierte 200 000 Dollar pro Film. Niemand machte ihm den ersten Platz unter Abenteurern, exilierten Intellektuellen und First Ladies der Society streitig. Was wollte er mehr? Er wollte leben. Aber gerade das konnte er nicht. Eine heimtückische Krankheit warf ihn aufs Sterbebett.

Am 14. Januar 1957 starb Bogart an Speiseröhrenkrebs. Drei Tage später fand in Beverley Hills die Trauerfeier statt. Bogarts alter Freund John Huston hielt die Grabrede. Er sagte: »Es wird nie wieder jemanden geben wie ihn.«

Wie ihn? Wer war Humphrey Bogart?

George Cukor: »Er war ein Pirat.«
Adlai Stevenson: »Robin Hood.«
James Agee: »Ein Nietzsche in Blue Jeans.«

So gründlich wie Bogarts Ruhm gleich nach seinem Tod verblaßte, lebte er bald danach wieder auf. Jean-Luc Godard setzte ihm in seinem Erstlingsfilm *Außer Atem* (1959) ein Denkmal. 1966 erschienen innerhalb eines Jahres allein in den USA sieben umfangreiche Bogart-Biografien. Unter der akademischen Jugend machen seine Filme Rekordumsätze. Besonders während der Examensprüfungen folgt ein Bogart-Festival aufs andere. In Zeiten der Gefahr ist die Gestalt des scheiternden Außenseiters ein Fetisch. In seinem Bild ist die Gefahr gebannt.

Humphrey Bogart war kein kostümiertes Studio-Idol, kein Reklamemonster aus den Pappmaché-Studios der Traumfabrik. Er war:
der unverkleidete Held.

B. S.

Literatur

Nathaniel Benchley: »Humphrey Bogart«, Boston/Toronto 1976.
Hans C. Blumenberg/Peter Bogdanovich u. a: »Humphrey Bogart«,
   München 1976.
Joe Hyams: »Bogie«, New York 1966.

Ingrid Bergman
Pin-up des Herzens

**«Die Leute konnten nicht verstehen,
daß ich Gefühle habe wie jede andere Frau auch.«
Ingrid Bergman 1949 vor ihrer Abreise nach Italien**

Mit *Intermezzo,* einem Film, in dem sie, frisch wie Quellwasser, Hollywood in einem einzigen Anlauf eroberte, kam Ingrid Bergman 1939 nach Amerika. Dabei hörte man ihrem Englisch den harten schwedischen Akzent so sehr an, daß David O. Selznick, ihr Entdecker, ihre Texte teilweise nachsynchronisieren ließ. Überhaupt war er peinlich darauf bedacht, seinen neuen Stern perfekt in Szene zu setzen, indem er etwa dem Kameramann Gregg Toland die Anweisung gab, Ingrid nur von ihrer »Schokoladenseite« aufzunehmen; denn, so Selznick, er kenne kaum einen großen Star, bei dem traumhafte Schönheit und Mittelmäßigkeit so nahe beieinanderlägen.

Mit einer Serie von Filmen unter Gustav Molander hatte das eben zwanzigjährige Mädchen aus Stockholm durch seinen jugendlichen Zauber Aufsehen erregt. Der Hollywood-Mogul scheuchte seine Agentin Katherine Brown mit der Losung nach Europa, nicht zurückzukehren, »ohne einen Kontrakt mit Miß Bergman in der Tasche zu haben.«

Alles schien zu stimmen: Ein Gesicht mit zwei brennenden Augen, die die Sehnsüchte eines Millionenpublikums entfachten; die Verlobung mit dem jungen Arzt, Herrn Lindstrom; nächste Station bereits Hollywood, USA, unterbrochen von einem Abstecher nach Berlin, wo sie 1938 im Film *Die Vier Gesellen* mitwirkte. Und schon sind die Image-Macher am Werk. Das beschwörende Geflüster von der zweiten Garbo ...

Ingrid Bergman, unschuldig und rein wie die weißen Birken aus den unendlichen Wäldern des Nordens, entzündet ein neues Licht in der Traumstadt und läßt den Kontrast deutlich werden zu den make-up-maskierten Gesichtern der Jazzbabies vom Sunset Boulevard.

Im Alter von zwei Jahren verlor sie die Mutter, als sie zwölf war, den Vater, einen Fotografen. »Ich war sehr schüchtern und zog mich in die Traumwelt meiner eigenen Phantasie zurück«, sagte die am 29. August 1915 geborene Schauspielerin über diese Zeit. Als Schulmädchen fühlte sie sich zu groß, ungelenk und unförmig. Gegen den Willen des Onkels, in dessen Obhut sie nun aufwächst, besucht sie die Royal Dramatic Theatre School in Stockholm, um sich die pubertären Hemmungen und Konflikte von der Seele zu spielen. Im Film folgt der Senkrechtstart. In den sentimentalen schwedischen Produktionen ist sie meistens eine junge Frau, die sich im Irrgarten einer schwierigen Beziehung verliert. Entweder verliebt sie sich in einen verheirateten Mann, bekommt von einem Pastor ein illegitimes Kind oder sie gerät in die Schuldverstrickungen einer Selbstmordaffäre – das junge Wunderkind des schwedischen Films scheint die Probleme magnetisch anzuziehen.

In *Intermezzo* verliebt sie sich als junge Musikstudentin in den berühmten Geiger und nimmt ihm die Frau weg – wer Ingrid Bergman nur ein einziges Mal auf der Leinwand gesehen hat, weiß, daß es so kommen muß.

Mit dieser konventionellen *love-story* soll sie nun – zwei Jahre nach der schwedischen Orginalfassung – die amerikanischen Kinogänger für sich einnehmen.

Ihre folgenden Hollywoodfilme muß man nicht kennen, die Ausnahme macht das 1941 wieder einmal inszenierte Horrorstück *Dr. Jekkyll and Mr. Hyde,* diesmal mit Spencer Tracy als dem janusköpfigen Untier: Der auf strohblond getrimmten Lana Turner stiehlt Ingrid Bergman als Barfrau mühelos die Schau.

Dann kam 1942 *Casablanca* – eine Sternstunde der Filmgeschichte.

Daß der clevere Routinier Michael Curtiz – seit 1928 als Studio-Regisseur im Geschäft, aber noch nie durch ein Meisterwerk hervorgetreten – mit diesem Erfolg glänzen konnte, läßt sich nur teilweise durch das harmonisch aufeinander eingespielte Team erklären, mit dem er arbeitete. Immerhin hatte er Leute wie Peter Lorre, Sydney Greenstreet, Conrad Veidt, Curt Bois für Nebenrollen zur Verfügung – und es kann auch kein Zufall sein, daß die prominentesten Emigranten in einem der wichtigsten Anti-Nazi-Filme auftreten.

Casablanca hat eine straff gebaute Story, Dialoge von trockenem Witz, unkomplizierte Figuren, eine Musik, die unter die Haut geht, als Schauplatz eine exotische Stadt, das Ganze eingebettet in den Hintergrund des politischen Widerstandes – und dazu noch die Aura einer romantischen Liebesgeschichte! Doch Bogarts Mythos wäre nur die Hälfte wert, könnte er seine Männlichkeit nicht voll auf die verführerische Schönheit Ingrid Bergmans projizieren.

Schauspielkunst ist im Film oft entbehrlich, wie es der Erfolg manch eines Kurvenstars beweist: ein Minimum an äußerer Schönheit nicht, denn die Kamera bildet zuerst die reine Oberfläche eines Gesichtes oder Körpers ab. Kommt beides zusammen, schauspieleri-

In *Casablanca* mit
Humphrey Bogart.

sches Talent und ein natürlich-inniger Liebreiz, dazu Offenheit und Intensität der Gefühle – dann ist das ein Glücksfall: nämlich Ingrid Bergman.
Durch ihre weichgezeichnete Weiblichkeit, die die Bilder in ein warmes Licht zu tauchen scheint und die den Gegenpol zum scheinbar abgebrühten Zyniker Bogart liefert, setzt Ingrid Bergman den entscheidenden Akzent in *Casablanca*. Schon von der ersten Sekunde ihres Auftritts an, wenn sie am Arm des Widerstandskämpfers Laszlo lächelnd und schwerelos durch die Bar schwebt, sendet sie diese Impulse aus, die die knisternde Atmosphäre des Films von Anfang bis Ende beherrschen.
Ihre Rolle als Elsa Lund schwankt zwischen der ruhigen Selbstbestimmtheit einer Frau, die ihren Weg pflichtbewußt zu Ende geht, und der hemmungslosen Geliebten, die sich mit tiefer Zärtlichkeit ganz hingibt. Sie konzentriert ihre Aufrichtigkeit und ihre sinnliche Ausstrahlung auf den zwischen Selbstmitleid und überlegener Männlichkeit hin- und hergerissenen Bogey und gibt ihm damit die Chance, der Größte zu sein. Daß er aus Einsicht oder Edelmut am Ende Verzicht leistete, härtet nicht nur seinen Mythos, es gehört auch zu den *topoi* der großen Romanze, die unerfüllt bleiben muß, soll ein Teil ihrer Wirkung nicht verpuffen.
Ingrid Bergmans Legende, die mit diesem Film entstanden ist, setzt

sich zusammen aus: ihrer unterschwellig-sinnlichen Faszination und ihrer Aufrichtigkeit, ihrem Verständnis, ihrer Treue bis in den Tod.

Nach diesem Film bietet man ihr neben Gary Cooper die weibliche Hauptrolle in *For Whom The Bell Tolls* (»Wem die Stunde schlägt«, 1943) an.

Ihr Entdecker und Image-Macher Selznick, beim ersten Zusammentreffen von »ihrer außergewöhnlichen Reinheit und Noblesse« beeindruckt, besteht darauf, daß sie ihre Augenbrauen nicht auszupft. Sie sollte, ohne die Zuhilfenahme von Schönheitsmitteln, so natürlich wie möglich aussehen; damit würde sie den neuen realistischen Leinwandtyp der 40er Jahre vorwegnehmen.

Für die Rolle der Maria in *For Whom The Bell Tolls* waren diese Qualitäten Gold wert. Maria, deren Eltern von den Faschisten ermordet wurden, lebt mit einem Häuflein Anarchisten in den Bergen der Sierra Nevada und trifft dort den *americano* Roberto, der den Auftrag hat, für die Republikaner eine Brücke zu sprengen.

In der mit Understatement gespielten Schlafsack-Romanze mit Cary Cooper spiegelt sich in ihrem Gesicht nicht nur die Vielfalt unterschiedlichster Empfindungen, es gelingt ihr auch, obwohl mit einem groben Leinenhemd und einer schäbigen Hose bekleidet, ihre anschmiegsame Mädchenhaftigkeit voll zu entfalten. Im Spektrum der wortkargen Hemingwayschen Welt der Sieger und Besiegten ist sie als treue Gefährtin und Geliebte des Helden die Idealbesetzung.

Für ihren nächsten Film, ein Remake des Thrillers *Gaslight,* 1944, unter der Regie von George Cukor, erhält sie ihren ersten Oscar. Ingrid Bergmans intensive Darstellung einer von Angst besessenen Frau, die von ihrem wahnsinnigen Ehemann (Charles Boyer) ermordet werden soll, geht dem Zuschauer unter die Haut. Das Klima der Angst findet seine Entsprechung in dem leitmotivischen Bild des Gaslichts.

Seit *Casablanca* ist die schwedische Madonna der Liebling der Kinofans, die Gestalt der Nonne in *The Bells of St-Mary's,* 1945, vertieft ihr Image als die Unberührbare der amerikanischen Leinwand.

Dieser von Selznick erdachte Mythos schien für sie maßgeschneidert. Ingrid Bergman bekannte auch 1962 in einem Interview mit Oriana Fallaci, daß sie damals vor Ehrgeiz brannte und sich nichts so sehr gewünscht habe wie den Erfolg. Doch der Augenblick, an dem sie das künstliche Korsett der »Heiligen Ingrid« abstoßen würde, ließ sich vorhersehen. Zunächst feierte sie noch einen triumphalen Broadwayerfolg als Heilige Johanna – in einer Version dieses Stoffes von Maxwell Anderson –; die von ihr selbst produzierte Verfilmung des Stückes *(Joan of Arc,* 1948), erwies sich künstlerisch und finanziell als Fehlschlag.

Doch in ihren beiden Hitchcock-Filmen *Spellbound,* 1945 (mit Gregory Peck) und *Notorious,* 1946 (mit Cary Grant) deuten sich unwägbare Variablen in ihrem Spiel an; unter der geschlossenen Oberfläche ihrer makellosen Erscheinung läßt sich abweichendes Verhalten, die Latenz geistiger und sinnlicher Ekstasen ahnen.

Die Figur des *good bad girl* im amerikanischen Film stellt einen Gegenentwurf zum Vamp dar. Es geht um »ein Hauptproblem im Liebesleben der westlichen Kultur« (Prokop): Wie kann ein Mann gleichzeitig seine sexuellen und zärtlichen Bedürfnisse mit *einer* Frau stillen? Können Geliebte und Gattin in einer Person zusammenfallen? Der Vamp erweckte die Illusion einer ausschließlichen leidenschaftlichen Hingabe, die sich später als für den Mann verderblich erwies. Das *good bad girl* gerät im Verlauf der Geschichte nur in den Verdacht, mit anderen Männern intime Beziehungen unterhalten zu haben, am Ende stellt sich jedoch ihre Unschuld heraus.

So muß Ingrid Bergman in *Notorious* (»Weißes Gift« / »Berüchtigt«, 1946), als Spionin für den FBI aktiv, mit dem feindlichen Agenten nicht nur ins Bett gehen, sie heiratet ihn sogar, gerät zudem unter Alkohol- und Gifteinfluß und wird von ihrem Geliebten Cary Grant, der glaubt, sie sei wieder Trinkerin geworden, als *bad girl* verachtet – ehe sich am Ende alles aufklärt.

Ingrid Bergmans Vertrag mit ihrem Entdecker Selznick lief 1946 aus und wurde von ihr nicht mehr erneuert. Der Star war – bei einem Jahresgehalt von 80000 Dollar – für verschiedene Filme an andere Gesellschaften ausgeliehen worden, und Selznick hatte allein für *Casablanca* 125000 Dollar kassiert. Doch das neue Management durch ihren Mann Peter Lindstrom brachte ihr nicht viel Glück, zumal sich die ersten Brüche in der Beziehung nicht mehr vertuschen ließen.

Nichtsdestoweniger war Ingrid Bergman 1946 der weibliche Superstar Nummer eins, und auch 1947 zählte sie zu den *top ten* Hollywoods, doch der tiefe Sturz aus dem heiligen Tempel der Publikumsgunst ließ nicht mehr lange auf sich warten.

»Ich bin ein *Wandervogel«,* erzählt sie Oriana Fallaci, ». . . als ich eines Tages feststellte, daß ich in diesem schönen Gefängnis mit Namen Hollywood unfähig geworden war, zu fliegen, zu lieben . . . und zu verstehen«, da beschließt sie kurzerhand, auszubrechen.

Sie hat den Film *Paisà* von Roberto Rossellini, dem Mitbegründer des italienischen Neorealismus, gesehen und ihm ihre offene Bewunderung in ihrem berühmten »Ti amo«-Brief[*] ausgedrückt.

---

[*] »Ich sah Ihre Filme und bewundere Sie sehr. Wenn Sie eine schwedische Schauspielerin suchen, die Englisch und Deutsch kann . . . Italienisch aber nur ›Ti amo‹, bin ich bereit zu kommen und einen Film mit Ihnen zu machen. *Beste Grüße Ingrid Bergman«*

Under Capricorn mit Joseph Cotten.

Ihren Vorschlag, mit ihm zu filmen, nahm Rossellini sofort an. Er traf sich mit ihr in Paris, während sie mit Hitchcock im Sommer 1948 *Under Capricorn* drehte.
Die Früchte dieser Verbindung ließen nicht auf sich warten: Auf Gerüchte über eine wilde Liebesbeziehung folgten 1950 die Geburt des kleinen Robertino und der Film *Stromboli*.
Die amerikanischen Frauenverbände waren geschockt, die Presse überschlug sich in gierigen Sensationsnachrichten und sah St. Ingrid unvermittelt in den Klauen des Teufels. Noch nie hatte ein Massenidol mit einem so hohen Identifikationsgrad sein Publikum so schmerzlich enttäuscht. Besonders brachte es die Volksseele, repräsentiert durch die Boulevardblätter, zum Überkochen, daß sie den kleinen Rossellini noch vor ihrer Scheidung von Lindström zur Welt gebracht hatte. Das wäre mehr als schändlich.
In *Stromboli* ist Ingrid Bergman eine tschechische Emigrantin, die durch die Heirat mit einem italienischen Ex-Soldaten auf die Insel Stromboli im Tyrrhenischen Meer verschlagen wird und dort in einer archaisch-fremden Welt eine existentielle Krise durchlebt und -leidet. Ihr Antlitz ist verwandelt, der Lack, der auch ihre Erscheinung nach jahrelanger Hollywood-Existenz überzogen hatte, platzt ab – und die Natürlichkeit ihrer Züge kommt wieder zum Vorschein.

Stromboli.

Stromboli und die folgenden Filme *Europa 51,* (1951) und *Siamo Donne,* (1953) u. a., die Rossellini-Bergman zusammen drehen, können sich kommerziell nicht durchsetzen; in Hollywood registriert man es nicht ohne Häme und versucht zudem, das Werk der beiden künstlerisch abzuwerten.

»Ein guter Film wäre mir lieber als all meine erfolgreichen«, hatte Ingrid Bergman zuvor in Amerika gesagt.

Rossellinis filmische Intentionen sind mit den üblichen Hollywood-Maßstäben wie *suspense,* Unterhaltungwert, Kassenerfolg nicht zu greifen. Für ihn war die Botschaft von Interesse, die Sprache des Films, der Mensch als gesellschaftlich-politisches Wesen auf den Trümmerfeldern Europas nach 1945.

Ingrid Bergman bereicherte den Kosmos Rossellinis – von dem Godard sagte, »er presche, ohne auf irgendwen zu hören, in halsbrecherischem Tempo durch die engen Pforten seiner Kunst« – um ein Gesicht von großer Klarheit, ein Lächeln aus der Tiefe des Herzens, das einem jeden ganz persönlich zu gelten scheint – dort oben auf dem Balkon oder in der fünften Reihe im Parkett.

Ehe sie die Fox 1956 auf die amerikanische Leinwand zurückholt, dreht sie in Paris mit Jean Renoir *Eléna et les hommes.*

Ihr zweiter Oscar für die Rolle der russischen Zarentochter *Anasta-*

sia, 1956, leitet ihre Hollywood-Renaissance ein. Das amerikanische Publikum akzeptiert seinen gefallenen Engel wieder, der nun als gereifte Schauspielerin zurückkehrt, von der noch immer der frische Charme der Jugendlichkeit ausgeht – wie in der romantischen Komödie *Indiscreet,* 1958 (wieder mit Cary Grant) –, die aber immer mehr dominiert wird von Fraulichkeit und Wärme.

Sie heiratet 1958 zum drittenmal, diesmal wieder einen Landsmann, Lars Schmidt. Die ersten Fältchen bilden sich in ihren Augenwinkeln, aber sie hat keine Angst vor dem Altern. Sie kann nun alles spielen, eine liebende Frau mit vierzig, die ein Verhältnis mit einem Jungen hat *(Goodbye Again,* 1961, nach dem Roman von Françoise Sagan »Aimez-Vous Brahms?«), eine Missionarin, eine Milliardärin, Hedda Gabler oder Lady Macbeth. Sie wohnt in einem Schloß in der Nähe von Paris, teilt ihre Aktivitäten zwischen Film, Theater und Fernsehen, agiert in New York und London genauso wie in Paris und Los Angeles.

Schauspielern sei für sie eine Leidenschaft, ohne die sie nicht leben könne, bekennt sie Oriana Fallaci. Zuletzt konnte man sie 1978 in dem Ingmar-Bergman-Film »Herbstsonate« erleben, als selbstsicher-extravagante Pianistin, die mit Liv Ullmann einen Mutter-Tochter-Konflikt austrägt.

Ingrid Bergman ist zu einer großen passionierten Schauspielerin gereift, ihr Gesicht ist klar und offen wie damals, eine schöne Frau, in deren Antlitz die Jahre ihre Spuren hinterlassen haben.

Die Ingrid Bergman aus *Casablanca* existiert nur noch in Zelluloid. Nordische Schwermut und südliche Leidenschaft: kein Bild, das man sich an die Wand pinnt, sondern ein Schatz fürs Herz *und* fürs Bett. Eine liebende und emanzipierte Frau zugleich.

Fallaci: Wenn Sie sich verlieben, läuft das mehr über den Kopf?

Bergman: Man kann Gefühl und Kopf nicht trennen. Ich würde mich nie in einen Idioten verlieben.

In *Casablanca* eine Frau, mit der man Pferde stehlen könnte, die Andeutung eines Lächelns auf ihren Lippen erregender als jeder Striptease.

In Paris zwanzig Jahre später (immer noch ohne Make-up und unfrisiert): Glück bedeutet für mich gute Gesundheit und schlechtes Gedächtnis.

Casablanca katapultierte sie in die *top tens* des amerikanischen Kinos. Eine kühne Wikingerin, die ausgezogen war, die Welt zu erobern.

Hitchcock über Ingrid Bergman: Sie wollte nur Meisterwerke drehen. Ingrid, du solltest ruhig mal eine kleine Sekretärin spielen ... aber nein, die Jeanne d'Arc mußte es sein.

Fallaci: Wie würden Sie sich selbst charakterisieren? Selbstbewußt? Dominierend?

Bergman: Dominierend niemals. Zufrieden mit meiner Arbeit, nur da. Wenn ich mir da etwas in den Kopf gesetzt habe ... ich kann sehr dickköpfig sein. Privat bin ich schüchtern. Jeder kann mich beeinflussen ...

In *Casablanca* eine schöne Frau, die weiß, was sie will (meistens). Ein Antlitz wie ein Wärmeblitz. Eine Gefährtin, mit der neue Lebensentwürfe möglich scheinen.

hei

Literatur:

Oriana Fallaci: »The Lady in Grey«, Interview mit Ingrid Bergman in »Limelighters«, London 1967.

Dieter Prokop (Hg.): »Materialien zur Theorie des Films. Ästhetik, Soziologie, Politik«, München 1971.

Lawrence J. Quirk: »The Films of Ingrid Bergman«, Secausus 1970.

Joseph Henry Steele: »Ingrid Bergman. Frau und Künstlerin«, Bern und Stuttgart 1961.

Hans Albers
Athlet in Halbseide

Hans Albers war der einzige große Star des deutschen Kinos vom Stummfilm bis zur Nachkriegszeit. Er war mehr als ein Stern, er sammelte im Laufe seines Lebens ganze Milchstraßen vom Atelierhimmel. Keiner war so massenhaft beliebt wie er, der Jugendträume des Herrn Jedermann siegesbewußt, strahlend und rücksichtslos gegen alle Widrigkeit durchsetzte – als Schwergewicht die Gefühlsklasse verkörperte, noch, als dieser Körper dem Alter verfiel. Mit ihm kam ein amerikanischer Typus im deutschen Kino auf, einer, der nicht vom Staatstheater verbogen war, sondern als Vollblut des Showtalents – von unten her, von Zirkus und Varieté – sich nach oben behauptete, gegen alle künstlerischen Dialoge frei Schnauze improvisierte und als unerschrockener Hamburger »Jung« jede Gefahr mit Forschheit abwandte.

1891 wird Albers im Hamburger Stadtteil St. Georg als Sohn eines Schlachtermeisters geboren, und noch heute fragen sich alte Damen in der Straße Lange Reihe nach dem Geburtshaus durch. Albers fliegt von der Schule, schwimmt und segelt wie ein kleiner Weltmeister, will aber zum Theater, wo er sich jahrelang in der Provinz mit unbedeutenden Rollen durchlavieren muß. In Berlin tritt er als Showman in Revuen auf, springt von der Empore auf schwingende Kronleuchter, mit dem Frack ins Wasserbassin, aber das sind Mätzchen eines Spaßmachers, wie man in Hamburg die Künstler nennt. Albers ist stattlich und macht in jedem Kostüm gute Figur. Das trägt ihm Arbeit als Statist ein, aber der Durchbruch kommt erst mit dem Abschied vom Stummfilm, als er 1931 auf dem Theater Molnars »Liliom« verkörpert, eine Rolle, die genau für ihn zugeschnitten ist, die Romantik, Draufgängertum, Träumerei und Schnoddrigkeit verbindet. Das gefällt.

Charlie Chaplin, zu jener Zeit auf Europa-Tournee, überreicht ihm in der Garderobe eine rote Nelke, Josef von Starnberg entdeckt ihn zusammen mit Marlene Dietrich in der Theaterproduktion »Zwei

Mit Marlene Dietrich und Emil Jannings in *Der Blaue Engel*.

Krawatten« und engagiert ihn für den *Blauen Engel*. Albers spielt den Artisten Mazeppa (der Name birgt das Versprechen des wilden Helden aus Ungarn, dem Liszt eine Suite widmete), demzuliebe Lola-Lola ihren Professor Unrat fallenläßt. Mit der Hand in der Hosentasche, die Sektgläser in der anderen Hand, den Hut in die Stirn geschoben, mit seinem Spiegelbild die Dietrich einrahmend, wirft er einen knappen, verächtlichen Blick auf Jannings, den lästigen Rivalen, der für ihn, den lässigen Eroberer, kein angemessener Gegner ist.

Albers war ein Typ wie Mackie Messer, der auch mit großem Maul stets auf leisen Sohlen auftrat. Er federte ab im Selbstbewußtsein, daß sein Gang umwerfend war. »Er bewegt sich nicht zierlich, er läuft gewichtig vom Stapel, es ist, als müßte immer erst eine Sektflasche an seinem Bug zerschellen, bevor er einen Ortswechsel vornimmt. Mit vorgebeugten Schultern schiebt er die leichte Luft wie einen Felsen beiseite, er betritt den Tanzsaal wie der Gladiator die Arena und schaut den Kokotten mutig wie dem Tod ins Auge. Gewiß, er behandelt die Mädchen als minderjährige Kaninchen, putzt ihnen die Nase und stopft sie ohne Umstände ins Bett, aber man fühlt, daß er das leichte Leben schwer nimmt«, schrieb Rudolf Arnheim 1931.

Der frühe Tonfilm war die Sprungschanze für Albers Höhenflug durch deutsche Herzen. *Die Nacht gehört uns, Der Draufgänger, Der Sieger*, das waren Titel seiner Filme, die inmitten der Weltwirtschaftskrise und zum Ende der Weimarer Republik Feuerwerksglanz versprühten, an dem die Phantasie der Angestellten sich noch einmal rasch und grell entzündete. Ihre Kopf-hoch-wir-schaffens-schon-Mentalität fand in Albers ihren Ausdruck. In *Mädchen in Uniform* hängen die adeligen Töchter sein Konterfei in ihren Spind: Mehr als jede Gagenhöhe beweist dieses Bild, in welchem Maß Albers der Star war.

Die Titel der unzähligen Filme von Anbeginn an, in denen er mitwirkte, die dann um ihn sich drehten, lesen sich wie ein Katalog kindlicher Eroberungsphantasien, wie Karten zu romantischen Abenteuern: *Zigeunerblut, Das schöne Abenteuer, Taumel, Athleten, Halbseide, Schatz mach Kasse, Die glühende Gasse, Der goldene Abgrund, Weib in Flammen, Vererbte Triebe* – ein Athlet in Halbseide, das war Hans Albers. Der stumme Film war sein Tummelfeld, um Posen zu probieren; der Tonfilm sollte seine Arena werden, in der er dem Publikum sein ewig gleiches Kunststück darbot: in allen Lagen unbesiegt zu bleiben. Ein Stehaufmännchen aus Metall, mit einem Herzen wie aus Butter – so wurde Hans Albers der Traum der deutschen Frauen, die sich die Männer gern stark und sentimental wünschen. In seinem Männlichkeitswahn barg Albers ein Stück Hemingway-Natur in sich: »Ein Mann kann zerstört, aber nie besiegt werden«, diese Devise eiserner Stehaufmentalität aus dem »Alten Mann und das Meer«, der mythische Schaukämpfe zu bestehen hatte, galt für Albers ebenso. Er trat als Sieger an und nahm als Gebrochener – *Der Mann im Strom* (1958) – seinen Abschied, und wenn er sein Lied aus dem Film *Der Sieger* (1932) »Hoppla, jetzt komm ich! Alle Türen auf, alle Fenster auf und die Straße frei für mich!« nicht auf den Lippen hatte, so versuchte gewiß sein Körper, mit Aplomb sich an die Rampe zu werfen.

In frühen Tonfilmen kämpft er noch lässig mit erotischen Nebenbuhlern. Nach 1933 tritt er an größeren Fronten an, um die Figur des Draufgängers in die gefragte Führerfigur einzugießen. In *Flüchtlinge* führt Albers einen Trupp kopfloser Wolga-Deutscher aus China heim ins Reich. Noch steht er im militärischen Dienst der Engländer auf Seiten des Kuomintang, der unter Tschiangkaischek 1927 mit den sowjetischen Beratern brach und die Kommunisten in Shanghai liquidierte. Damit saß Albers im gleichen Zug, den die Dietrich unterdessen bei Sternberg mit *Shanghai Express* bestiegen hatte, der auf Antikommunismus abfuhr. Aus der Liebe zur deutschen Frau wird Albers die Liebe zu Deutschland erwachsen. Sein erster Auftritt ist aus der Untersicht. Die Wolga-Deutschen, denen der sowjetische Kommissar auf den Fersen ist, drängen sich um den Sitz der internationalen Kommission. Auf der Rampe: Albers in schneeweißer Phantasieuniform mit breiten Schärpengürtel, als hätte ein Hamburger Hafenlotse sich als Feldmarschall verkleidet, und tatsächlich liegt Göring mit seine geckenhaften Uniformen näher, als Albers lieb sein konnte. Er braucht Käthe von Nagy bloß anzublitzen, und schon ist sie Feuer und Flamme für den Vizeführer. Albers macht Lok und Geleise flott und dampft mit den Deutschen ab. Ohne ihn wäre die Menge in Meinungen zerstritten, von unsympathischen Aufrührern verhetzt, die man mundtot machen oder wie den hemmungslosen Egoisten (Veit Harlan stellt ihn dar!) kurzerhand liquidieren muß. Der Führer ist eben Ingenieur und Liebhaber, Oberbefehlshaber und Volksgerichtshof in einer Person. Wo er auftritt, muß alles Gezänk verstummen. Die inländische Kritik, ohnehin schon eingeschworen, stellte die politischen Parallelen zu 1933, die der Film suggeriert, geradezu heraus. Ernst Bloch schrieb aus dem Prager Exil dazu: »*Flüchtlinge* war für den Hausgebrauch, fürs heldensüchtige Herz. Dem diente die idiotische Handlung, diente vor allem der gestiefelte Albers, jeder Zoll ein Glanz von außen, jeder Zoll ein Naziführer.«

Ein Jahr später spielt Albers den *Peer Gynt,* nach Motiven von Ibsen, wie es heißt, denn dessen Motive werden, ein wenig krude, erweitert. Hier durften die Fans den Star in Lederhosen mit entblößtem Bein bewundern, der im Laufe des Films den erstaunlichen Zeitsprung durch die Lebensalter schafft, den Zwanzigjährigen ebenso spielend auf die Beine stellt wie den Sechzigjährigen. Das war mit fliegendem Kostümwechsel, der Albers auf dem Revuetheater noch den Ruf des fixen Jungen einbrachte, und tadelloser Maske nicht zu schaffen. Da war eine Beweglichkeit vonnöten, ein behendes Temperament, das über Stock und Stein sprang. Peer Gynt, der Taugenichts und tolle Hecht, wird schließlich heimatlos zwischen den Polen Wirtschaft und Politik zerrieben. Einer, dem die eigene Identität abging, nur, weil er seinen Lebensplan nach den ausgreifenden Phantasien seiner Mutter eingerichtet hat und nun zur Eroberung des Globus ausfährt. Aber das Glück, wenn es denn darin liegt, die Welt zu erobern, ist gewonnen wie zerronnen. Der Gebrochene kehrt ein auf den heimatlichen Hof, schleppend. Zur Ausfahrt sprang er noch auf herrenlose Kutschen, von Frauen gelenkt, um die Zügel in die Hand zu nehmen, sprang er auf ein treibendes Floß, von hilflosen Flößern umringt. Kurz, Albers sprang auf jeden Zug, um sich als Lokführer aufzuspielen und die kopflos dem Mächtigen ergebenen Reisenden in Traumländer zu entführen. Albers ist ein Mann auf der Suche nach dem Ort ohne Geld und ohne Arbeit, um ein Arkadien zu beherrschen, dessen Prinzip Treue heißt, das sich an die Verfassung nie erwachsen gewordener Knaben klammert. *Peer Gynt*

Mit Lucie Höflich in *Peer Gynt*.

war ein zutiefst ambivalenter Film, der, mit den Augen nach der Kriegswende in Stalingrad gesehen (als er natürlich nicht wieder aufgeführt wurde), einen Augenblick von Wahrheit hatte und seinem Publikum den Abschied vom kapitalistischen Welteroberungstraum schmerzhaft vor Augen geführt hatte.
Albers blieb nicht lange der schneidige Eroberer. Je mehr künstlerische Freiheiten die staatliche Filmindustrie ihm einräumte, je hemmungsloser er sich am Drehort wie im Privatleben benehmen durfte (ein Speichellecker der Nazis war er nicht, eher ein Kraftmeier, der im Bewußtsein: »Mir kann keener« gern mit subversiven Witzen protzte), desto weniger überzeugend waren seine Rollen des starken Mannes. Allmählich konnte er sich Weichheit, Generosität und Wehmut leisten. Die rauhe Schale legte der alternde Ritter nun auch mal ab, um sich als Troubadour mit Gemüt zu erweisen. In *Wasser für Canitoga* (1939) legt er den Saboteuren zwar das Handwerk, ist aber locker genug, sich in Verzicht und Resignation zu üben. Hier schrieb Peter Kreuder für ihn den bekannten Song: »Good bye Johnny, good bye, Johnny ... ich muß weiter, immer weiter, meinem Glück hinterher, bricht uns auch heut das Herz entzwei, in hundert Jahren, Johnny, ist alles vorbei.« Das klang nicht gerade kriegsertüchtigend, eher wie ein versteck-

ter Aufruf zum Eskapismus, zum Wunsch, das Dritte Reich in Traumwelten zu überwintern.

Im Kriegsjahr 1943 feierte die Ufa ihren fünfundzwanzigsten Geburtstag mit einem Film, der die Lüge thematisiert, und Albers schlüpfte wie ein Schalk in diese Rolle des *Münchhausen*. In diesen Prestigefilm in Agfacolor, der Hollywood zeigen sollte, was eine großdeutsche Harke war, wurden fünf Millionen Mark Ausstattung, Stars, Tricks und Kostüme, freilich ohne einen Funken Regietalent, investiert. Aus der Vorlage von Bürgers Lügengeschichten von 1786 schnitten Erich Kästner, dessen Publikationsverbot für die Drehzeit aufgehoben wurde, und der Regisseur von Baky einen Bilderbogen, bunt wie Abziehbilder. Noch einmal treten sich hier in den Figuren des Gauklers Cagliostro und des Barons Münchhausen die Prinzipien Geist und Macht gegenüber, und wer den kürzeren zieht, ist auch bei Kästner keine Frage. Der Abenteurer und der Intrigant führen einen Dialog, in dem Albers auf das Naturrecht des stärkeren Mannes pocht, um die Machtphantasien seiner Rolle zu legitimieren. Sein Vorwurf an den Gaukler – Ferdinand Marian, allen Zuschauern in der Rolle des *Jud Süß* ins Gedächtnis eingebrannt, spielt ihn – lautet: »Sie wollen herrschen. Ich will leben. Abenteuer, Krieg, fremde Länder und Frauen, ich brauche das alles. Sie aber mißbrauchen es.« Wie hatte das 1943 in deutschen Ohren – und erst vor dem Publikum in Paris – geklungen? Diese Rolle, die das physische Potential von Albers schon durch einen Überhang des Phantastischen verzehrt, war eine Reise durch die Zeit, ein Leporello-Faltblatt durch das eigene Repertoire, das mit halber Kraft und spielerisch aufgeblättert wird. Danach eröffnet sich ein neues Fach für Albers, die schwere Charakterrolle. Dennoch bleiben fast alle Auftritte überstrahlt von der Münchhausen-Rolle: Noch 1979 wirbt eine Jalousienfirma mit Albers' berühmtem Kanonenritt und der Textzeile: »Vielleicht sollte an Ihrem Fenster mal was Unglaubliches geschehen.«

In den Filmen nach Stalingrad blieb Albers melancholisch, auch noch obenauf. Aber nicht mehr mit der Faust auf den Tisch, sondern eher zurückgelehnt, die Blicke nicht mehr auf sich ziehend, sondern einsammelnd. Als seine Erscheinung mit seinen Rollen übereinstimmt, wirkt er überzeugend. Ein besonnener Praktiker wird nun sichtbar, im Halbschatten, mit leisen Tönen, wie sie ihm nur von Sternberg im *Blauen Engel* oder Helmut Käutner in *Große Freiheit Nr. 7* (1944) abverlangten. Goebbels, dem der Film nicht paßte und der darauf bestand, daß an die Straße in St. Pauli, die dem Film den Titel gab, gleich eine Hausnummer angehängt wurde, ließ sich von Admiral Dönitz ein Gutachten besorgen, demzufolge Käutners Film

38

Als Varieté-Artist in *Quick*.

geeignet sei, das Ansehen der deutschen Marine zu schädigen. Der Seemann Albers becherte nämlich zuviel Grog, und ein deutscher Seefahrer hat bekanntlich die Augen klar im Wind. Hier zerbrechen die Illusionen und die Träume von der großen Ausfahrt. Hier muß sich Albers sein Mädchen (Ilse Werner) vom Rivalen (Hans Söhnker) ausspannen lassen und Trost bei der alternden Geliebten (Hilde Hildebrand) suchen. Aber wenn Albers zum Schifferklavier sein »La Paloma – ohé, beim ersten Mal, da tut's noch weh« singt, dann drückt er eine Schmerzerfahrung aus, die von den eigenen Wunden spricht und sich nie in schales Sentiment verflüchtigt.
Albers, der immer gegen die Zeit anspielte, seinen eigenen Mythos

im Zenit verzehrte, kam endlich auf das, was er war: den abgetakelten Entertainer, der noch einmal den glasigen Blick in die Ferne schweifen läßt, seine Augen mit 1000 Volt anknipst, aber schon wackelig auf den Beinen steht. Sein einst herrisches Gehabe wird geglättet von den immer weicher werdenden Zügen, während die Stimme, gebrochen, dem eigenen Echo nachlauscht.

Seine erste Rolle nach dem Krieg zeigt ihn in einem Trümmerfilm: als Familienvater, der zwar geknickt ist, aber weiß, daß aus den Ruinen schon der Wiederaufbau winkt, *Und über uns der Himmel.* Im Fernfahrerfilm *Nachts auf den Straßen* spielt er den braven Schlüter, der zwar durchs große Geld und Hildegard Knef in Versuchung geführt, doch tapfer bei seiner Frau (Lucie Mannheim) bleibt. 1955 bleibt ihm die Peinlichkeit nicht erspart, ein Remake von Murnaus großem Film *Der letzte Mann* zu versuchen: Gegen Emil Jannings anzuspielen, muß wohl ein Trauma seit dem *Blauen Engel* gewesen sein. Reeperbahnfilme am laufenden Band, die nur noch den lokalen Mythos des Stars ausbeuten und ihn selbst als Attrappe darin ausstellen, sind das Ende. Die Kriminalkomödie *Kein Engel ist so rein* von 1960, in der Albers einen verkrachten Rechtsanwalt mimen muß, ist sein letzter Film. Er stirbt im gleichen Jahr.

Hans Albers war ein Volksschauspieler, und zwar der einzige in Deutschland, wie Brecht 1948 in seinem Arbeitsjournal notierte. Er sah Albers in seiner Paraderolle als »Liliom« gastieren: »Ein großer, eleganter Kerl mit vulgärem Charme, nicht ohne Gewalttätigkeit. Wir sprechen davon, mit ihm ein Volksstück zu machen: Ulenspiegel etwa.« Albers war für den Sprung auf die Gasse zu alt, Gérard Philipe sollte dann für die Defa den Eulenspiegel spielen. Aber daß Brecht in Albers einen Volksschauspieler erkannte, den er weder durch *Flüchtlinge* noch durch die Rolle des deutschen Kolonialisten *Carl Peters* für korrumpiert hielt, wirft auch ein Licht aufs deutsche Publikum und Brechts Begriff davon.

KWi

Literatur

Rudolf Arnheim: »Kritiken und Aufsätze zum Film«, hg. von H. H. Diederichs, München 1977 und Frankfurt a. M. 1979.

Ernst Bloch: »Vom Hasard zur Katastrophe. Politische Aufsätze aus den Jahren 1934–1939«, Frankfurt a. M. 1972.

Bertolt Brecht: »Arbeitsjournal 1938–1955«, Frankfurt a. M. 1973.

Joachim Cadenbach: »Hans Albers«, Berlin (West). o. J. (1975).

Eberhard Spiess: »Hans Albers. Eine Filmbiographie«, Ffm 1977.

Bette Davis
Marked Woman – Die gezeichnete Frau

Sie ist nicht schön im Sinne jener Sumpfblüten-Schönheit diverser Leinwandfalter der Traumfabrik. Aber sie kann uns glauben lassen, schön zu sein – wenn ihre Rolle es ermöglicht. Mit ihr betritt der Mensch im Hollywood-Star die Szene.
Sie machte Karriere ohne Sex-Appeal. Karriere mit Sex-Appeal, und darauf beschränkt, war nicht nur den Kurvenstars gestattet, sondern der vorgezeichnete Weg amerikanischer Frauen schlechthin. Bette Davis' Verzicht machte sie anrüchig. So konnte nur eine handeln, die den Verstand verloren hatte. Sie hatte ihn in Wirklichkeit gewonnen. In der Hollywood-Schablone bedeutet das: Diese Frau war unweiblich und destruktiv, kaltschnäuzig irr. Man mußte sie in zweitklassigen Melodramen unschädlich machen. So wurde Bette als dramatisierter *Screw-Ball*, der verschlagen aus dem Feld abschwirrt, nicht nur eine Gefahr für ihre Umgebung, sondern vor allem für sich selbst. Die Schraube, die bei anderen locker saß, versuchte sie bei sich anzuziehen. Daß dabei einiges irreparabel zurückblieb, ist besonders ihren »schwarzen« Filmen (um 1940) anzusehen. Aus dem frühen *good bad girl*, das sie einmal verkörperte, war da schon Satans bevorzugte Gesprächspartnerin geworden *(Satan mets a Lady,* 1936).
Die Kommandobrücke schauspielender Autorität hatte die als Ruth Elisabeth am 5. April 1908 in Lowell/Massachusetts geborene erstmals erklommen, als sie bei einer Weihnachtsfeier in Brand geriet und nach dem Unfall die Erblindete spielte. Sie findet schieres Entzücken daran, im Mittelpunkt zu stehen.
Vater Harlow Morrell Davis, Patentanwalt britischer Herkunft, und Mutter »Ruthie«, Nachfahrin französischer Hugenotten, tauften die hoffnungsvolle Verstellungskünstlerin später um in Bette (ausgesprochen: Betty). Sie nimmt Schauspielunterricht, Tanzunterricht bei Martha Graham, der sie nach eigenen Aussagen ihre körperliche Ausdrucksfähigkeit zu verdanken hat. 1929 ist sie, für 75 Dollar die Woche, Ibsen-Darstellerin am Broadway und Naive.

Glück hat Bette bei Universal, wo sie für *Strictly Dishonorable* von Preston Sturges dabei sein soll. Als die erwartungsfrohe Schauspielerin jedoch in Hollywood eintrifft, übersieht sie der Verantwortliche des Studios. Später beteuert er, niemanden bemerkt zu haben, der wie eine Schauspielerin ausgesehen hätte. Danach kann sich Bette zwar erfolgreich dagegen wehren, in Bettina Dawes umbenannt zu werden, sie schafft es jedoch nicht, auf Studio-Chef Carl Laemmle jr. Eindruck zu machen. Die kleine, großäugige Broadway-Aktrice ohne Make-up und mit aschblondem Haardutt entsprach keinesfalls seinen Vorstellungen von einem Hollywood-Mädchen.

Schöner wurde Bette nicht, aber geduldiger. 1931 bekam sie in *Bad Sister,* als vernünftelnde »gute« Schwester der liederlichen Hauptdarstellerin Sidney Fox, eine größere Rolle. Auch die folgenden Filme veränderten ihren Typus nicht. Die Naive mit »den reizenden Augen« (Kameramann Karl Freund) agierte lustlos und unauffällig in Familienrührstücken und ländlichen Dramen und rutschte haarscharf an der weiblichen Hauptrolle in *Frankenstein* von James Whale vorbei. Von der draufgängerischen Virilität ihrer männlichen Partner – die sich ihr meist im Smoking nähern – irritiert, nahm Bette Davis immer mehr den verschüchterten Habitus des häßlichen jungen Entleins an, vor allem wenn sie sich im Profil, mit heruntergezogenen Schultern und Mundwinkeln, Dutt und undeutlichen Augenaufschlägen präsentierte. Das änderte sich erst mit ihrem siebten Film *The Man who played god* (1932), mit dem sie sich vorübergehend auf den Typ der modischen Blondine mit präziser Körpersprache festlegt.

Das gefiel den drei Warner Brothers, ihrer Vertragsfirma in den nächsten 18 Jahren, für die sie 1932 gleich neun Filme drehte. Bei dieser Fließbandarbeit des schönen Scheins blieb vom Starglanz nur der Schweiß, den die Aufnahmeschinderei des Zelluloid-Festivals kostete. Bette Davis kommt jedoch ihrem späteren Rollentypus näher. In *Cabin in the Cotton* (»Die Hütte im Baumwollfeld«, 1932), spielte sie erstmals eine schlimme Weibsperson, die die Gefühle eines ihr unterlegenen Mannes ausweidet.

Diese Rollen der willensstarken, aus Liebe, Triebhaftigkeit oder Ehrgeiz skrupellosen Frau wiederholte Bette Davis noch oft. *Bordertown* (»Stadt an der Grenze«, 1935), *The Letter* (»Der Brief«, 1940), *Deception* (1946) oder *Another Man's Poison* (1952) bestätigen ihr Image als beängstigend dominierende »Frau mit Vergangenheit«. Daß sie ursprünglich vorgesehen war, die Scarlett O'Hara in *Gone with the Wind* (»Vom Winde verweht«, 1939) zu spielen, jenem Schreckbild eigensinniger Weiblichkeit im Verständnis patriarchalischer Männer, verdeutlicht diesen Aspekt.

In einer Reihe von Filmen, seit *Ex-Lady* (1933), als emanzipierte Frau, die für die »freie Liebe« plädiert, auch offiziell ein Star der Warner Brothers, profilierte sich Bette Davis als *good-bad-girl* (das gute Mädchen, das scheinbar böse ist) mit eigenen Ansichten über die puritanische Moral. Privat konnte sie ihren eigenen Kopf nicht verwirklichen. Weil ihr Mann Harmon Nelson, den sie am 18. August 1932 in Yuma/Arizona geheiratet hatte, und »Ruthie« ein Kind ihrer Karriere abträglich fanden, mußte Bette Davis abtreiben.

Seit *Of Human Bondage* (»Des Menschen Hörigkeit«, 1934), wo sie als die schlampig-attraktive Kellnerin Mildred »die beste Leistung einer US-Schauspielerin« auf der Leinwand (»LIFE«) gab, datierte der Kampf der Davis um angemessene Rollen. Der »professionelle Sumpf« (Davis) der Warner-Studios verhinderte in verbohrter Routine die Entfaltung der Schauspielerin. In einige der unattraktivsten Kleider des Jahrzehnts vermummt, mit Topfhütchen und straffer Frisur, übersteht Bette Davis diese Jahre wie eine Gefängnisstrafe. Nach 31 Filmen und einem Oscar, den sie für *Dangerous* (1935) als heruntergekommener Bühnenstar erhielt, vergruben die Warners die kritische, schillernde Persönlichkeit in faden B-Filmen.

Die Konsequenz: zwei Filme mit Ludovice Toeplitz, die sie außer der Reihe in England drehen wollte. Eine einstweilige Verfügung gegen die Schauspielerin, die bereits wegen ihrer ablehnenden Haltung einem minderwertigen Drehbuch gegenüber suspendiert worden war, verbot ihr jedoch diesen und alle anderen Pläne. Einen kostspieligen Musterprozeß, der die gesamte Filmindustrie in Bann schlug, verlor die Davis. Danach überredete man sie, nach Hollywood, zur Studio-Familie zurückzukehren.

Vorübergehend bekam sie auch bessere Rollen, so in *Jezebel* (1938), einem opulenten Kostümfilm, als schöne Julie Marsden, die ein unschönes Spiel mit ihrem Verlobten (Henry Fonda) treibt. Die Rolle brachte ihr den zweiten Oscar und das Mitspracherecht bei der Stoffauswahl ein, für das sie bisher vergebens gefochten hatte.

Anfang 1941: Bette Davis bekommt nicht nur (als einzige Frau und nur so lange, bis ihre Verbesserungsbemühungen die Honoratioren zu ärgern begannen) den Präsidentenstuhl der »Academy of Motion Picture Arts and Sciences«, sondern auch die Hauptrolle in *The little Foxes* (»Die kleinen Füchse«, 1941). Dieser Prestigefilm – sie wurde gegen Gary Cooper für *Sergeant York* an RKO ausgeliehen – war wieder ein Erfolg in ihrem lebenslangen Kampf für bessere Drehbücher, gute Darsteller und ein fähiges technisches Team. Die Rolle der Regina Giddens – in der Tallulah Bankhead am Broadway brilliert hatte – in Lillian Hellmans Erfolgsstück, ist ihr auf den Leib geschneidert. Als skrupellose Frau, die ihren Mann (Herbert Marshall)

Spiel und Begehren (mit Henry Fonda in *Jezebel*).

in kalkulierter Hilfeverweigerung in den Tod schickt, um an sein Vermögen zu gelangen, hat sie die falsche Liebenswürdigkeit, kokette Schläue der unbefriedigten Frau, deren Liebesersatz das große Geld ist, auf das sie verbissen, hart, ein Zerrbild der großen, kultivierten Dame, hinarbeitet. Gregg Tolands Aufnahmen visualisierten den üppig dekorierten Raum, als dessen kostbar monströses Detail Bette Davis erscheint.

Dieses Werk William Wylers, mit dem die Davis zum drittenmal – und danach nie wieder – filmte und sich erbittert und produktiv stritt, instrumentierte die Manierismen der Davis: hochgeworfener Kopf, verfinsterte Stirn mit den halbverschleierten, großen Augen, schneidende Gestik der Arme und eine Körperhaltung, die alle Anwesenden zum Verlassen des Raumes nötigt. Diese Technik, so gekonnt Bette Davis sie auch vorbrachte, war schwer erkauft. Sie war im Feuer der ständigen Reibereien mit den Studio-Gewaltigen gehärtet worden.

The little Foxes zeigt die nach außen herrschaftlich-mondäne, innerlich unsicher-neurotische Frau am Schluß unglücklich, von allen verlassen. Nur in ihren Komödien *(The Man who came to Dinner)* bekam die Davis den anvisierten Mann. Die Liebeserfüllung einer starken Frau mit dem Dilemma, gesellschaftlich akzeptiert und gleichzeitig geliebt zu werden, konnte Hollywoods antiemanzipatorische Haltung entweder nur komödiantisch verkraften oder in Horror-Szenen denunzieren. Das Ausufern frei flottierender Gefühle führte also konsequent über die Leichen von Ehemännern und Verehrern, die als Überwachungsorgane gefährlich lebten. In den 2oer Jahren konnten *Mondäne* und *Flapper* ihre Neigungen noch frei ausagieren, ihre Männer umtauschen. Nach der Erfahrung wirtschaftlicher Depression (1929), mußte man auch in Hollywood nehmen, was übrigblieb. Selbstbestimmtes Handeln war passé. Für Bette Davis bedeutete das Festhalten an freier Partnerwahl *und* gesellschaftlicher Karriere nun, als Monster fixiert zu werden. In *The Letter* und *In this our Life* (»Ich will mein Leben leben«, 1942) zerbricht sie Menschen, die ihr im Weg stehen. In *Of Human Bondage* endet sie im Trinkerasyl, in *Bordertown* im Wahnsinn. Liebe erringt sie nicht. Im besten Fall hat sie gesellschaftlichen Erfolg *(The golden Arrow,* 1936, *Dark Victory,* 1939). Sie ist die gezeichnete Frau *(Marked Woman,* 1927), aufgespalten in autonome Eigenschaften.

Die privaten Probleme der Schauspielerin hielten mit ihren beruflichen Schritt. Nach der Scheidung von ihrem ersten Mann, im Dezember 1938, hatte sie Ende 1941 Arthur Farnsworth geheiratet, der später Filme für die Air Force machte. Im Sommer 1943 starb Farnsworth plötzlich. Bette Davis, die in diesen Jahren offenbar nicht wußte, wie sich ihre Leinwandkarriere weiter gestalten sollte, erreichte mit vierzig in *Beyond the Forest* (1949) als »Mitternachtsmäd-

Warten auf das
Verhängnis
(in *The Letter*).

chen in einer Neun-Uhr-Stadt« (so der Warner-Slogan) den Tief-
punkt. Sie strafte in dieser Zeit völliger Desorientierung einer
Schauspielerin, die mit ihren Talenten allein gelassen war, die Stu-
dio-Parole Lügen: »Niemand ist so gut wie Bette Davis, wenn sie
schlecht ist.« Bette war darstellerisch so schlecht wie eine Hexe im
Comic, und sie wußte es genau.

Ein Neuanfang schien möglich, als sie nach der Entlassung aus dem
Warner-Vertrag bei RKO Gelegenheit erhielt, eine Drehbuchidee
zu realisieren. Als Joyce Ramsey in *Payment on Demand* (1951), eine verwöhnte Vierzigerin, die begreift, daß ihre zwanzigjährige Ehe
durch den eigenen gesellschaftlichen Ehrgeiz ruiniert worden ist,
bietet die Davis eine Darstellung, die aus Einzelheiten ihrer eigenen
Karriere als Schauspielerin und Frau zusammengebaut ist. Daß ihre
Ehe mit ihrem 3. Mann, dem Maler William Grant Sherry, mit dem
sie eine Tochter, Barbara, hatte, wärend der Produktion in die Brüche ging, intensivierte ihr Spiel auf komplexe Weise.

Wie in diesem Film, spielte die Davis nach Kriegsende noch andere
Rollen *(All about Eve, The Star)* die plötzlich in selbstkritischer Attitüde das neurotisch-selbstsüchtige Verhalten früherer Eskapaden als
einzigen Grund für erlittenes Unglück lokalisierten. Das Anziehen
der Schraube war geglückt.

All about Eve (»Alles über Eva«, 1950) für die Fox, war ihr zweiter
Film nach der Warner-Dekade. Die Davis, eingesprungen für Ingrid
Bergman, die nicht nach Hollywood zurückwollte, lieferte unter Jo-
seph L. Mankiewicz (Buch und Regie) als alternder Bühnenstar
Margo Channing in der Krise ein Glanzstück, das ihr den »New
York Film Critics Award« als »beste Schauspielerin des Jahres« ein-
brachte. Ihre lärmenden Paroxysmen (»Bitte anschnallen ... es wird
ein böiger Abend!«), intelligenten Zynismen, die selbstmitleidige
Geknautschtheit machen sie zum ständigen Mittelpunkt des Films.
Nach der Dreharbeit fühlte sie sich »von den Toten wiedererweckt«
(Davis) und heiratete ihren Hauptdarsteller Garry Merill, mit dem
sie in *Phone call from a Stranger* (»Ein Fremder ruft an«, 1952) eine
sogenannte *Cameo*-Rolle hatte, die die später im Hollywood-Film
üblich werdenen Gastauftritte von Stars in Nebenrollen vorweg-
nahm.

Eine erneute Nominierung für den Oscar brachte Bette Davis die
Darstellung der heruntergekommenen, dem Alkohol verfallenen Os-
carpreisträgerin Margaret Elliot in *The Star* (1952) ein. Diese Solo-
show ihrer versammelten Talente, wo sie mit schrillem Organ, zänki-
schem Gestus und der in Dienst genommenen Dramatik ihrer Base-
dow-Blicke durch das Repertoire ihrer Manierismen wankt – eine
Tour de force glanzvoller Selbstzitate –, ließ ihren alten Wunsch auf-

Solo-Show versammelter Talente (mit Sterling Hayden in *The Star*).

leben, zur Theaterbühne zurückzukehren, die sie jahrelang nicht mehr betreten hatte. Dieser Wunsch ging mit der komödiantischen Revue *Two's Company* (unter Jules Dassin), mit der sie auf Tournee ging, in Erfüllung.
Erst mit dem Cinemascopefilm *The virgin Queen* (»Rebell ihrer Majestät«, 1955) kam sie nach Hollywood zurück. Danach und anschließend an ihr Fernsehdebüt 1956 tat sich die Davis sehr schwer, Rollen zu finden, die ihren Ansprüchen genügten. Nach Auftritten als couragierte Bibliothekarin, als Große Katharina, morphiumsüchtiges Muttertier und Gin-feste Kleingewerbetreibende gingen sie und Gary Merrill, mit dem sie inzwischen zwei Kinder adoptiert hatte (sie selbst konnte keine mehr bekommen), auf eine Vaudeville-Tournee quer durch die USA, und sie begann mit ihrer Autobiographie.
Die Wechselhaftigkeit ihres Privatlebens (6. Juli 1960: Scheidung von Merrill) und ihrer Karriere wurden Anfang der 60er Jahre durch eine bizarre Variante bereichert. In *What ever Happened to Baby Jane?* (»Was geschah wirklich mit Baby Jane?«, 1961) übernahm sie die Rolle der verstörten Jane Hudson – ein monströses Fossil früherer Kinotage: der alte Kinderstar, der sich nie anpassen wollte –, die an ihrem Comeback und lang geschürter Rache an der Schwester

und Konkurrentin (Joan Crawford) arbeitet. Viele in Ehren ergraute Diven hätten es vermieden, Rollen zu akzeptieren, die mit einstiger Schönheit so rabiat umgingen. Bette Davis, der sich nun eine zweite Karriere öffnete, wenn auch als eine Art weiblicher Christopher Lee, hatte sich jedoch vor Abrißunternehmungen falschen Glamours nie gefürchtet.

Die Comeback-Hoffnungen der energischen Davis verliefen im Sand. Um den Bankiers, die ihr auch in der Folgezeit keine angemessenen Arbeitsmöglichkeiten finanzierten, »den Fehdehandschuh hinzuwerfen« (Davis), veröffentlichte sie eine Anzeige in diversen Zeitschriften, worin sie als »Amerikanerin ... beweglich und leutselig ... ständige Beschäftigung in Hollywood ...« suchte – aber nicht fand. Erst 1964 konnte sie mit vier aufeinanderfolgenden Filmen, die aber kaum Ähnlichkeiten mit im wirklichen Leben vorkommenden Ereignissen aufwiesen, auf die Leinwand zurückkehren. Sie gaben ihr jedoch Gelegenheit zu exaltierter Spielweise, demonstrativen Quengeleien der Southern Lady und beziehungsreichem Augenrollen unter dem inzwischen obligatorischen Fransenpony.

Eine Fortsetzung des Grusels bedeutet *Hush ... hush, sweet Charlotte* (»Wiegenlied für eine Leiche«, 1964). Die Davis hatte eine Bombenrolle als geistesverwirrte Charlotte Hollis, der siebenunddreißig Jahre nach dem Mord an ihrem Liebhaber übel mitgespielt wird. Während sämtliche Gerippe des Horror-Genres zum Klappern gebracht werden, versinkt Charlotte immer tiefer in die Verstörung, deren Glaubwürdigkeit Bette Davis furchteinflößend gelingt.

Nach dem Scheitern ihrer Bemühungen, die Martha in *Who's afraid of Viriginia Woolf?* spielen zu dürfen, stellte die Davis in den letzten Jahren überwiegend monsterartige Lebewesen dar, überdimensionierte Exemplare von Schurkinnen und Schlampen. Um eine gute Rolle für eine ältere Schauspielerin zu finden, reist sie heute um die ganze Welt.

Nach dem Gruseldrama *Burnt Offerings* (»Landhaus der toten Seelen«, 1976) ist ihr bislang letzter Film *Return from Witch Mountain* (1978). In diesem Horror-Thriller, mit Science-fiction-Momenten angereichert, ist die Davis mit ihrer beängstigenden Mimik und beachtlichen Manierismen schockierend wie ihr Partner, der Grusel-Veteran Christopher Lee.

Ein gutes Drehbuch ausfindig zu machen ist in Hollywood nicht einfacher geworden. Aber: »Ich werde niemals den Fehler begehen zu sagen, daß ich mich zur Ruhe gesetzt habe ... Zum Teufel, ich könnte noch eine Million von diesen Charakterrollen spielen!«

Bette Davis hat letztlich stets unter ihrer eigenen Regie gearbeitet. Von der aschblonden Naiven bis zur todesfahlen Alten in zwielichtigen Schockern hat sie ihr Publikum immer wieder überrascht – und nie gelangweilt.

Sie wurde nicht durch Glamour berühmt, nicht allein durch die schmerzhafte Eindringlichkeit ihrer Rollen. So, wie harte Arbeit und persönliche Ausstrahlung dazu beigetragen haben, mag eine besondere Erklärung ihrer Popularität auch sein, daß sie die Frau zeigt, die versucht, ein ebenso bewußtes wie riskantes Leben zu leben, und die dabei irregeführt wird, aufsplittert und sich verliert. Die sich aber auch immer wiederfindet. Und neu loslegt.

B. S.

Literatur:

Gene Ringgold: »The Films of Bette Davis«, New York 1966.
Whitney Stine/Bette Davis: »Mother Goddam«, New York 1974.
Jerry Vermilye: »Bette Davis«, München 1979.

Cary Grant
Der Gentleman als Komödiant

> »Versuch nur nicht, komisch zu sein.«
> Howard Hawks

Besondere Kennzeichen der Screwball-Komödie waren ihr enormes Tempo, ihre exzentrischen Figuren und der gepfefferte Witz, den sie versprühten. Als ihr markantester Vertreter gilt Cary Grant, der Ende der 30er Jahre mit Filmen wie *Bringing Up Baby* (1938) und *His Girl Friday* (1940) berühmt geworden war; er sollte sich in der Folgezeit zu einem der größten Komödienschauspieler mausern.

Besondere Kennzeichen Grants: in dem glatten Gesicht eine erstaunliche Kerbe im Kinn, der skeptische Blick aus den wachen grauen Augen, das ironische Lächeln auf den Lippen, sonnengebräunt, frisch frisiert, gepflegtes, elegantes Äußeres. In Kontrast zu seinen tadellos sitzenden Maßanzügen stehen sein krummbeiniger, etwas nach vorn geneigter Gang und die eckigen Bewegungen seines Oberkörpers.

Als Cary Grant in seinem ersten Howard-Hawks-Film wütend werden sollte, wieherte er wie ein Pferd. Dies ist eines seiner extremen Ausdrucksmittel neben Augenrollen, Stirnrunzeln oder mimischen Verrenkungen.

Letztlich konnte aber auch ein großer Regisseur wie Hawks die Essenz der Grantschen Komik nicht erklären: »Die Leute finden ihn eben komisch. Das liegt an seiner Methode.« (Blumenberg.)

Was aber ist seine Methode?

Meistens agiert Grant eher unterkühlt, mit unbewegtem Gesicht, in seinem Blick Spuren von Hochnäsigkeit: Ausdruck für seine überlegen-weltmännische Haltung, ein unauffälliges Über-den-Dingen-Stehen.

Cary Grant – eigentlich Archibald Alexander Leach – kam am 18. 1. 1904 in der englischen Hafenstadt Bristol zur Welt. Mit dreizehn schloß er sich der Bob-Pender-Varieté-Truppe an, lernte dort auf Stelzen gehen und Saltos schlagen. Nach einer Amerika-Tournee der Gruppe 1920 beschloß er, in New York zu bleiben. Es folgten harte Jahre als unbekannter junger Artist, ehe sich der erste Erfolg einstellte. Archie verkaufte Krawatten, entwickelte eine eigene Vaudeville-Show und verschmähte auch nicht Auftritte in *nightclubs,* um sich über Wasser zu halten. 1927 wurde er für das Musical entdeckt, hatte einige gute Rollen, versagte aber bei seinem ersten Filmtest: Sein angeblich zu dicker Hals und die krummen Beine verhinderten seinen Filmstart. Er tanzte und sang weiter in verschiedenen Operetten, ehe er 1931 in dem 10-Minuten-Musical *Singapore Sue* in einer Nebenrolle zu sehen war. Es folgte ein Dauervertrag bei Paramount und die Auflage, sich einen gut klingenden Namen zuzulegen. Damit verschwand Archie Leach von der Bühne, und der Filmschauspieler Cary Grant betrat die Szene. Er war nun in einer Reihe von Trivialfilmen zu sehen, sein Name stand meistens weiter unten auf der Besetzungsliste.

Ehe ihm der Aufstieg zum Superstar mit eigenem, unverwechselbarem Flair gelingt, hat er bei Paramount jahrelang im Schatten von Gary Cooper gestanden und seine ersten knapp dreißig Filme bereits abgedreht. In diesen frühen Hollywood-Produktionen vermißt man sein herbes, kantig-männliches Gesicht, er ist vielmehr ein Mann mit weichen, noch unausgereiften Zügen, blitzenden Zähnen und »keep smiling«, aber er ist doch schon ein ausgewachsener Beau, den die schönsten Frauen umschwärmen. So ist er 1932 in *Blonde Venus* als reicher Playboy der Partner von Marlene Dietrich, 1933 tritt er dank seines blendenden Aussehens zweimal als Gegenspieler der Sexkönigin Mae West auf, in *She Done Him Wrong* und in *I Am No Angel,* beides Filme, die Riesenhits werden und in denen er die Stichworte für die Frivolitäten der West liefert. Der smarte junge Cary Grant spielt auch den Liebhaber so bedeutender Stars wie Carole Lombard, Jean Harlow und – in zwei hinreißenden Screwball-Komödien – von Katherine Hepburn.

Als Vertragsschauspieler bei Paramount hatte man ihn jahrelang auf enge Rollenklischees festgelegt, und obwohl bereits mit Hauptrollen vertraut, wirkte er doch meist hölzern und eckig. Als ihn Paramount 1936 für die Komödie *Sylvia Scarlett* an RKO auslieh, hatte man ihm damit – unabsichtlich – den Weg zum Ausbau seiner Karriere geebnet. Als Partner von Katharine Hepburn und unter der Regie von George Cukor durfte er endlich auf seine feinen Manieren und das geschniegelte Aussehen verzichten. Er spielte das Mitglied einer herumvagabundierenden Diebesbande, sprach Cockney und konnte erstmals eine Charakterrolle auf der Leinwand zeigen.

Ähnlich wie andere Schauspieler mit Dauervertrag – etwa Marilyn Monroe – mußte sich auch Cary Grant durch zahllose mittelmäßige Filme zu guten Rollen hochdienen. Er hatte außerdem kein Mitspracherecht bei der Auswahl der Rollen.

Seine Position als jugendlicher Liebhaber und Komiker ist dann aber so gut, daß er es 1936 wagt, seinen bei Paramount auslaufenden Vertrag nicht zu erneuern. Damit ist er der erste Schauspieler der Star-Geschichte, der frei – ohne feste Bindung an eine Gesellschaft – arbeitet. Dies lohnt sich bald. Er kann sein sich bildendes Image als Charmeur und Komödienschauspieler durch geschickte Auswahl seiner Filme und die Zusammenarbeit mit Spitzenregisseuren festigen.

Der endgültige Durchbruch gelingt ihm 1938 mit *Bringing Up Baby* (»Leoparden küßt man nicht«), einer spritzigen Komödie, von Howard Hawks inszeniert, die auch die Karriere der Hepburn sehr positiv beeinflußt. Grant als weltfremder Paläontologie-Professor, der seine Lebensaufgabe darin sieht, ein Dinosaurier-Skelett zu rekonstruieren, gerät in die Fänge einer reichen Erbin, die ständig einen Terrier und einen zahmen Leoparden um sich hat und die sein Leben in ein mittleres Chaos verwandelt. Die slapstick-artigen Gags brennen wie ein Feuerwerk ab, und Grant spielt die Rolle des unbeholfen-tapsigen Wissenschaftlers brillant.

Bei all ihrem beißenden Witz hatten die Screwball-Farcen im Gegensatz zu den anarchistischen Slapstick-Komödien der Marx-Brothers eher systemerhaltenden Charakter: Es waren eskapistische Unterhaltungsspiele der hart an ihrem Vergnügen arbeitenden Reichen. Ihr Motto: Lieber ein flottes vergnügliches Leben führen, als das Geld mühsam auf der Bank horten, wo es doch nur dem nächsten Börsenkrach zum Opfer fällt. Die Helden dieses Genres sind verantwortungslos-sympathische Nichtstuer oder verschrobene Außenseiter (meist Wissenschaftler), denen nichts wichtiger ist als ihr Vergnügen oder ihre Passion. Auf den Zaster kommt's nicht an, und Reichtum macht sowieso nicht glücklich ... Cary Grant als dem Protagonisten und Sunnyboy dieser Filme gelingt es immer wieder treffend, den Erstaunten und Verblüfften zu spielen, wenn plötzlich die wohlgeordnete bürgerliche Welt einen Sprung bekommt. Zum Beispiel, wenn er in der schwarzen Frank-Capra-Komödie *Arsenic and Old Lace* (»Arsen und Spitzenhäubchen«, 1944) entdeckt, daß seine beiden putzigen, lieben, alten Tanten unter der Fensterbank eine Leiche aufbewahrt haben, und wenn Grant, nachdem er sich vom ersten Schreck erholt hat, sich in einem Furioso an Aktivität schier überschlägt, um die Dinge wieder in Ordnung zu bringen – was ihm natürlich nicht gelingt.

Allmählich entwickelt Grant seinen eigenen Stil. In der scheinbar unbeirrbaren Sicherheit seines Auftretens kollidiert er ständig mit der Tücke des Objekts. Er geht mit einer gewissen Naivität und Unbefangenheit durchs Leben und kann sich vor Staunen kaum fassen,

Arsenic and Old Lace mit Priscilla Lane.

wenn man ihn stolpern läßt. Daß er dabei in der verworrensten Situation todernst bleibt und mit einem Minimum an winzigen Gesten auskommt, erhöht die komische Wirkung für den Zuschauer nur noch. Es genügt sein mißtrauischer Blick, der sich vor ungläubigem Staunen weitet, um uns zum Lachen zu bringen. Gerade weil Grant nicht übertreibt, erscheint er in der Stolpersituation als der ängstliche, linkische Durchschnittsbürger, in dem sich jeder wiedererkennt. Dazu der Komödienspezialist Hawks: »Das Lachen wird aus den Hemmungen geboren, die jeden von uns mehr oder weniger zurückhalten.« (Blumenberg.)

In diesem Augenblick fällt die Attitüde des Weltmannes wie eine schöne Maske von ihm ab, und um die peinliche Situation zu retten, greift Grant zu einem Mittel, das jeder kennt: Er versucht mit einer flapsigen Bemerkung das Mißgeschick zu verharmlosen.

Ein weiteres wesentliches Element der Screwball-Komödie, dessen sich auch Cary Grant bedient, ist die rasche Aufeinanderfolge von witzigen Einfällen. Der Zuschauer sieht sich einem ständigen Dialog-Feuerwerk ausgesetzt, das den Eindruck von großer geistiger Beweglichkeit und Schlagfertigkeit vermittelt. Um diese Wirkung noch zu erhöhen, hat Howard Hawks in seinen Komödien die Schauspieler so sprechen lassen, daß sich ihre Dialoge überlappen.

Cary Grant heiratete am 9. Februar 1934 Virginia Cherill, die blinde Heimatlose aus dem Chaplin-Film *City Lights*. Im Oktober desselben Jahres wurde Grant ins Krankenhaus eingeliefert. Neben seinem Bett hatte man ein Röhrchen Gifttabletten gefunden. Im Leben war er weniger erfolgreich mit Frauen als in seiner Leinwand-Existenz; die Ehe wurde ein Jahr später geschieden.
Cary Grant hat im Laufe seines Lebens noch dreimal geheiratet. In den 30er Jahren, in denen die Verleumdungsmühlen der Traumstadt besonders schnell mahlten, wurde das Gerücht ausgestreut, er sei homosexuell.
Gesicherter scheint sein Hang zum Geiz zu sein, den Carole Lombard schon früh enthüllt (Vermilye). Als er mit Randolph Scott aus Ersparnisgründen gemeinsam ein Haus bewohnt, überläßt er es prinzipiell seinem Freund Scott, die Rechnungen hierfür zu begleichen. Cary Grant war von ganz unten gekommen; nun saß er wie die Made im Speck und wollte sich aus dem Schlaraffenland der Illusionen und Stargagen nicht mehr vertreiben lassen.
Cary Grant hat in seiner Karriere nie in einem Western gespielt. Eine Figur aus dem Dickicht der Städte, strahlt er gleichwohl Männlichkeit aus. Der derben Roheit und dem Pioniergeist der Western-Helden à la John Wayne und Randolph Scott setzt er Gerissenheit, Zähigkeit und Intelligenz entgegen. In Kriminalfilmen spielt er die in mysteriösen Situationen ertappte charmante Unschuld, in einem seiner besten Abenteuerfilme *Only Angels Have Wings* (»SOS – Feuer an Bord«, 1939) erleben wir ihn als den besessenen Postflieger Jeff Carter, der sich in einer rauhen Männergesellschaft durchboxt.

Only Angels Have Wings mit Richard Barthelmess.

Als Boß der Flieger präsentiert er sich als der harte Bursche und Einzelgänger, den Stolz, Gelassenheit und Wagemut auszeichnen. Frauen gegenüber kehrt er den Gleichgültigen heraus, der, von zwei Damen bedrängt, sich schließlich von der guten Kameradin Jean Arthur einfangen läßt. Rita Hayworth, noch am Beginn ihrer Karriere, kann trotz ihrer Schönheit nicht bei ihm landen.

Grant hat in vier Filmen von Hitchcock mitgewirkt; im ersten, *Suspicion* (»Verdacht«, 1941), gerät er als zwielichtiger, verschwenderischer Bursche in den Verdacht, seine Frau ermorden zu wollen. Doch die RKO-Studios waren der Meinung, daß sich Grants Image mit dem eines Mörders nicht vertrug; der Verdacht durfte sich nicht bestätigen.

Auf *Notorious* (»Weißes Gift/Berüchtigt«, 1946) mit Ingrid Bergman, den Film »mit dem längsten Kuß in der Filmgeschichte«, (Truffaut), folgt 1955 *To Catch A Thief* (»Über den Dächern von Nizza«), in dem Grant als ehemaliger Meisterdieb wiederum in Verdacht ge-

North by Northwest mit Eve Marie Saint.

rät. Diesmal jedoch kann der Star das Flair des Geheimnisvollen – sicherlich ein wichtiger Bestandteil im Mosaik seines Images – voll ausspielen, noch dazu in einem Film mit Komödieneffekten, in dem er mit der kalten Schönheit Grace Kelly heiß flirtet. Grace serviert Cary ein Hähnchen und fragt dabei: »Möchten Sie lieber eine Brust oder ein Bein haben?«

North by Northwest (»Der unsichtbare Dritte«, 1959) ist als einer der besten Hitchcock-Filme bezeichnet worden. Die Story hat mehrere doppelte Böden und Handlungsumschwünge und bietet Grant die Möglichkeit, die reiche Skala seines schauspielerischen Talents voll zu entfalten: die des Komikers, des Gentlemans und des Herzensbrechers. Die Story ist so komplex, daß Grant sich bei Hitchcock beklagt: »... wir haben jetzt schon ein Drittel des Films abgedreht, es passiert alles Mögliche, und ich weiß immer noch nicht, worum es geht.« (Truffaut.)

Es geht um einen imaginären Agenten, für den Grant in der Rolle eines biederen Geschäftsmannes irrtümlich gehalten wird. Von zwei Geheimdiensten, der Polizei und einer kessen Blondine gejagt, gerät er von einem Schlamassel in den anderen.

In einer der einprägsamsten Szenen soll er in einer wüstenartigen Landschaft von einem sich auf ihn niederstürzenden Doppeldecker gekillt werden. In Grants Gesicht spiegelt sich zuerst totale Verständnislosigkeit, dann vergißt er seinen bekannten krummbeinigstaksigen Gang und flitzt wie ein Hase in ein Maisfeld.

Von wenigen Flops wie etwa *The Pride and the Passion* (»Stolz und Leidenschaft«, 1957) mit Sophia Loren abgesehen, hat Grant in einer langen Karriere Erfolg an Erfolg gereiht. Einige seiner größten Hits sind: *His Girl Friday* (»Sein Mädchen für besondere Fälle«, 1940) mit Rosalind Russell. Grant als wendiger Zeitungsverleger besiegt mit seinem sarkastischen Witz den neuen Verlobten seiner Ex-Braut und gewinnt die Frau zurück. *The Philadelphia Story* (»Die Nacht vor der Hochzeit«, 1940): In dieser spröden Komödie ist zwar Katherine Hepburn als blasiertes Society-Girl der Superstar, doch Cary Grant und James Stewart als konkurrierende männliche Partner stehen ihr an Attraktivität in nichts nach. In *I Was a Male War Bride* (»Ich war eine männliche Kriegsbraut«, 1949) steckt ihn Hawks in Frauenkleider. Als Grant anfängt, sich feminin zu verhalten, korrigiert ihn der Regisseur: »Du sollst rumstapfen wie ein wütender Mann, den der weibische Klimbim aufregt.« Grant sah lächerlich aus, und der Film war ein Erfolg.

1948 hatte er mit Betsy Drake in *Every Girl Should Be Married* (»Jedes Mädchen müßte heiraten«) gespielt und den Filmtitel wörtlich genommen. Betsy und er heirateten Weihnachten 1949 in Phoenix, Arizona. Howard Hawks war Trauzeuge. Diese Ehe – seine dritte – hielt über zwölf Jahre.

Cary Grant hat sich in seinen Filmen eine Rolle zurechtgelegt und bis zur Perfektion verfeinert, die mit ihm selbst indentisch ist. ». . . es ist schwerer, sich selbst zu spielen. Ich gab vor, auf der Leinwand ein ganz bestimmter Typ Mann zu sein; dann wurde ich auch im wirklichen Leben zu diesem Mann.« (Vermilye.) Image und Leben gingen eine untrennbare Symbiose ein: Der sympathisch-leichtfertige Beau, alterslos, nonchalant, schlagfertig, immer wie aus dem Ei gepellt – als der aufrechte Junge von nebenan, durch ein *Air of Mystery* verfremdet, wirkt er auch in seinen komischen Posen stets streng kontrolliert. Obwohl im realen Leben viermal verheiratet und geschieden, erscheint er in seinen Filmen als der ewige Junggeselle Hollywoods, bedrängt von Katherine Hepburn, Doris Day und den übrigen Frauen der Glitzerstadt.

Als geborener Engländer ist Cary Grant dennoch mehr ein echter Amerikaner als mancher Yankee und in der Heldenskala das genaue Gegenbild des Westerner: der gerissene Geschäftsmann, der sicher sein Schäfchen ins Trockene bringt. Nach seinem Abtritt von der Filmbühne 1966 mit *Walk, Don't Run* (»Nicht so schnell, mein Junge«) sichert er sich – obwohl längst Millionär – ein 15-Tausend-Dollar Jahresgehalt plus Gewinnbeteiligung als Aufsichtsratsmitglied bei der Schönheitsfirma Rayette-Fabergé.

Als in den 50er Jahren ernsthafte Problemfilme die Lustspiele vorübergehend verdrängten, zog sich Grant zurück und begründete dies später so: »Es war die Periode der Blue Jeans, der Rauschgiftsüchtigen . . . und niemand machte sich noch etwas aus Komödien.«

Für einen Kritiker von *Time* (zit. nach Vermilye) ist er »der einzige Clown oder Hanswurst in der Filmgeschichte, der sich nahezu dreißig Jahre als romantischer Star von Rang und Namen behauptet hat . . . er hat keine soziale oder moralische Botschaft zu verkünden. Er schafft in einem Vakuum der Werte. Er ist nur ein Techniker . . . aber ein Techniker von Genie«. Eine Schutzschicht aus Konventionen umhüllt ihn wie Lack und bewahrt ihn vor jeder Verletzung, vor jeder Berührung mit dem wirklichen Leben. Er ist vielleicht einmal gekränkt oder melancholisch, wirklich aus der Fassung gebracht werden kann er nie. Existentielle Probleme wie unheilbarer Schmerz zielen an ihm vorbei; er schwimmt wie ein Fisch im Wasser, aalglatt, unverwundbar, ungreifbar.

Er hat nie einen Academy Award bekommen. Als Trostpflaster überreichte ihm Frank Sinatra 1970 einen Spezial-Oscar dafür, »daß er Cary Grant gewesen ist«.

Daß er in Unterhaltungsfilmen und spritzigen Komödien nahtlos aufgeht, weist auf seine Grundhaltung: die eines eher konservativen Gentlemans, der unsere Welt zwar – möglicherweise – für verrückt hält, aber glaubt, daß man in ihr leben kann.

Als Individualist und Exzentriker hat er das in 72 Filmen bewiesen.

hei

Literatur

Kenneth Anger: »Hollywood Babylon«, München 1975.

Hans C. Blumenberg: »Die Kamera in Augenhöhe. Begegnungen mit Howard Hawks«, Köln 1979.

François Truffaut: »Mr. Hitchcock, wie haben Sie das gemacht?«, München 1973.

Jerry Vermilye: »Cary Grant«, München 1979.

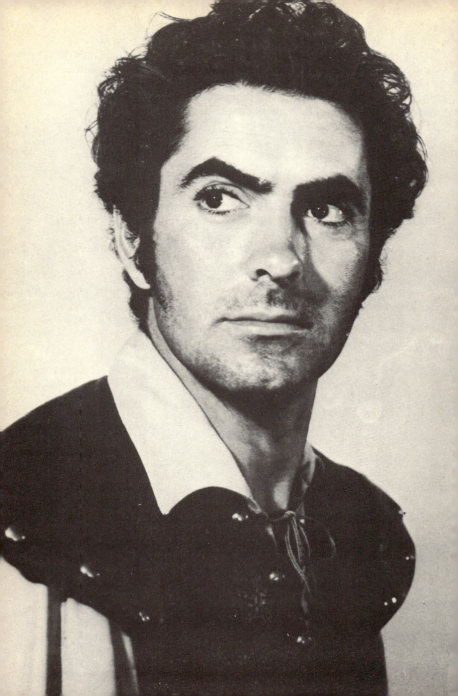

Tyrone Power
Freibeuter des Herzens

Keiner war so schön wie er, der als einer der letzten Leibeigenen Hollywoods von den Studios als glamouröse Gegengestalt zur Alltagswirklichkeit aufgebaut wurde. Der tatkräftige Draufgänger und glühende Liebhaber, in den 40er Jahren unwiderstehlich auf den Spuren solch legendärer Vorgänger wie Douglas Fairbanks und Rudolph Valentino, kämpfte in den letzten Lebensjahren vergebens gegen sein Image. Das blendende Aussehen dieses Studioprodukts und die verbissenen Rückzugsgefechte eines Starsystems, das in den 50er Jahren verfiel, verhinderten die Entfaltung eines Darstellers, dessen romantische Rollen die Fans 20 Jahre lang zu regelrechten Aufständen aus schierem Entzücken getrieben hatten. Mit 44 Jahren, (1959), zerrieben zwischen einem aufgezwungenen Rollentypus und ständigen Ausbruchsversuchen, starb dieser Abhängige der Traumfabrik zu früh, um ein neues Image zu festigen, das in Filmen wie *The Razor's Edge, Nightmare Alley* oder *Witness for the Prosecution* angeklungen war. Sein Tod blieb ein Filmdrama aus dem wirklichen Leben.

Die Theatertradition anspruchsvoller Schauspielerei lag schon in seiner Familie. Der Vater des im Mai 1914 in Connecticut/USA geborene Tyrone Power hatte Erfolg als Matinee-Idol und wirkte in Theateraufführungen und erfolgreichen Filmen mit, so in Herbert Wilcox' *Chu Chin Chow* (1923). Als Tyrone ein Jahr alt ist, zieht die Familie nach Hollywood, später nach New York. In Chicago beginnt seine Schauspielkarriere. In einer Theatergruppe, der auch sein Vater, Tyrone Power II, angehört, spielt er in Shakespeares »Kaufmann von Venedig«. Während der Dreharbeiten zu dem Hollywood-Film *The Miracle Men* stirbt der Vater an einem Herzschlag, und Power jun. muß sich einen Job in den Studios suchen. Zwei winzige Nebenrollen in *Tom Brown of Culver* (1932) und *Flirtation Walk* (1934) entmutigen den jungen Akteur eher. Zurückgekehrt nach Chicago, findet er eine Beschäftigung auf dem Gelände der Weltaus-

63

stellung: In einer Abteilung für Filmtechnik muß er ironischerweise vor leerer Kamera die Entstehung einer Szene vortäuschen. Don Ameche, ein junger Radio-Sprecher, später als liebenswerter Darsteller in Komödien und Musicals erfolgreich leitet die Demonstration. Ihn und Power verbindet danach eine lebenslange Freundschaft, die durch gemeinsame Filmrollen noch gefestigt wird.

Der Theaterproduzent Guthrie McClintic war es, der Power in seine Truppe holte, und in der Hauptrolle von Shaws »Heiliger Johanna« wird der Nachwuchsdarsteller von einem Talentsucher der Fox entdeckt. Zwei Aufnahmetests gefallen dem Studioleiter Darryl F. Zanuck, der 1933 zusammen mit Joseph Schenck die *Twenthieth Century Pictures* und zwei Jahre später die *Fox* gegründet hatte, und er beschließt, Power, der 18 Jahre lang sein favorisierter Star sein wird, zu engagieren.

Die ersten beiden Filme, *Girls Dormitory* (»Mädchenschlafsaal«, 1936) mit Simone Simon und *Ladies in Love* (»Verliebte Damen«, 1936) mit Loretta Young, brachten Ansehen und Ausstrahlung des neuen, noch etwas hölzern wirkenden Stars schon alarmierend zur Geltung. Die Fan-Post begann zu zirkulieren, und Zanuck, der das Starpotential dieses dunklen Jungen mit den dichten geschwungenen Augenbrauen, dem schwarz-gewellten Haar, das er so elegant zu straffen wußte, und dem Hauch irischer Ungezähmtheit und Melancholie witterte, gab ihm umgehend eine Hauptrolle. In *Lloyd's of London* (1936) unter Henry King, mit dem er zehn weitere Filme drehte, einem Epos über das finanzkräftige Versicherungsunternehmen, wickelt Power sich erstmals – und danach immer wieder – in bunte Kostüme ein – und seine Partnerin Madeleine Carroll in seinen draufgängerischen Sex-Appeal.

Über Nacht ein Star, kehrte er nach London zurück, wo eine 5000köpfige Verehrerinnenschar seinen frischen Ruhm dokumentierte. An diesem hysterischen Stadtaufruhr des schönen Scheins – Aufstände manipulierter Sehnsüchte löste Tyrone Power noch massenweise aus – war der Charme dieses schöngewachsenen, vertrauenerweckenden Fetischs ganzer Männlichkeit nicht unschuldig. Aber einen gewissen Anteil hatte auch die *Fox*, die den Helden nach unzähligen Gunst-Umfragen zusammengebaut hatte.

Zanuck, der Vizepräsident dieses Laboratoriums glamouröser Erfindungen, wucherte schamlos mit dem Pfund seines neuen Stars. Vier Filme 1937 und weitere vier im darauffolgenden Jahr zeigten die Strategie des kühlen Rechners. In *Love is News, Cafe Metropole* und *Second Honeymoon,* alle 1937, spielte Power mit Loretta Young zusammen, der großäugigen, elegant-schönen Darstellerin melodramatischer Frauenschicksale. Ein beliebteres Paar in den 40er Jahren gab es nicht. Nach *Thin Ice* (1937, mit Sonja Henie) stieg Powers Stern unaufhaltsam höher, und in dem Film *In Old Chicago* (»In Alt-Chicago«, 1938) konnte er wieder mit Don Ameche zusammenarbeiten. In diesem Drama um eine korrupte Stadtverwaltung, das in einer grandiosen Sequenz des brennenden Chicago mündet, gewinnt Power gegen seinen Rivalen Ameche, der in Würde stirbt, die Hand von Alice Faye, dem blonden Gesangstar vieler Musicals der 30er und 40er Jahre.

Die drei Darsteller wiederholten Rollen und Erfolge in dem darauffolgenden Film *Alexanders Ragtime Band* (1938), einem Lichtspiel, das um den Song kreist, mit dem Irving Berlin 1911 die populäre Musik umgekrempelt hatte. Seit diesem Werk war Tyrone Power die Nr. zehn in Hollywoods Top-ten-Liste.

Danach verlieh die *Fox* ihr Zugpferd an *MGM,* wo er an der Seite von Norma Shearer, John Barrymore und Robert Morley in *Marie Antoinette* (1938) zu spielen hatte. Mit dem schönen Zopf aus der Zeit des Ancien Régime machte er jedoch, erdrückt von soviel glanzvollen Namen und dem monströsen Aufwand an Kostümen und Material, eine so unglückliche Figur, daß seine Vertragsfirma ihn die nächsten 15 Jahre, sehr zu seinem Nachteil, nicht mehr auslieh. Rollen wie die in Columbia's *Golden Boy* (1939), die William Holden berühmt machte, und in Warner Brother's *King's Row* (1942, mit Ronald Reagan) entgingen so dem *Fox*-Helden, dessen Gefügigkeit gegenüber dem Zwang der Verhältnisse noch untadelig war.

Die *Fox* wollte es besser als ihre Konkurrenz machen, sie steckte Power in eigene Historienschinken. In *Suez* (1938), einer Großproduktion unter Allan Dwan, erschien Power als Kanalbauer de Lesseps, der entgegen der historischen Überlieferung sich in die Königin Eugenie (Loretta Young) verliebt. Außerhalb des *Sets* heiratete Power die französische Actrice Annabelle, die in *Suez* mitwirkte.

Zwischen 1938 und 1942 sah man den charmanten Helden, bevor er als Freiwilliger in den Krieg zog, in vierzehn Filmen, die ihn zum beliebtesten männlichen Darsteller Hollywoods machten. Die beiden Höhepunkte waren Regiearbeiten Rouben Mamoulians, *Remakes* erfolgreicher Stummfilme. In *The Mark of Zorro* (»Im Zeichen Zorros«, 1940) renommierte er mit intelligenter Vehemenz und ließ die prahlerische Aufschneiderei und athletische Eleganz von Douglas Fairbanks (*The Mark of Zorro*, 1920) vergessen. In *Blood and Sand* (»König der Toreros«, 1941) brauchte seine Darstellung des Matadors den Vergleich mit seinem Vorgänger »Rudy« Valentino, der die gleiche Rolle 1922 verkörpert hatte, nicht zu scheuen. Und auch mit *The Black Swan* (»Der Seeräuber«, 1942),

In *Blood And Sand*.

einem bunten Piratenbilderbogen, trat er beeindruckend in die Fußstapfen des großen Fairbanks (*The Black Pirate,* 1926).
Diese Mantel- und Degenfilme – Unterabteilungen des historischen Abenteuerfilms aus der Glanzzeit des Kinos – deren Bezeichnung schon ihre wichtigsten Requisiten benennt, blieben das bevorzugte Fach Powers, in dem seine Fans ihn liebten. Die bevorzugten Themen: der Held als Rächer der Entrechteten (die allerdings sowohl verarmte Volksschichten als auch entmachtete Herrscherfiguren sein konnten), als Sieger über eine Rotte haßvoller, stümperhaft agierender Widersacher mit dem funkensprühenden Finale von Klingengefechten und der schönen Frau als Preis ließen seine körperliche Gewandtheit, intelligente Dreistigkeit, seinen jungenhaften Humor unübertroffen zur Entfaltung kommen.
Obwohl die Stars der Leinwand vom Kriegsdienst befreit waren, ging Tyrone Power im August 1942 freiwillig zur US-Marine, und nach Absolvierung der Offiziersschule (die er als Leutnant verließ) erhielt er eine Ausbildung als Pilot. Als Transportflieger für den Marinenachschub flog er als einer der ersten zu der heftig umkämpften Pazifikinsel Iwo Jima. Nach seiner Entlassung 1946 kehrte er nach Hollywood zurück, durch die Kriegserfahrung verändert. Aber auch die glanzvolle Zelluloidmetropole war nicht unversehrt geblieben. »Es war ein Gefühl von Angst und nervöser Spannung in der Luft ... die Leute rannten herum in der Angst, ihre Arbeit zu verlieren ...« (Power).
Da die Anziehungskraft des schönen Filmarbeiters ungebrochen

schien, erhielt er sofort Filmrollen, die einen guten Start versprachen. *The Razor's Edge* (»Auf Messers Schneide«, 1946) nach Somerset Maugham und vor allem *Nightmare Alley* (»Der Scharlatan«, 1947) – in seiner besten Darstellung: als arroganter Opportunist, der die Liebe einer Frau ausnutzt und von seinen eigenen charakterlichen Waffen am Ende zerstört wird – zeigten ihn in ernsthaften, dramatischen Rollenfächern. Das Publikum wollte aber den schönen Helden sehen, nicht den Schuft, und blieb der Kinokasse fern.

Die Antwort der *Fox* waren ermüdende Kostüm-Epen. *Captain from Castille* (1947), *The Prince of Foxes* (»In den Klauen des Borgia«, 1949) und *The Black Rose* (»Die schwarze Rose«, 1950 – die letzten beiden mit Orson Welles) zwangen ihn in das Image zurück, das die Öffentlichkeitsarbeiter der *Fox* ausgetüftelt hatten.

Das Bemühen der Studios, ihren Stars, die sie nur bezahlen konnten, indem sie auf Rollentypen festgelegt und entsprechend eingesetzt wurden, eine durch ihr äußeres Erscheinungsbild assoziierbare Charakteristik zu verleihen, war ein Resultat der Fließbandproduktion der Traumfabrik. Erst einmal fixiert, blieb der Star, oft bis ins

Mit Basil Rathbone in *The Mark of Zorro*.

Privatleben hinein, an seinen Typ gekettet wie der Erfolg an den schönen Schein. Die *Typage* schneiderte ihm Vergangenheit, Gegenwart und Zukunft auf den Leib wie eine zweite Haut.

Power opponierte gegen dieses System. Er, dessen zwischenzeitliche Theaterausflüge ihn als hochbegabten dramatischen Schauspieler ausgewiesen hatten, mußte aber erkennen, daß die Studios stärker waren. Nur das Dilemma, sowohl im Stil des großen Stars zu leben, als auch seine Familie ernähren zu müssen (er hatte im Januar 1949 die Schauspielerin Linda Christian geheiratet und zwei Kinder), hielten ihn davon ab, vertragsbrüchig zu werden.

Bis 1954, als er sich endlich von der *Fox* lösen konnte, führte er eine Existenz, deren unproduktive Anspannung im Gegensatz stand zu seiner äußerlich glanzvollen Starrolle. Eine willkommene Abwechslung bot ihm nur die Mitarbeit an der Dramatisierung von Stephen V. Benets Bürgerkriegsgedicht »John Brown's Bode«, mit der die Theatertruppe von Charles Laughton eine Tournee durch 115 amerikanische Städte machte, bevor sie enthusiastisch am Broadway gefeiert wurde.

Erst die vier letzten Lebensjahre erlaubten ihm, befreit von allen vertraglichen Vorschriften, seine Vorstellungen von Filmrollen umzusetzen. *The Long Grey Line* (»Die lange, graue Linie«, 1955), als irischer Ausbilder in West Point, war der differenzierte Auftakt. Kritiker, die »den längsten und grauesten Film« der Filmgeschichte gesehen zu haben glaubten, bewiesen damit nur ihre Blindheit gegenüber den Versuchen eines Genrehelden, aus seinem Fach auszubrechen.

Nach der Rolle des Jack Barnes in Zanucks (der sich inzwischen unabhängig gemacht hatte) *The Sun also Rises* (»Zwischen Madrid und

Mit Mai Zetterling in *Abandon Ship*.

Paris«, 1957) zeigte Power in *Witness for the Prosecution* (»Zeugin der Anklage«, 1958) als überzeugender Täuschung fähiger Verbrecher Leonard Vole seine letzte reife Leistung.

Nachdem der Star im Mai 1958 zum dritten Mal geheiratet hatte (Deborah Minardos), starb er, in tragischer Parallele zum Tod seines Vaters 27 Jahre zuvor, während Filmdreharbeiten. Im November 1958 in Spanien – auf dem *Set* zu King Vidors *Solomon and Sheba* (»Salomon und die Königin von Saba«) – erlag er einem Herzinfarkt, und Yul Brunner mußte seine Rolle übernehmen.

Männliche Tugenden wie Kampfgeist, Mut und jungenhafte Mobilität hat Power in Abenteuer- und Kostümfilmen, die nach der Depression wiederbelebt wurden, neben Errol Flynn wie kein zweiter verkörpert. Die bunten, romantischen Rollen waren es, die ihn in das Buch legendärer Stars einschrieben. Dagegen stand sein verspätetes Bemühen, etwas zu machen, »was der Mühe lohnte, Filme, die etwas mitzuteilen hatten« (Power). Die Tragik dieses Schauspielers ist, daß die Botschaften, die bei Industrie und Publikum gleichermaßen ankamen, Erfindungen der Image-Ingenieure, nicht seine eigenen waren. Sie machen aber seinen Mythos aus, der so ungebrochen ist, daß noch heute auf seinem Marmorgrab, das von zwei Theatermasken und einem Epitaph aus »Hamlet« verziert ist, jeden Tag von unbekannter Hand frische Blumen seine Legende wachhalten.

B. S.

Literatur:

James Robert Parish/Don E. Stanke: »The Swashbucklers«, New Rochelle, New York 1976.

Mike Tomkies: »The Great Stars: Tyrone Power« in: »Photoplay Film Monthly (GB)«, August 1964.

Vivien Leigh
Die Lady

Im Alter von sechs Jahren vertraute sie einer Freundin an, daß sie
Schauspielerin werden wolle – zwanzig Jahre später ist Vivien Leigh
ein Weltstar: Die Scarlett O'Hara aus dem Jahrhundertfilm *Gone
with the Wind* (»Vom Winde verweht«, 1939) kennt jedes Kind.
Vivien Leigh wird für diese Rolle mit ihrem ersten Oscar ausge-
zeichnet.
Zwei Jahre hatte die Suche nach der Darstellerin der Scarlett gedau-
ert, die berühmtesten Stars – Katharine Hepburn, Bette Davis, Susan Hayward – rissen sich um die Rolle, und dann machte die fast
unbekannte englische Schauspielerin Vivien Leigh das Rennen.
Wie kam es dazu?
Der Produzent David O. Selznick suchte ein frisches, noch unver-
brauchtes Gesicht; da bot sich Miss Leigh an, die in ihrer mädchen-
haft-schlanken Zerbrechlichkeit für diese Rolle wie geschaffen
schien, »eine Schönheit, die flammte wie eine Orchidee« (Tennessee
Williams). Magnolienblasse Haut, weit auseinanderliegende grün-
leuchtende Augen, eine kecke Nase, dazu in kritischen Situationen
die nach oben gezogene Augenbraue, die Vivien eine Aura von Stolz
und Hochmut verlieh. Sie hatte als Scarlett jedoch nicht nur den
Glamour ihrer äußeren Erscheinung einzubringen, der Triumph gelang ihr vor allem durch ihre brillante Darstellung, die durch eine
Mischung aus Zartheit, Eleganz und innerer Stärke gekennzeichnet
war. Sie verströmte das ungebändigte Temperament einer Wildkatze
in Gestalt einer arroganten Schönheit, der kein Mann widerstehen
konnte.
Es war wohl eine der anstrengendsten Rollen, die sie jemals spielte –
nach sechs Monaten Drehzeit ohne Pause sah Vivien wie eine Hexe
aus und war dem Zusammenbruch nahe –, doch sie mochte aus ganz
anderen Gründen diesen Part nicht: Es waren die vielen kleinen Un-
vollkommenheiten der Scarlett, mit denen sich Vivien nicht abfinden
konnte, ihr übertriebener Patriotismus, ihre Herrschsucht und kalte

71

Temperamentvolle Südstaaten-Lady: Vivien Leigh als Scarlett O'Hara in *Gone with the Wind*.

Berechnung stießen sie ab. Dazu kam noch der komische, unecht klingende Südstaaten-Akzent, den sie sprechen mußte!
Der Film zeigt auch sozialpolitisch eine Wende an: In ihm tritt die Misogynie Hollywoods und Amerikas erstmals offen zutage. Scarlett widersetzt sich dem unwiderstehlichen Charme des Teufelskerls Clark Gable alias Rhett Butler bis zum letzten Filmmeter und wird dafür verflucht und verstoßen. Die Gestalt der eigenständigen, dominierenden Frauenfigur der »Schwarzen Serie« der 40er Jahre ist hier dennoch vorweggenommen.
»Vom Winde verweht« – aus heutiger Sicht ein eher kitschig-sentimentales Opus – hat Filmgeschichte gemacht: Der Film gewann zehn Oscars und hielt sich über zwanzig Jahre lang auf der Hit-Liste als erfolgreichster Film aller Zeiten. Einmalig der Stadtbrand von Atlanta, die Künstlichkeit der Technicolor-Farben und der bombastischen Dekors und – die glanzvolle Scarlett Vivien Leighs.

Viviens Leben begann in einem anderen Erdteil: in Darjeeling in Indien kam sie als Vivian Hartley am 13. November 1913 zur Welt, besuchte nach der Rückkehr ihrer Eltern nach England die exklusive Klosterschule »Sacred Heart« in Roehampton und erlebte dort eine Zeit der wilden Experimente: Im Kreise ihrer fein gekleideten Freundinnen spielte sie die »Prinzessin«, mimte bei Shakespeare-

Schüleraufführungen mit und soll – einem Gerücht zufolge – den Nonnen Tinte in das Weihwasser geschüttet haben. Mit dreizehn nahmen ihre Eltern sie auf eine dreijährige Europareise mit, ließen dem Töchterchen eine klassische Musik- und Kunsterziehung angedeihen, und in Paris kam ein wenig Schauspielunterricht dazu. Nach der Rückkehr nach London Besuch der »Royal Academy of Dramatic Art«; mit neunzehn lernte sie auf einem Jägerball den jungen Anwalt Leigh Holman kennen, heiratet ihn, bekommt das Baby Suzanne – doch anstatt sich mit dem angenehmen Leben einer jungen Frau aus der englischen Upper Class zu begnügen, besucht Vivien weiter die Schauspielschule.

Trotz ihrer eigenwillig-grazilen Schönheit hatte sie zu Beginn ihrer Laufbahn Handikaps zu überwinden: da waren ihr Schwanenhals, ihre etwas zu breit geratenen Hände und ihre singende Stimme. Durch das Aufkommen der Werbefotografie wurden jedoch schlanke Nacken über Nacht als schön empfunden, ihre Hände versteckte sie in Kleidern mit Puffärmeln – bei der Stimme half nur intensives Training.

Der Erfolg kam 1935 auf dem Theater mit einem Stück von Carl Sternheim: »Die Maske der Tugend«. In diese Zeit fällt auch ihre erste Begegnung mit Laurence Olivier. Sie spielt mit ihm in dem Film *Fire Over England* zusammen – die Hauptrolle war zwar mit Flora Robson besetzt –, die etwas flach und dekorativ wirkenden Schauspieler Leigh und Olivier zeigen der Welt jedoch einige frappierend echt wirkende Liebesszenen!

1937 in Dänemark: Das Old-Vic-Theater gastiert auf Schloß Kronborg mit »Hamlet« (Laurence Olivier), als Ophelia steht Vivien Leigh auf der Bühne. Die Romanze ist nicht mehr aufzuhalten. Die beiden haben sich unsterblich verliebt – und werden bald als berühmtestes Liebespaar in Englands Filmgeschichte eingehen. Im Herbst 1937 ziehen sie zusammen, die Heirat folgt erst 1940 nach der Scheidung von ihren bisherigen Partnern.

Nachdem »Vom Winde verweht« abgedreht ist, stellen sie eine »Romeo-und-Julia«-Theaterproduktion auf die Beine, die in der Provinz startet und dann in New York groß herauskommen soll: Das berühmteste lebende Liebespaar spielt sich selbst auf dem Theater.

Doch dieses Unternehmen ging völlig daneben: Die Kritik zerriß die Aufführung in der Luft. Vivien sprach man zwar redliches Bemühen nicht ab, doch ihre schauspielerische Reife reichte angeblich nicht aus für Shakespeares Julia. Olivier hielt man für den schlechtesten Romeo aller Zeiten, der auf der Bühne herumspränge wie Douglas Fairbanks sen. in seinen wilden Tagen! Sie brachen die Aufführung nach zwölf Tagen ab und verließen konsterniert New York.

Doch sie schafften es, ihren angekratzten Ruhm bald wieder aufzumöbeln. Zu Beginn des Zweiten Weltkriegs konnten sie endlich auch auf der Leinwand als das große Liebespaar brillieren: mit *Lady Hamilton,* einer patriotischen englischen Edelschmonzette, dem Lieblingsfilm Winston Churchills.

Vivien Leigh gehörte zu den wenigen Stars, deren große physische Anziehungskraft nicht als erotisch-sinnliche Ausstrahlung von ihr ausging, vielmehr Ausdruck ihrer eigenwillig kultivierten Intelligenz war. Sie bereicherte den Typ des überschlanken, aparten, androgynen Stars mit knabenhafter Sprödigkeit, wie ihn die Garbo oder Dietrich verkörperten, um eine mädchenhaft-zarte Variante: Das schmale Gesicht war zu streng und fein ziseliert, um puppenhaft zu wirken. Vervollständigt wurde ihre Individualität durch einen Hauch von sensibler, fast schon überreizter Kultiviertheit.

Nimmt man aus der Vielzahl ihrer Film- und Theaterrollen die beiden heraus, die ihr zum Ruhm verhalfen, nämlich die der Scarlett aus »Vom Winde verweht« und der Blanche aus *A Streetcar Named Desire* (»Endstation Sehnsucht«), so ergibt sich ein zwar vereinfachtes, aber doch treffendes Psychogramm dieser großen Schauspielerin. Wobei sich die alte Frage stellt, wie weit ein Star mit den Rollen identisch ist oder sein muß, die er darstellt?

Scarlett O'Hara, eine Figur aus dem Geist des 19. Jahrhunderts, doch mit einer unbarmherzigen Wildheit, die schon wieder sehr zeitnah war, traf genau die Möglichkeiten Vivien Leighs. Sie brachte die Frische ihrer jugendlichen Schönheit in einen Filmstreifen ein, in dem sich heutige feministische Ausdrucksformen mit dem Edelkitsch von vorgestern vermischten. Vivien erscheint absolut kongruent mit der Rolle: Man kann sich keine andere Scarlett vorstellen.

Doch in Blanche DuBois ist die »wahre« Vivien Leigh viel stärker enthalten. Im Vergleich zu dem feuerspeienden Tigerkätzchen Scarlett ist Blanche ein ausgewachsenes Psycho-Monster: ein in sich versponnenes kultiviertes Geschöpf, Bühnenfigur der klassischen Moderne, doch heute – dreißig Jahre später – schon mit einem fast altmodischen Touch.

Für Vivien bedeutete die Blanche eine Herausforderung in zweifacher Hinsicht: Sie wollte ihren Kritikern beweisen, daß ihr Erfolg nicht automatisch aufgrund ihres schönen Äußeren vom Himmel gefallen war, sondern etwas mit ihrer Schauspielkunst zu tun hatte – die Gestalt der Blanche zeigte gerade Altern, Verfall und Häßlichkeit einer Frau in erschreckender Weise –, zum anderen mußte die physisch-psychische Dekadenz und Verwirrung dieser Figur auf Vivien einen unwiderstehlichen Reiz ausüben. Sie sah in Blanche nicht die neurotische Nymphomanin und Schlampe, sondern eine einsame, zerrüttete Frau, deren Verlangen nach körperlicher Liebe durch ihre desolate Lebensgeschichte verständlich wird. Die Figur wird damit in poetischer Schönheit überhöht und verliert ihren realistisch-obszönen Beigeschmack.

Vivien spielte die Blanche bei der Londoner Theater-Aufführung 1949 acht Monate vor ausverkauftem Haus. Einer Sensation gleich kam die Verfilmung unter Elia Kazan ein Jahr später: denn sie bedeutete nicht nur einen neuerlichen Triumph Viviens in Hollywood, verbunden mit dem Gewinn ihres zweiten Oscars; mit dem ersten Auftritt des neuen Superstars Marlon Brando als Partner von Vivien Leigh trafen zwei unterschiedliche Welten aufeinander, die den ohnehin hohen Erregungsgrad des Geschehens noch steigerten.

Der launische, hocherotische Newcomer Brando und die überzüchtete europäische Lady waren sich zunächst äußerst fremd. Vivien, die ihre Rollen nicht instinktiv, sondern ausschließlich über den Kopf erarbeitete, fand den Actors-Studio-Schauspieler Brando schwierig und maniriert. Doch im Laufe der Dreharbeiten kamen sie immer besser miteinander aus, und am Ende sagte Marlon von ihr: »Ich bewundere sie sehr, denn sie gibt sich nie zufrieden und versucht immer noch mehr herauszuholen.«

Die Zusammenbrüche, die Vivien Leigh in *Streetcar* nicht nur im Film hat, kündigten ihre Krankheit erstmals an. Erschöpfungszustände und depressive Phasen wechselten in späteren Jahren mit intensiver Lebensfreude ab. Zurück in London spielte sie zweimal die Cleopatra – von Shaw und Shakespeare. Sie verstand sich zuerst als Theaterschauspielerin, doch ohne ihre Filme wäre sie niemals in die Galerie der Unsterblichen eingegangen.

Die Scheidung von Olivier 1960 hat Vivien Leigh nie ganz überwunden. Zuletzt konnte man sie in dem Film *Ship of Fools* (»Das Narrenschiff«, 1965) sehen.

Sie wurde am 8. Juli 1967 tot in ihrer Londoner Wohnung aufgefunden. Vivien Leigh starb an Tuberkulose, jener Krankheit, an der sie seit ihrer Kindheit litt und an der sie auch in vielen ihrer Rollen leiden mußte.

hei

Literatur

Felix Barker: »The Oliviers«, London 1953.
Anne Edwards: »Vivien Leigh. A Biography«, London 1977.
Gwen Robyns: »Light of a Star«, New York 1970.

Orson Welles
Überlebensgroß: Mr. Selfmademan

> »Ich bin nicht, was ich bin.«
> Shakespeare: »Othello«

Er ist gefräßig, ein Liebhaber guter Weine und des Stierkampfes, weitläufig gebildeter Mime, Erzähler, Regisseur und Literat. Geistiger und sinnlicher Genuß gelten ihm gleich viel. Anreger und Experimentator, Pionier und kampfstarker Ritter der Medien, Meister von Maske und Zauberei, Virtuose der Requisitenkammer und Genie suggestiver Gestaltung: Alle diese Eigenschaften, in Spätwerken wie *F for Fake* (»F wie Fälschung«, 1973) und *Filming Othello by Orson Welles* (»Erinnerungen an Othello«, 1977) verdichtet, machen das Wunderkind und schwarze Schaf des Kinos zu einer lebenden Legende.

Der Autorenfilmer ist lieber Darsteller als Regisseur, und am liebsten schreibt er und malt. Als Schauspieler legt ihn seine äußere körperliche Erscheinung, besonders in zunehmendem Alter, auf bestimmte Rollen fest. Ein naiv-romantischer Liebhaber konnte er ebensowenig sein wie der abenteuerliche Held von Kostümschinken. Er war immer ein Monster. Immer Verkörperung der Macht, des Triebes, der Leidenschaft, des Bösen, immer Täter. Als Opfer, wie in *The Lady from Shanghai* wirkte er deplaciert. Seine bevorzugten Themen, denen die Darstellung abgründiger, zwielichtiger Charaktere entspricht, sind die Vielschichtigkeit der Moral (und deren Zerstörung), der Verlust von Kindheit und Heimat, der Prozeß des Reifens, Kampf (und seine Variationen Jagen und Gejagtwerden, Entfaltung des persönlichen Lebensraums), Liebe und menschliche Größe.

Sein Mythos besteht nicht aus der Projizierung unterschiedlicher Sehnsüchte des Publikums, wie die nach Abenteuer, Erfolg, Erotik, sondern darin, daß in dem Provokateur und Hochstapler die Legende vom Genie wachgehalten ist, das unschlagbar seinen Weg geht. Er ist der Macher schlechthin, Unternehmer und Artist, Manager und Wunderknabe in einem, ein überdimensionierter Selfmademan des Medienzeitalters.

Als Kind gehätschelt, unglaublich begabt, frühreif altklug, dicklich, mit allen Talenten des Jahrmarktes gesegnet, wuchs Orson Welles in der Nähe von Chikago auf, wo er (in Kenosha, Wisconsin) am 6. Mai 1915 geboren wurde. Sein Vater, ein Industrieller, exzentrischer Erfinder und Globetrotter, und seine Mutter, Pianistin, Pazifistin und Suffragette machten ihn früh mit der Welt der Kunst bekannt. Zirkus und Zauberei beeindruckten ihn tief.

Mit acht rezitierte er Shakespeare, und seinen Karrierebeginn inszenierte er im Alter von 16 Jahren: Als Zeichner in Irland verschafft er sich am Dubliner Gate Theatre durch die Lüge, ein Broadway-Aktiver zu sein, das erste Engagement. Er ediert und illustriert einen erfolgreichen Band mit Shakespeare-Stücken, experimentiert am Theater und gründet 1937 mit John Houseman das Mercury Theater. *Julius Cäsar* in modernen Kostümen, ist die sensationelle Premiere.

Das Theater bleibt seine Leidenschaft. Der Film, das ist für ihn die Fortsetzung des Theaters mit zeitgenössischen Mitteln.

Mit 24 geht er nach Hollywood, um »etwas Verwirrung in die Industrie« zu bringen. Er hat einen Blankovertrag in der Tasche, der ihm alle Möglichkeiten einräumt, sich selbst – als Autor, Regisseur, Darsteller – in Szene zu setzen. Für *RKO* soll er *Citizen Kane* drehen, und die Studio-Bosse räumen dem pausbäckigen Wunderkind auf 60 Vertragsseiten völlige Produktionsfreiheit ein. Dieses einmalige Dokument des Respekts basierte auf Welles experimentierfreudigen Theaterspektakeln, wie *Macbeth* mit einer Farbigentruppe und das eingreifende Hörspiel *The War of the Worlds* nach H. G. Wells, das am 30. 10. 1938 von der *CBS* ausgestrahlt worden war und trotz eindringlicher Hinweise auf seinen fiktiven Charakter zu einer Massenhysterie, aus Furcht vor den gelandeten Marsbewohnern, führte.

Citizen Kane (1940/41) hatte im Grunde die Berühmtheit zum Thema, unter deren Stern sein Macher selbst stand. Der Film erzählt die Geschichte von Aufstieg und Fall des Zeitungsmagnaten Charles Foster Kane, in dem das Publikum nicht von ungefähr den Großverleger Randolph Hearst vermutete. Ein Reporter soll Kanes Geheimnisse ergründen, deren tiefstes er sterbend benennt: »Rosebud«, geheimnisvoll wie jene Schneeglaskugel, die ihm im Tod entgleitet. Das Rätsel aus Worten, Haltungen, Bildern und Taten, das der Pressegigant, einsam in seinem kalifornischen Schloß Xanadu verdämmernd, mit ins Grab nehmen wollte, klärt sich auf und wird zu einer Eloge auf die Vergangenheit, auf das verlorene andere der Jugend. »Rosebud«, wird zur Chiffre der Reinheit kindlicher Träume, die in den Flammen eines erfüllten und doch notgedrungenen verpfuschten Lebens zerstört werden.

Ausnahmemenschen
(in *Citizen Kane*).

Schiefe Perspektiven, überbordende Interieurs, psychologisierender Lichteinfall, forsche Dramaturgie und die in allen 562 Einstellungen des Kameramannes Nr. eins Gregg Toland dominierenden Gefühle verlorener Heimat von Ausnahmemenschen (die zwischen wuchernden Einrichtungen verschwinden oder sich in leeren Sälen verlieren) machen das Werk zu einem formalen Novum. Die Unreinheit der Stilmittel – widersprüchliche Erzählhaltung, Gegensatz von Perspektive und Ausdrucksweise – wird Teil einer grundsätzlichen Themenstruktur: der Suche nach Lebensgeschichte und Geheimnis eines uneinheitlichen Menschen, mit den Mitteln der Rückblende und der Erinnerung als Utopie.

Das Erstlingswerk, ohne vorher festgelegte Einstellungen und mit 850 000 Dollar in drei Monaten gedreht, wird eines der größten Werke der Filmgeschichte. Dabei reduzierte sich die Filmerfahrung des 25jährigen auf den vierminütigen 16 mm-Stummfilm *The Hearts of Age* (1934), in dem er den Tod verkörperte, und das vierzigminütige

Verfremdungsmaterial für William Gillettes Theaterfarce *Too Much Johnson* (1938), dessen einzige Kopie 1970 in Welles Madrider Villa verbrannte.

Aber der Carte-blanche-Vertrag war das eigentliche Übel aller Schwierigkeiten mit Hollywood, die begannen – und nie mehr endeten – ehe Welles überhaupt da war. Als die Studio-Größen das Ausmaß seiner wirklichen Freiheiten begriffen, zettelten sie Intrigen gegen ihn an, von denen er sich nie wieder erholte. »Ich mußte dafür bezahlen, daß ich die irrste Chance in der Geschichte des Films bekommen hatte.«

Der Schausteller der Leinwand konnte durch sein Organisationsgenie, sein Interesse für technische Tricks und experimentielle Ästhetik immerhin einen Dreier-Vertrag in die Wege leiten. Noch während der Arbeit zu *The Magnificent Ambersons* (»Der Glanz des Hauses Amberson«, 1941/42) begann er *Journey into Fear* (»Von Agenten gejagt«, 1943) und den veristischen Episodenfilm *Its all True,* dessen erster Teil in Brasilien entstand. Da er nebenher noch eine Funkserie für die *CBS* schrieb und produzierte, wurde keins der Projekte richtig fertig. Der Hauptdarsteller des nie gezeigten Episodenfilms, der Volksheld Jacare, wurde von einem Hai gefressen, und Norman Foster drehte *Journey into Fear* zu Ende, dem ein Drehbuch von Joseph Cotten zugrundelag, diesem immer wie im steifen Hemd agierenden Darsteller, den Welles für seine erste Filmrolle (in *Citizen Kane)* vom Mercury-Theater mitgebracht hatte.

The Magnificent Ambersons, eine kommerzielle Katastrophe, wurde als Doppelprogramm mit einer Komödie verliehen – und für Hollywood, das in dem Wunderknaben einen Katalysator von Kapital und Kunstkonsum gewittert hatte, war Welles danach erstmal erledigt.

Dabei war der Film, Welles eigene Antwort auf *Citizen Kane,* ein Meisterwerk. Getragen von seiner Erzählstimme, wird die Geschichte zweier Familien entfaltet, die zwei Epochen symbolisieren, deren eine vom Automobil des Erfinders Morgan (Cotten) geprägt ist, die andere vom Pferdeschlitten der unglücklichen Ambersons. Das leuchtende Licht-und-Schatten-Gemälde, gegenüber der journalistischen Erzählmethode des *Kane* durch seine poetische Imagination beeindruckend, ist erneut ein kostbares Ensemble verlorener Dinge und Erfahrungen, auch Welles' eigener großbürgerlicher Jugend. Mit den Ambersons geht eine ganze Welt – die der exquisiten Gegenstände, großzügiger Räume, vorindustrieller Noblesse – unter. Die von Welles nach seinem Lehrer und Freund Jean Renoir weiterentwickelte Technik der Tiefenschärfe, schon in *Citizen Kane* exzellent eingeführt, schafft Plansequenzen, in denen neue Einstellungsfolgen ohne Schnitt der Handlung ihre dramatische Zeiterfahrung belassen und dem Zuschauer das Gefühl vermitteln, anwesend zu sein.

Erst nach dreijähriger Pause war es Welles möglich, wieder ein Filmprojekt in Angriff zu nehmen. Für *The Stranger* (1945) holte ihn der Produzent Sam Spiegel als Darsteller und überließ ihm schließlich auch die Regie, allerdings mit der Auflage, Etat und konventionelles Drehbuch zu respektieren. In diesem Anti-Nazi-Thriller übernahm Welles die Rolle des geflüchteten Nazi-Verbrechers Franz Kindler, der in der verschlafenen Kleinstadt Harper zu einer bürgerlichen Existenz kommen will und nach der Hochzeit von einem Polizeiinspektor (Edward G. Robinson, für Agnes Moorehead eingesprungen) aufgespürt wird. In einem Glockenturm, wo Kindler die Turmuhr repariert, findet er ein symbolisch-gräßliches Ende. Vom Racheengel des Glockenspiels durchbohrt, stürzt er in die Tiefe.

Finanziell war der Film Welles' erfolgreichster überhaupt, er machte ihn Hollywood vorübergehend wieder genehm. Welles allerdings hielt das von Sam Spiegel geschnittene Werk für völlig mißlungen und wendete sich wieder seiner Theaterarbeit zu.

Um das Stück »In 80 Tagen um die Welt« finanzieren zu können, das 1956 von Michael Anderson auch verfilmt wurde, nahm er ein Jahr später die Verfilmung eines Romans von Sherwood King an, die mit zwei Millionen Dollar unter dem Titel *The Lady from Shanghai* (»Die Lady von Shanghai«, 1946) realisiert wurde.

In dieser Verlegenheitsarbeit wurde das Thema von Erfolg und Größe wieder aufgenommen, aber in Gestalt des verkrüppelten, bösen Anwalts Bannister karikiert. Der irische Seemann Michael O'Hara (Welles) hat sein Anima-Erlebnis, als er der schönen Elsa Bannister (Rita Hayworth) begegnet. Er gerät in ein unergründliches Mordkomplott, das den naiven Helden lehrt, die Welt (der Mächtigen) als Alptraum zu sehen.

Diese Welt ist ein Spiegelkabinett: In der berühmten Schlußszene, wo Elsa, Bannister und O'Hara sich noch einmal begegnen, wird der moralische Verfall der Persönlichkeit grandios demonstriert. »Ich bin nicht, was ich bin« – was ist wahrhaftiger: die lebendige Person oder ihr unendlich reflektiertes Spiegelbild im Blick der »Mitspieler«? Erst die Revolverkugeln zerschlagen den trügerischen Schein, verweisen im Klirren der zerbrechenden Spiegel auf die Wahrheit des realen Einzelmenschen – freilich nur, um diesen als die Summe seiner Untaten zu fixieren.

Spiegelbilder sind in Welles' Werk zentrale Metaphern. Vor ihnen fallen die Masken letztendlich doch, hinter denen sich die Protagonisten – entsetzt vor ihrer Monstrosität, verängstigt über ihre tieferen Gefährdungen – verbargen. Daß die Demontage hier allerdings ausgerechnet Rita Hayworth traf – den *Columbia*-Star, mit dem Welles seit 1943 verheiratet war, der alle Sehnsüchte des amerikanischen Mannes auf sich vereinte –, indem Welles sie als zwielichtige Mörderin herausstellte, brachte ihm nicht nur den Protest von Produzent und Publikum ein, sondern auch die Trennung von Rita. Sie hatte seine Rache vorausgesehen und ließ sich noch vor der Uraufführung scheiden, die allerdings erst zwei Jahre nach Drehschluß, am 7. März 1948 in England (!) stattfinden durfte.

Die Darstellung des weiblichen Superstars, wie sie später von Josef L. Mankiewicz mit Ava Gardner in *The Barefoot Contessa,* von Max Ophüls mit Martine Carol in *Lola Montez* und m. E. auch von Louis Malle in seinen Bardot-Filmen versucht wurde, wirft ein irritierendes Schlaglicht auf Welles' Einschätzung von Frauen. Die Ehe mit Rita Hayworth, der die Tochter Rebecca entstammt und die der ersten Ehe mit der Schauspielerin Virginia Nicholson (1934–39, Tochter Christopher) folgte, mag Grund für die Zerstörung des Mythos Hayworth gewesen sein. Welles Frauenfiguren auf der Leinwand sind sonst ausnahmslos mit Sympathie gezeichnet. Eigentlich schlecht sind sie nie. Und selbst Elsa Bannister wird es ja nur in einer korrupten Männerwelt, als deren Opfer sie, die marmorne Schönheit, gefühllos angebetete Göttin des Sex, erscheint.

Welles' Haltung gegenüber der Liebe zwischen den Geschlechtern ist bestimmt von einem tragischen Grundgefühl. Auf welcher Basis könnten Figuren wie Kane, Mr. Arkadin oder Hank Quinlan mit Frauen zurechtkommen? Diese Monster schleppen ihre Liebesbedürfnisse wie gewaltige Berufungen hinter sich her, müde von vergeblichen Anstrengungen, selbstmörderisch, resigniert einsam. Traurig, wie sie über ihre Gefühle stolpern. Wie die Frauen dagegen mit ihnen einsam bleiben – traurig, traurig . . .

Die beiden nächsten Welles-Werke waren Shakespeare-Verfilmungen. Shakespeare, Welles' »künstlerisches Gewissen« (Joseph McBride), an dem sich der kraftstrotzende Poet zwischen Revision und respektvoller Bewunderung abarbeitete, lieferte Welles mit *Macbeth* und *Othello* zwei Vorlagen, die er immer wieder auf der Bühne gespielt hatte.

Macbeth (1947) entstand unter B-Film-Bedingungen für die *Republic-Pictures* in drei Wochen mit 700000 Dollar. Expressionistische Dekors und theatralischer Stil lassen dieses Psychodrama eines Helden, der sich wider seine »Natur« zu einem Verbrechen überreden läßt, zu einem Balanceakt zwischen natürlichem Realismus und Pappmaché-Künstlichkeit werden, das dem Geschehen eine »dramatische Undurchsichtigkeit« (Bazin) gibt. Charles Foster Kane im alten Schottland aus Freudscher Sicht.

Danach geht Welles nach Italien. Er schreibt einen Roman und ein Ballett und macht sich an *Othello* (1949–1952). Befreit vom Termindruck der Hollywood-Studios, versinkt er in ein Chaos aus Pingeligkeit und genialen Gesichten. Drei Desdemonas, vier Jagos, drei Cassios werden ebenso verschlissen wie eine Unmenge von Statisten, Geld und Ideen. Mehr als drei Jahre dauern die Dreharbeiten in Italien und Marokko, die er finanziell ermöglicht, indem er tagsüber in Henry Hathaways *The Black Rose* (wie vorher in *The Third Man, Prince of Foxes, Black Magic)* auftritt, so lange, bis er am Drehort zusammenbricht.

Die Fans hatten erwartet, daß Welles in dem klassischen Eifersuchtsdrama den voyeuristischen Jago spielt, den Welles als Verderber aus Impotenz, sexuell gehemmt, also unmoralisch anlegt. Er spielte aber den geradlinigen Othello, dem Jago (Micheál MacLiammoir) so lange mitspielt, bis er, rasend vor Eifersucht, seine unschuldige Frau ermordet. Leitmotive wie der Verlust der Naivität durch Macht und die unglücklichen Leidenschaften lassen, eingefaßt von typischen Welles-Stilmitteln wie Spiegelungen, verrutschende Perspektiven, beredte Schatten und extreme Kamerastandorte, den Film zu einem inspirierten Werk werden, das 1952 in Cannes den »Großen Preis« einheimst.

Als spanisch-französische Co-Produktion realisiert Welles dann, nach einem eigenen Roman, *Mr. Arkadin* (»Herr Satan persönlich!«, 1954/55), in dem sein altmodischer Glaube an das Geheimnis des Individuums thematisiert ist. Gregor Arkadin (Welles) schlägt dem Abenteurer van Stratten (Robert Arden) ein 10000Dollar-Geschäft vor: Er soll seine verlorene Vergangenheit rekonstruieren. Nach einer detektivischen Reise um die Welt muß van Stratten erfahren, daß der Verbrecher großen Stils Arkadin ihn nur als Werkzeug benutzte, um seine ehemaligen Komplicen auszuschalten. Das düstere Ende: Arkadin stürzt sich, nach dem Erreichen einer ihm gemäßen Fallhöhe, aus dem Flugzeug, weil seine Tochter Raina (Paola Mori, mit der Welles verheiratet war) ihn durchschaut. Welles Philosophie des Geheimnisses: Kommt es ans Tageslicht, dann ist die Person in der Krise, ihr lebensspendendes Zentrum ist zerstört. Arkadin allerdings gibt nur vor, ein Geheimnis zu besitzen, er ist der Böse par excellence.

Der handlungsgeladene Reißer gestattet Einblicke in die doppelten Böden der Gegenwart: der Aufklärer als Werkzeug des Verbrechens, unter den Masken von Reichtum und Schönheit verbirgt sich, monströs, das Nichts.

Es war Charlton Heston, der Welles nach zehnjähriger Verbannung wieder eine amerikanische Regiearbeit ermöglichte. In *The Touch*

Faszination des Bösen (mit Akim Tamiroff in *Touch of Evil*).

of Evil (»Im Zeichen des Bösen«, 1957/58), diesem entschiedensten und düstersten Welles-Film von größtem Beziehungsreichtum seiner Grundmotive, die sich in antiker Strenge miteinander verknüpfen, spielt Welles den gierigen Gerechtigkeitsfanatiker Hank Quinlan, der seine Sheriffsmacht in der mexikanischen Grenzstadt Los Robles nicht mit dem Rauschgiftdetektiv Vargas (Charlton Heston) teilen will. Als Verkörperung der Faszination des korrupten Bösen ist Welles, aufgeschwemmt, verkommen, das Monstrum, das Unrecht nicht will, aber zwangsläufig herbeiführt, vollendet.

Nach der Beteiligung an einigen englischen und italienischen Fernsehprojekten wurde Welles nächster Regieauftrag, *The Trial* (»Der Prozeß«, 1962), eine internationale Co-Produktion, in Jugoslawien, Italien und Frankreich realisiert. In diesem Film nach dem Roman von Kafka, einem eigentlich nicht verfilmbaren, rätselhaften Abstraktum, an dem Welles in der bestmöglichen Weise scheiterte, spielt er den Anwalt Hastler, der den aus unerfindlichen Gründen angeklagten Josef K. (Anthony Perkins) zu verteidigen vorgibt. Selbst ein Rädchen im Moloch Justiz, umgibt er sich mit dem Imponiergehabe der Macht und vermittelt Josef K., der sich immer tiefer in Schuldvorwürfe verstrickt und schließlich »gerichtet« wird, den suggestiven Eindruck krakenhafter Omnipotenz.

Krakenhafte Omnipotenz (mit Anthony Perkins in *The Trial*).

Kafkas Wortbilder in einem Gedankensystem total verwalteter Gesellschaft schaffen sich hier intensive und extensive Bildräume, in den Welles' Personenmonster zu ihrem eigentlichen Zentrum kommen, der hermetisch institutionalisierten Gewalt, unter der Opfer und Täter gleich werden. Virtuos erregt Welles klaustrophobische Ängste durch Dekors, Hallen, Gewölbe und das Gefühl der Beschneidung körperlicher und seelischer Bewegungsspielräume. Die umittelbare Nachbarschaft von Ordnung und alptraumhaftem Chaos besteht oft nur in der Verwendung von Lichtflächen und Schattentiefen. Eine Art aktiver Müdigkeit, matter Handlungssehnsüchte treibt die Personen des Geschehens.
Welles benutzt das zur Erregung einer Irritation besonders virtuos gehandhabte 18,5 mm-Objektiv, das die Bewegungen verzerrt und poetisiert und mit dem er am liebsten arbeitet. Edmond Richard, von Welles für den besten europäischen Kameramann gehalten, schuf ihm Bilder von dreidimensionaler Plastizität in einem Film, den Welles selbst für seinen besten hält. Kritiker warfen ihm, der mit Chronistenschärfe in seinen amerikanischen Filmen die Geschichte des Landes vom Regiestuhl aus zu schreiben vermochte, allerdings vor, mit der Attitüde des US-Touristen aus der Erfahrungswirklichkeit Kafkas einen grellen Rummelplatz, der von Geheimgängen un-

terminiert ist, gemacht zu haben. Die lauten Manierismen lasteten sie der Großspurigkeit eines Amerikaners an, der zwar aus Hollywood verstoßen war, sich der europäischen Kultur – aus Respekt und Verunsicherung – aber nur mit großer Geste zu nähern wußte.

Den Kampf gegen Hollywood hat Welles lebenslang geführt. Wichtige Szenen von *The Magnificent Ambersons* sind nicht von ihm; so die Schlußszene, die sein Regieassistent Robert Wise aufnahm. Welles mußte auch den Endschnitt abgeben (»Das Herz des Films wurde herausgeschnitten«). *Journey into Fear* wurde »von den Produzenten massakriert«, die endgültige Montage der *Lady from Shanghai* ist nicht von ihm, *Mr. Arkadin* wurde von der Produktionsleitung verfälscht, *Touch of Evil* von *Universal* ummontiert. »Man reißt mir die Filme mitten in den Schneidearbeiten aus den Händen« (Welles).

Dabei entscheidet sich für den Meister im Schneideraum das Gelingen oder Mißlingen seiner Werke. Seit er einmal in einem arbeiten mußte, durch dessen zu schmale Tür der Gigant nur unter Strapazen hineingelangen konnte, wurden Schneideräume für ihn zum Trauma. Hier ist seine Vorhölle. Es ist wohl so, daß für jemanden wie ihn, dessen Dreharbeit eine einzige Tour de Force unaufhörlicher Selbstdarstellung ist, die Montage – so meisterhaft er sie beherrscht – ein quälendes Nachdrehen mit Doubles ist. Wiedererweckung in Vollendung Gestorbener.

Welles ist ein Kunstton-Artist. Vor O-Ton graut ihm. *Macbeth* war eine reine Playback-Produktion, von der es eine schottische, englische und amerikanische Tonfassung gibt. Zu *The Magnificent Ambersons* nahm er die Tonspur vor dem Drehen auf, um den Bildern ganz das ästhetische Raffinement des Artifiziellen einzuschreiben. In *The Lady from Shanghai* bildet seine suggestive Erzählerstimme eine Art Kopfleiste, die den Märchen- und moralischen Fabelcharakter des Geschehens überhaupt erst ermöglicht. Erzähler ist Welles vor allen Dingen – in dem direkten Sinn mündlicher Beschwörung einer imaginierten Welt, die erst in der Rede Sinnlichkeit ansetzt. Das gesprochene Wort ist die Grundlage seiner Filme. Erst kommt der Dialog, dann die Aktion: »Wenn ich weiß, was die Personen sagen, kann ich mir vorstellen, wie sie handeln.«

Die Dreidimensionalität der Schauplätze, intensive Einbettung der Figuren in ihre Umgebung, Raum als Handlungsträger, elliptische Erzählweise – diese Stilmittel der Kontinuität des Wirklichen im Film als realer Illusion machen den Tonspur-Artisten, Gigantomanen und visuellen Pionier zum Befruchter filmischer Weiterentwicklung. Er trieb die Ablösung der klassischen Schnitttechnik, wie sie Griffith entwickelt hatte, durch eine Bildkomposition voran, die dem Zuschauer statt dem Cutter den dramatischen Ausschnitt ermöglicht. Seine Vorbilder sind Chaplin, Clair, Pagnol, deSica, ebenso Griffith, dessen *Intolerance* er für den besten Film aller Zeiten, und Eisenstein, dessen *Iwan der Schreckliche* er für den schlechtesten Film eines großen Regisseurs hält. Mit Eisenstein führte er aufwendige Korrespondenzen – über die Ästhetik des Films –, die er verkramt hat. Er geht selten ins Kino. Doch vor den Dreharbeiten zu *Citizen Kane* sah er 40 mal *Stagecoach* von John Ford. *Citizen Kane,* diesen einzigen von ihm autorisierten Film, sah er 7000 mal – während er ihn schnitt. Danach kein einziges Mal mehr.

Welles ist gleichermaßen bedeutend als Schauspieler und Regisseur. Diese Subjekt-Objekt-Beziehung – nur in *The Magnificent Ambersons* spielte er nicht selbst, dafür in 51 Filmen unter anderen Regisseuren – ermöglicht eigenartige Spiegelungen zwischen Selbstwahrnehmung und Selbstdarstellung. Der Hauptdarsteller Welles nimmt nie Anweisungen seines Regisseurs entgegen, und der Regisseur Welles sieht in keiner Einstellung seinen wichtigsten Helden. Er sieht ihn erst im Schneideraum, dort fangen dann auch die Probleme an.

In jeder seiner Figuren steckt er selbst. Trotz falschem Bart, aufgeklebter Nase: überlebensgroß, Mr. Welles. Auch die negativen Rollen, wie der Hank Quinlan, sind seine Katharsis des Bösen.

Stets verschaffen sich seine Helden einen grandiosen Abgang. Noch im Scheitern sind sie größer als die erfolgreich Zurückbleibenden. In seiner Alice-Wunderwelt, die in Landschaften von Shakespearscher Großartigkeit ausläuft, gibt es keine handlungsfähigen kleinen Leute.

Welles ist ein Ritter des persönlichen Mutes. Sich um Erfolg zu kümmern, hält er für korrumpierend. Er ist ein radikal Unabhängiger, individualistisch progressiv, auf altmodische Weise liberal und links. Ein »Swimming-pool-Linker« ist er nicht, seine Fortschrittlichkeit nährt sich vom Haß auf bürgerliche Moralwerte. Unmoral ist seine einzige Moral.

Nach seiner dritten Shakespeare-Adaption *Chimes at Midnight* (»Falstaff«, 1965/66) und *The Immortal Story* (»Stunde der Wahrheit«, 1966/67) – einem kristallklaren Alterswerk – bewies Welles in *F for Fake* (»F wie Fälschung«, 1973), daß Film 24 mal Lüge pro Sekunde sein kann. Dieses halbdokumentarische Werk wurde in Welles Händen zu einer hintergründigen Studie über den Zauber des Gaukelspiels, formal eine artistische Novität auf dem Drahtseil ausgefuchster Montage.

Heute resümiert Welles: »Ich muß aufhören, mein Leben damit zu vergeuden, mich durch den Film auszudrücken ...« Diese melancholische Einschätzung des genialen Spielers, der 1941 einen Oscar für das Drehbuch zu *Citizen Kane* und 1971 einen Spezial-Oscar für Verdienste um den Film erhielt, ist jedoch nicht ohne Koketterie, denn man weiß, daß er drei Projekte in Arbeit hat: den schon 1955 begonnenen *Don Quixote, The Deep* (1970 begonnen) und *The Other Side of the Wind* (seit 1972), über die heftig spekuliert wird.

Orson Welles' Filme sind stets Karambolagen monumentaler Artefakte mit einer Wirklichkeit gewesen, der er nur mit Zauberstab, Überredung und sinnlichem Dauerbeschuß beizukommen glaubte. Seine nach Selbstaussagen ausgeprägte Angst vor dem Tod, dieser Vollendung des Lebens, schuf sich Feste des Sterbens großer Männer von Charles Kane über die Shakespearschen Helden bis zu Hank Quinlan. In ihrem Scheitern war seine Angst vor der Vollendung gebannt. Die Vollendung: Kanes gläserne Kugel, das Ende der Geheimnisse.

Welles hat seine kindliche Unschuld nie verloren. Selbst die Silberbärte in seinen letzten Auftritten können nicht dieses pausbäckigstaunende Gesicht neutralisieren, nicht die großen Augen, neugierig auf eine Welt, die ihm, dem leidenschaftlichen Erzähler, immer noch Material genug auf den Schreibtisch wirft, wo er sitzt und arbeitet: ein alternder Zauberer des gesprochenen Wortes, der Maske, der Verwandlung von Licht und Schatten.

B. S.

Literatur

Peter Buchka/Urs Jenny u. a.: »Orson Welles«, München 1977.
Joseph McBride: »Orson Welles«, London 1972.
Peter Cowie: »The Cinema of Orson Welles«, London/N. Y. 1965.

Rita Hayworth
Cover Girl

»Die Sphinx ist ein Rätsel ohne Lösung.«
Oscar Wilde

Das Pin-up-Foto* wird – neben der persönlichen Truppenbetreuung durch die Stars – als Antwort Hollywoods auf die Herausforderung des Zweiten Weltkrieges in die (Film-)Geschichte eingehen.

Margarita Cansino – bekannt unter dem Namen Rita Hayworth – gehörte zu den beliebtesten Pin-up-girls. Von ihr wurden bis zum Ende des Krieges über fünf Millionen Bilder verschickt. Die meisten Konkurrentinnen überrundete sie durch ihre entrückte, kalt leuchtende Schönheit, die an die ägyptische Königin Nofretete erinnerte – im Film verkörperte sie häufig Frauengestalten, die eine Bedrohung der maskulinen Kraft und Überlegenheit darstellten, so die Königin Salome, die Johannes den Kopf abschlagen läßt, oder Gilda, eine verruchte Frau, die durch ihren entfesselten Sex-Appeal Männer verwirrt und betört.

Ritas Karriere nahm ihren Aufschwung durch ihre Tanzkunst, die sie in der spanischen Ballettschule ihres Vaters erlernte. Sie debütierte als seine Partnerin auf der Bühne und erhielt, siebzehnjährig, ihre erste Chance im Film in *Dante's Inferno* (1935) als Tänzerin. Fünf Jahre lang trat das glutäugige Starlet dann als mexikanische Schönheit in Seifenopern und billigen Western auf, bis sie sich in *Blood and Sand* (»König der Toreros«, 1940) als Gegenspielerin von Tyrone Power und Linda Darnell als neuer Star etablierte.

Als die geheimnisvoll-fremde Frau, von der ein exotischer Zauber ausgeht, hatte sie schon 1938 erstmals in einem A-Film, *Only Angels Have Wings* (»SOS – Feuer an Bord«), den Hauptstar Jean Arthur** in den Schatten gestellt; in *Blood and Sand* als Doña Sol offenbart sich erstmals ihre magische Anziehungskraft ganz. In Weiß und Pur-

---

* Millionenfach verbreitete Plakate von Filmschönheiten, die sich die Soldaten in den Spind pinnen konnten.
** Jean Arthur wollte kein Standfoto zusammen mit Rita machen lassen mit der Begründung: »Sie ist zu hübsch!«

pur gehüllt, mit flutendem roten Haar, entpuppt sie sich als die Sphinx, die den Matador verführt und zugleich vernichtet. Ein Naturwesen von animalischer Kraft, das diejenigen zerstört, die sie lieben. »Niemand konnte diese Rolle spielen außer ihr, denn sie *war* Doña Sol«, sagte der Regisseur Rouben Mamoulian.

Die glamouröse Wirkung, die sie auf Männer ausübt, speist sich aus den unterschiedlichsten Quellen. Frauenhaar ist ein starkes Vehikel für männlich-erotische Träume. In frühen Filmen ist Ritas Haar halblang, schwarz, ordentlich glatt gekämmt – wie das von Millionen anderer Mädchen auch. Ihre Haar-Stylistin Helen Hunt bei Columbia erfand dann einige gebleichte Strähnen über der Stirn, später verwandelte sie ihr dichtes Haar in eine lang wallende, leuchtendrote Mähne, und damit wurde es zu einem wichtigen erotischen Accessoire des Stars. Die Wildheit dieser Mähne kontrastierte zu Ritas schmaler langer Gestalt, zu ihrer scheinbaren Kühle, die voll verhaltener Leidenschaft zu sein schien.

Rita hatte es nie nötig, sich auszuziehen. Wenn sie sich zu einem schwül-schlingernden Rhythmus in *Gilda* langsam die langen schwarzen Handschuhe abstreifte, löste sie mehr Lustphantasien aus als ein Dutzend Stripteasetänzerinnen. Ihr schwereloser Gang ist mit dem Greta Garbos verglichen worden. Doch ein großer Teil ihres Geheimnisses liegt in einem Gesicht von breitflächig-ebenmäßiger Schönheit, das, statt das übliche amerikanische *ice-cream*-Lächeln zu zeigen, von südlich-dunklem Zauber ist, der ihre irisch-spanische Herkunft verrät. Darüber hinaus bleibt ein Rest an nicht mehr Definierbarem, »hätten sie sonst Männer wie Orson Welles und Ali Khan geheiratet?« (Mamoulian).

Die unterschiedlichsten Männer erlagen ihrem Zauber, Artisten und Fürsten und ein Millionenheer Unbekannter, das die Kinosessel besetzt hielt, wenn Ritas Filme gezeigt wurden.

Ihre Ehe mit Orson Welles, dem besessenen *enfant terrible* der Filmkunst, 1943 während der Dreharbeiten zu *Cover Girl* (»Es tanzt die Göttin«) geschlossen, bedeutete eine Sensation. Der Geist und die Schönheit hatten sich vermählt. Drei Jahre später war die Ehe gescheitert. Welles zertrümmerte und entmythologisierte in *The Lady from Shanghai* (»Die Lady von Shanghai«, 1946) in einem intellektuellen Racheakt Amerikas Glamourstar.

Ehe es soweit kam, hatte Rita Hayworth in zwei brillanten Revuefilmen zu Beginn der 40er Jahre Ruhm erlangt, in beiden als neue Partnerin von Fred Astaire. Die Filme waren zwar nur in Schwarz-Weiß gedreht, und Rita konnte Ginger Rogers – sie und Astaire waren das legendäre Tanzpaar der 30er Jahre – nie ganz vergessen lassen, doch ihre Jugendlichkeit schlug eine Brücke über Raum und Zeit und schuf die Basis für die Inauguration des neuen romantischen Traumpaares des amerikanischen Tanzfilms. »Ich kenne niemand, der so schnell Schritte lernt wie sie«, sagte Astaire über Rita. Sie selbst hält diese Filme für Juwele ihrer Karriere. Die Kritik feierte sie als exzellente Tänzerin; daß ihre Stimme gedoubelt wurde, war jahrelang eines der bestgehüteten Geheimnisse Hollywoods.

Ein gesteigertes Unterhaltungsbedürfnis in Kriegsjahren brachte eine Flut an Komödien, Revue- und Ausstattungsfilmen, die nicht selten an exotischen Schauplätzen spielten. Das Schönheitsideal der Zeit prägten raffiniert an- oder ausgezogene Glitzermädchen, die sich voneinander nur dadurch unterschieden, daß man sie für die Fans dekorativ etikettierte: Esther Williams war »Bathing Beauty«, Lana Turner war »The Sweater«, Dorothy Lamour das »Sarong Girl«, Jane Russell »The Bosom«, und die Krönung von allem: Rita Hayworth war »The Love Goddess« – die Liebesgöttin!

Sie wurde zudem das meistfotografierte Cover Girl der Nation, und *Cover Girl* hieß auch ein weiterer spritziger Revuefilm mit Gene Kelly (1943).

Gilda (1946) vermittelt die andere, dunkle Seite der Rita Hayworth, die über das Pin-up-girl hinausgeht und sie davon absetzt.

Gilda ist, vergleichbar den Figuren der »schwarzen Serie«, ein Mädchen mit Vergangenheit, sie agiert als verführerische Frau zwischen zwei Männern. »In einer alptraumhaften Umgebung von Spielhöllen, Villen und gefährlichen Straßen treiben die Beziehungen der drei auf die Katastrophe zu.« (Seeßlen/Weil.) Hollywood goutiert nicht länger den unproblematischen Sexstar, sondern beginnt, ihn in Gestalt der Gilda zu denunzieren. Am Schluß des Films wird Rita, während sie mit dunkler Stimme in einem Nachtclub ein männliches Publikum in Bann schlägt, von ihrem Geliebten (Glenn Ford) von der Tanzfläche geholt und geohrfeigt. In dieser Szene wird erstmals der neue Trend deutlich: Der Mann ist nicht mehr bereit, seine Frau mit anderen zu teilen. Aber noch einschneidender ist das zweite Filmmotiv: Die Macht, die sich mit der selbständigen Entfaltung der weiblichen Sexualität offenbart, wird als destruktiv und zerstörerisch gebrandmarkt.

Trotz des negativen Lichts, das in *Gilda* erstmals auf das Hayworth-Image fällt, gerät der Film zu Ritas größtem Hit; nicht zuletzt deshalb, weil er, facettenreich und überraschend, über das Südsee-pin-up hinausweist und Rita in der Rolle des *good bad girl* doch noch im Happy-End bestätigt.

Um so vernichtender ist der Schlag, den Orson Welles in *The Lady from Shanghai* (1946) gegen sie führt. Rita Hayworth, im Bewußtsein Amerikas die ideale Frau und Geliebte, wird als intrigantes,

Rita Hayworth:
schwüler
exotischer Vogel
der Traumfabrik

durch und durch böses Sexmonster »entlarvt«; bei Barbara Stanwyck oder Joan Crawford hätte dies niemanden verwundert. Für Rita, den Liebling der Nation, kam dieser Akt einer Hinrichtung gleich. Damit dämonisiert Welles in Gestalt der Rita Hayworth den Mythos der amerikanischen Frau.
Nach ihrer Trennung von Welles sorgt sie für neue Schlagzeilen, als sie nach einer heimlichen Romanze 1949 den Prinzen Ali Khan heiratet.
Der Mythos des strahlenden und unergründlichen Traumwesens Frau, der zugleich alle Qualitäten der idealisierten, sauberen Amerikanerin einschloß und damit millionenfache Identifikation ermöglichte, war nach *The Lady from Shanghai* verflogen. Das Märchen vom Filmstern und dem reichen Prinzen dauerte zwei Jahre, dann verließ Rita Hayworth Ali Khan, zu dessen orientalisch-fremder Luxuswelt sie keinen Zugang fand. Der Star kehrte nach mehrjähriger

Drehpause in die Filmhochburg zurück – doch auch der Versuch Hollywoods, Ritas altes Image neu zu installieren, scheiterte. Am ehesten erreichte sie noch ihr altes Flair der unberührbaren Schönheit in *Affair in Trinidad* (»Affäre in Trinidad«, 1952) – wieder mit Glenn Ford, ihrem Partner aus *Gilda* –, danach setzte man sie meist als schwülen exotischen Vogel ein oder legte sie auf die treulose Frau und Verführerin fest.

Andere Stars sind jetzt die neuen Idole, doch Rita bleibt die Schauspielerin mit dem großen Image, das sie überlebt hat, eine reife Frau, durch Erfahrung gezeichnet, beherrscht sie auch in den 50er und 60er Jahren noch die Leinwand an der Seite von Kinogiganten wie Gary Cooper, Robert Mitchum oder John Wayne – man kann sie als Trapez-Künstlerin, versoffene Ex-Schauspielerin oder spanische Mutter eines Paranoikers (*The Wrath of God*, 1971) bewundern.

Das Geheimnis der Sphinx Gilda im langen schwarzen Kleid, seitlich bis zum Knie geschlitzt, den Kopf herausfordernd zurückgeworfen, die lange Zigarettenspitze zwischen den gespreizten Fingern: war es das des schüchtern-introvertierten Mädchens, das ins vielfarbig rotierende Scheinwerferlicht des Showgeschäftes gestoßen, dort einige Billionen Lichtjahre herumwirbelte und dann verglühte?

Auch Orson Welles hat dieses Rätsel nicht gelöst.

hei

Literatur:

John Kobal: »Rita Hayworth, The Time, the Place and the Woman«, London 1977.
Seeßlen/Weil: »Ästhetik des erotischen Kinos«, München 1978.

James Stewart
Der Mann aus Laramie

Wenn man die Größe einer Legende beschreiben könnte, hätte die
von James Stewart die Ausmaße des Monument Valley. Als Held
und Akteur des großen Hollywood-Theaters hat er sich diese Legende in nahezu fünfzigjähriger zäher Arbeit ehrlich erworben ...
Die letzte Viertelstunde des Films ist angebrochen. Countdown: Vor
dem Hintergrund der Sidewalks und Saloons der Mainstreet bewegen sich zwei Männer gleichmäßig aufeinander zu. Der eine ist der
Gun-man und Schurke Liberty Valance (Lee Marvin), der andere
der edelgesinnte, aber schießungeübte Anwalt Stoddard (James Stewart) ... die Sekunden verrinnen, dann krachen die Schüsse. Beide
taumeln zu Boden. Der Schurke ist tot, der Gute nur verletzt.
Wie konnte Jimmy – wie Stewart von seinen Freunden genannt wird
– dieses ungleiche Duell lebend überstehen? Sein Freund John Wayne hatte als der unsichtbare Dritte *corriger la fortune* gespielt und für
ihn gefeuert. So hatte in *The Man Who Shot Liberty Valance* (»Der
Mann, der Liberty Valance erschoß«, 1962) die Gerechtigkeit, wenn
auch schlecht bewaffnet, wieder gesiegt, ganz einfach, weil James
Stewart auf ihrer Seite stand.
Er ist die Personifikation des Siegers, der langsam, aber beharrlich
sein Ziel verfolgt, ein Mann von Würde und Überzeugungskraft.
Seine Markenzeichen: die schleppende Sprechweise, die vor Spannung leicht brüchige Stimme in seinen frühen Filmen, seine jungenhafte Schlaksigkeit, der schlendernde Gang und – die wachen Augen, die den Feind scharf mustern. Auch wenn er manchmal leutselig wirkt, entgeht ihm nichts. Er ist ein Mann der einfachen, soliden
menschlichen Werte, bei dem man die Intensität und Aufrichtigkeit
seiner Gefühle spürt.
James Stewart machte im Lauf seiner Karriere eine Reihe von
Wandlungen durch, doch in einem Punkt blieb er stets derselbe:
Er verkörperte immer den Typ des guten, sauberen, kompromißlos-
anständigen Amerikaners. Bei ihm gab es nie faule Tricks, Falltü-

ren, gezinkte Karten oder ähnliche krumme Touren, an denen der Westen reich ist.

Nach einem abgeschlossenen Theater- und Architekturstudium an der Princeton University wurde der 1908 in Indiana, Pennsylvania, als Sohn eines Eisenwarenhändlers geborene Jimmy als Schauspieler aktiv, indem er sich der Players Troup der Hochschule anschloß.

Innerhalb der nächsten Jahre gelang ihm der Sprung an den Broadway, allerdings nur mit kleineren Rollen. Doch dieses Theatertraining kam ihm beim Film später sehr zugute.

Die Klatschtante Hedda Hopper soll bei *MGM* auf ihn aufmerksam gemacht haben, Stewart erhielt einen Sieben-Jahres-Vertrag und war 1935 erstmals in einem movie-picture als Polizei-Reporter in *The Murder Man* (»Der elektrische Stuhl«) zu sehen. In den nächsten Filmen stand er unter »ferner liefen« auf der Besetzungsliste, bemerkenswert ist vielleicht nur, daß er sich in seinem neunten Film *After The Thin Man*, (»Dünner Mann, 2. Fall«, 1936) dem verblüfften Publikum als Mörder präsentierte. Doch dies sollte ihm in seiner langen Laufbahn kein zweites Mal passieren.

Der Stewart der frühen Jahre erinnert an den Jungen vom Land (der er ja auch war), verwirrt, hochaufgeschossen, ein tapsiger Mensch, bei dem man ständig befürchtet, er könnte über seine eigenen Beine stolpern. Von männlichem Sex-Appeal à la Clark Gable oder Errol Flynn nichts zu spüren, seine Anziehungskraft scheint in der schüchternen Gehemmtheit zu bestehen, gewürzt mit einer Prise romantisch-naivem Idealismus, dem in seiner Begeisterung nicht selten ein Dämpfer aufgesetzt wird.

Auch wenn in Körpersprache und äußerer Erscheinung ein von Cary Grant völlig verschiedener Typ, zeigen sich zwischen Stewart und diesem ein paar erstaunliche Parallelen: Beide erspielen sich ihre Anfangserfolge mit der Komödie, beide entfalten sich später zu entscheidenden Protagonisten des Hitchcock-Universums.

Einmal treten sie sogar zusammen auf, 1940 in *Philadelphia-Story* (»Die Nacht vor der Hochzeit«); Grant gewinnt die Frau (Katherine Hepburn), Stewart seinen einzigen Oscar.

In den Komödien muß Jimmy seine gedehnte Sprechweise vorübergehend vergessen und beweisen, daß er auch einmal mehr Silben schafft pro Sekunde.

Bezeichnenderweise wird Stewart nicht mit Hawks (wie Cary Grant), sondern mit Frank Capra, dem brillanten Inszenator des Alltagslebens und der kleinen Leute, berühmt. *You Can't Take It With You* (»Lebenskünstler«, 1938) wird sein erster Hit unter Capras Regie. In *Mr. Smith Goes To Washington* (»Mr. Smith geht nach Washington«, 1940) liefert James Stewart eine frühe Glanzrolle. Er

Der Unbestechliche: James Stewart erteilt dem Senat der Vereinigten Staaten eine Lektion (in *Mr. Smith Goes to Washington* mit Jean Arthur).

wirkt wie ein ältlicher Konfirmand, der versehentlich in den Senat der Vereinigten Staaten geraten ist und dort völlig unerwartet den korrupten weißhaarigen Männern durch seine bis zur physischen Erschöpfung gehende Unbestechlichkeit eine Lektion erteilt, die einige von ihnen zu Fall bringt. Mit dieser Figur ist Stewart nicht ganz zufällig in eine Gary-Cooper-Rolle – die des Mr. Deeds – geschlüpft, denn wie Cooper ist auch er eine Ausprägung des Mr. Everybody; allerdings fehlt ihm Coopers lakonische Gelassenheit, die er im Gegenteil durch Nervosität und Fahrigkeit ersetzt.

Stewart hatte die Szene zu einem Zeitpunkt betreten, in dem sich Roosevelts »New-Deal«-Politik auch für das Kino auszuwirken begann: Die Nivellierung sozialer Gegensätze sowie die Neuetablierung einer kleinbürgerlichen Moral, verbunden mit einer starken Anti-Kriegsstimmung, sollten in den USA den Wunsch breiter Massen nach geordneten Verhältnissen befriedigen und die Krise von 1929 endgültig vergessen machen. Auf das Kino übertragen, bedeutete dies, daß der Gangster- und Horrorfilm *out* war und der positive Held, mit James Stewart als einem seiner überzeugendsten Vertreter, an seine Stelle getreten war. »Stewart (ist die) ... bürgerliche Wunschvorstellung von solidem Durchschnitt.« (Scheugl.)

Ehe er in den Krieg zieht, leistet er sich noch schnell einen Ausflug in den Wilden Westen. In *Destry Rides Again* (»Der große Bluff«, 1939) verkörpert er als moralischer Deputy eine komische Figur, die

– jeder Gewalt abhold – statt der Insignien der Macht, den Colts, bei ihrer Ankunft in der Cowboy-Stadt Bottle Neck, einen Vogelbauer in der Hand trägt. Doch die Korruption reißt so klaftertiefe Abgründe auf, daß er am Ende doch seine »Witwenmacher« sprechen lassen muß. Marlene Dietrich, erstaunlicherweise erst an vierter Stelle auf der Besetzungsliste genannt, singt und tingelt als Saloon-Perle, liefert sich einen handfesten Frauen-Ringkampf mit Una Merkel und mehrt Stewarts aufkeimenden männlichen Glamour, indem sie beim abschließenden *shot-down* ihr Leben für ihn aushaucht.

Mit diesem Film erfährt Stewarts Image erste entscheidende Wandlungen: Der Star verliert den pubertären Speck und präsentiert männliche Entschlossenheit – das sanfte Antlitz des Helden gewinnt langsam Kontur. Allmählich zeigt sich, daß James Stewart nicht zufällig einer der ganz Großen des Hollywood-Entertainments geworden ist. Seinem anfangs fast dürftig erscheinenden Gestus fügt er unauffällig neue Gesten und Haltungen hinzu, die seine Persönlichkeit immer stärker prägen: Er lächelt nicht mehr hilflos, sondern gewinnend, sein anfangs überschwengliches Pathos wird nun zum *understatement*, der Mund – früher an dicke Babylippen erinnernd – erfährt eine sinnlich-männliche Ausprägung. Es entsteht der Ein-

Broken Arrow, einer der ersten indianerfreundlichen Filme.

druck, daß James Stewart nicht mehr auf Reize reagiert, sondern daß er überlegt agiert.

Nach der Rückkehr aus dem Zweiten Weltkrieg als Brigadegeneral der Air Force erweitert James Stewart sein Repertoire erheblich. Neben Komödie, jetzt seltener gespielt, ist sein neues Feld der Western, der action-Film und der Thriller. Hochdekoriert und kampferprobt, kann er seine ausgereifte Männlichkeit seinen Fans auf der Leinwand vorzeigen.

Zwischen 1950 und 1955 dreht er sechs Western, von *Winchester 73* bis zu *The Man From Laramie*, einer davon ist der Indianerfilm *Broken Arrow* (»Der gebrochene Pfeil«, 1950), in dem er einen abgeklärten Bürgerkriegsveteranen darstellt, der als Scout zwischen Weißen und Apachen vermittelt. Er lebt unter Indianern, verliebt sich in die Häuptlingstochter (Debra Paget) und heiratet sie nach indianischer Sitte. Der Streifen ist keine cineastische Meisterleistung, aber einer der ersten indianerfreundlichen Filme, der Stewart Gelegenheit gibt, differenziert-humane Züge zu zeigen, ein weiterer Baustein in seinem sich immer mehr verfeinernden Image.

Das Jahr 1949 spielt in Stewarts Leben keine unbedeutende Rolle: Er dreht den Film *The Stratton Story* und er heiratet.

Man hatte ihn häufig in Begleitung der Filmköniginnen Lana Turner, Jeanette McDonald und Olivia de Havilland gesehen, die Ehe schloß er jedoch mit der zehn Jahre jüngeren Gloria McLean. Damit leistete er sich gleich zwei Abweichungen von der Starnorm: Er hat keine Schauspielerin geheiratet und sich nicht an dem in Hollywood üblichen fliegenden Partnerwechsel beteiligt. Denn Stewart ist nach dreißig Jahren noch immer mit derselben Frau verheiratet, die, warmherzig und lebhaft, eine ideale Ergänzung zu dem introvertierten Jimmy zu sein scheint.

Als Monty Stratton verkörpert er erstmals in seiner Laufbahn einen Sportler, und zwar den Pitcher der Chicago White Sox, dessen helle Zukunft durch einen Unfall verdunkelt wird. Dieser hochdramatische Film ist sehr erfolgreich, mit ihm spielt sich Stewart in der Rolle des Baseballhelden in die Herzen der Amerikaner.

James Stewart zählt in den 50er Jahren nicht nur zu den Lieblingsstars des Kinos, er ist auch einer der zehn größten Kassenmagneten. Er hat inzwischen den Spielraum seiner Entfaltungsmöglichkeiten durch eine große Rollenskala erweitert. Dem in seinen frühen Filmen am häufigsten dargestellten Journalisten fügt er ein buntes Arsenal an Figuren hinzu: Verbrecher, Wissenschaftler, Alkoholiker, Clown, Sheriff, Flieger, Scout, Strafverteidiger, Sportler und immer wieder Pionier und Westernheld. Als Musiker in der Rolle des auf tragische Weise ums Leben gekommenen Glenn Miller (»Die Glenn

Miller Story«, 1954) ergänzt er die Typenreihe um eine weitere bemerkenswerte Variante.

Auch wenn er in Wildwestfilmen am überzeugendsten zur Wirkung kommt, muß man James Stewart inzwischen darüber hinaus in die Kategorie der Charakterdarsteller einreihen. Statt einzelner Glanzrollen bietet er in einer sich geradlinig entwickelnden Karriere immer subtilere Darstellungen in den unterschiedlichsten Genres. Er setzt der Vielfalt seiner schauspielerischen Fähigkeiten schließlich in einigen Hitchcock-Rollen brillante Glanzlichter auf. Stewart war für den Großmeister des psychologischen Thrillers eine ideale Besetzung, denn »Hitchcock blieb ... ein Regisseur für Schauspieler des Alltagstyps, da seine Helden Alltagsmenschen sind, die in nicht alltägliche Situationen geraten.« (Patalas.)

In *Rear Window* (»Das Fenster zum Hof«, 1954) beobachtet er als Fotograf, der sich das Bein gebrochen hat, zum Zeitvertreib die Fenster eines Hinterhofes und kommt dabei einem Mord auf die Spur. Stewart muß den ganzen Film über im Rollstuhl sitzen und ist dadurch allein auf die Ausdrucksfähigkeit seines Gesichtes angewiesen; von Langeweile über Neugier, Verwirrung, Rührung, Nachdenklichkeit, Erstaunen und Entsetzen gelingt ihm dabei eine beachtliche Skala an unterschiedlichsten Gefühlsäußerungen. Der Film zählt durch seinen Detailreichtum, die Geschlossenheit des *plots*, seine enorme Spannung und nicht zuletzt durch James Stewarts Mimik zu Hitchcocks großen Würfen.

Stewart hat es in drei weiteren Filmen dieses Regisseurs mit Hitchcocks Galerie der eisgekühlten Blondinen zu tun und kann dabei mit so attraktiven Partnerinnen wie Grace Kelly, Doris Day und Kim Novak zusammen spielen. Als reifer, wohlproportionierter Mittvier-

In *Rear Window* als subtiler Beobachter.

ziger wirkt sein herb-männliches Fluidum inzwischen immer anziehender auf Damen – mit zunehmendem Alter nimmt seine Ausstrahlung keineswegs ab.

Die Entwicklung des Starmythos verläuft von archetypischen, fast überirdischen Gestalten in den 20er und 30er Jahren (man denke an Pickford, Valentino, Garbo) über einen allmählich einsetzenden höheren Grad an Realismus der Figuranten – besonders kraß zu beobachten bei der Einführung des Tonfilms – zu einer immer stärkeren Vermenschlichung der Leinwandgötter. Das Publikum nimmt größeren Anteil an ihrem Privatleben, ihren Extravaganzen und persönlichen Eigenheiten und erkennt sich nicht zuletzt auch in den kleinen oder größeren Schwächen seiner Lieblinge wieder.

James Stewart ist sicher ein Star mit nur kleinen Mängeln, die es einem Millionenpublikum ermöglichen, sich mit ihm zu identifizieren. Als treuer Republikaner war er ein glühender Nixon-Anhänger, zumindest bis Watergate. Über den Tod seines Sohnes, der in Vietnam gefallen ist, sagt er: »Ich glaube an die Sache, für die er gestorben ist.« (Thompson.)

Das Image eines Schauspielers ist eine Sache, seine politischen Überzeugungen eine andere; gleichwohl läßt sich wohl nicht übersehen, daß sie im Habitus des Stars ihre Spuren hinterlassen.

Am Ende überzeugt James Stewart, weil er bei all den verschiedenartigen Figuren, die er verkörpert hat, hinter dem Klischeehaften des Typs den lebendigen Menschen sichtbar machen konnte. Seine jugendliche Unbeholfenheit in den frühen Filmen, die Mixtur aus linkischem Charme und Irritiertheit, die ihn in der reifen Epoche charakterisierten, trugen ebenso dazu bei wie die tief in seinem Wesen verwurzelte Freundlichkeit.

Er spielt auf der Leinwand so natürlich, daß man nie auf den Gedanken kommt, einen Schauspieler vor sich zu haben.

hei

Literatur

Peter Bogdanovich: »Jimmy Stewart«. In: P. B., »Pieces of Time«, New York 1974.
Enno Patalas: »Stars – Geschichte der Filmidole«, Frankfurt 1967.
Hans Scheugl: »Sexualität und Neurose im Film«, München 1974.
Howard Thompson: »James Stewart«, München 1979.

Gérard Philipe
Den Teufel im Leib

»Ich bin niemals ein Träumer gewesen. Was anderen, Leichtgläubigeren, als ein Traum erscheint, war für mich ebenso wirklich wie der Käse für die Katze, trotz der Käseglocke. Die allerdings nicht minder wirklich ist.« Diese Worte eines frühreifen Schülers, der sich illusionslos auf ein Abenteuer mit der Frau eines Frontsoldaten einläßt, könnte als Gegen-Motto für das Leben von Gérard Philipe gelten, denn nur zu gern hatte das französische Publikum sein kurzes, strahlendes Leben unter die Glocke des traumhaften Glücks gestellt. Entnommen ist dies Motto dem Roman *Le diable au corps* (»Den Teufel im Leib«) von Raymond Radiguet (1923), den Autan-Lara – mit Gérard Philipe in der Hauptrolle – 1947 verfilmte. Der junge Schauspieler fand sich, auf einen Schlag, berühmt.

Er gab den jugendlichen Liebhaber nicht mehr, wie es die Bühne erforderte, sondern spielte den verliebten Jungen aus dem Ersten Weltkrieg mit der Erfahrung der eigenen Nachkriegsjugend, die weniger verträumt genossen, als desillusioniert erkämpft wurde. Der Junge mit dem Wuschelkopf und den hellen Augen, den schnellen und vorlauten Bewegungen, der betont lässigen Gestik zeichnete eher das Porträt eines intellektuell gebrochenen Halbstarken als das der Jugend eines Träumers.

1922 in Cannes geboren, studierte er früh das Theater und wurde auf einer Tournee von Claude Dauphin entdeckt. Sein Schauspielstudium schloß er am Pariser Konservatorium ab. Seine erste Filmrolle hatte er in Marc Allégrets Film *Les petites du quai aux fleurs* (»Die Kleinen vom Blumenkai«, 1943). Große Popularität errang er mit *Le diable au corps*, in dem er das Lebensgefühl einer ganzen Nachkriegsgeneration ansprach.

Das Rollenfach des Jeune Premier verführte ihn dazu, sich auf die jugendlichen Helden, die strahlenden Sieger, glänzenden Fechter und legendären Liebhaber zu stürzen. Soviel Heldentum mußte ihm einfach eine Nische im Panthéon des Publikumsgeschmacks einräu-

In *Le diable au corps* mit Micheline Presle.

men. Parallel zum Film arbeitete er im Theater, in der Regel mit dem Intendanten am Théâtre National Populaire (dem T. N. P.), Jean Vilar. Unter dessen Regie übernahm er die Hauptrollen in Kleists *Prinz von Homburg*, in Corneilles *Le Cid*.

»Was? Den Cid! Den Prinzen von Homburg! Was? Diese ganze funkelnde, liebenswerte und siegreiche Jugend, die sich in Gestalt von Gérard Philipe einfangen läßt. Wie Raymond Radiguet, der das Glück des Altwerdens rühmte und darauf hoffte, sein Genie mit einer Geschwindigkeit abwickelte, die das Knäuel schwindelerregend schnell verschwinden läßt, so verausgabte auch Gérard Philipe bedenkenlos seine moralische Kraft und verschenkte sein Herz, bis nichts mehr von ihm übrig blieb. Doch wie prächtig war dieser mit vollen Händen ausgegebene Schatz! Am Abend des Cid schien er, nachdem er seine Reichtümer dem Saal geschenkt hatte, sich selbst hinzugeben – so interpretiere ich seinen Gang ins Publikum am Ende seines Monologs.« Diese Eloge, die Jean Cocteau auf den frühen

Tod des Schauspielers Philipe verfaßte, konzentriert in knapper Form alle Klischees, die über ihn kursierten.

Er ist dem Gedächtnis des französischen Publikums nicht allein durch seine Darstellungskunst der romantischen Traumtänzer unauslöschlich eingeschrieben, sondern eben auch dadurch, daß er die Titelfiguren in zahlreichen Literaturverfilmungen verkörperte, die jedem französischen Gymnasiasten eng vertraut sind. So avanciert man rasch zum Nationalhelden: des klassischen Bildungskanons.

So spielte er in *La Chartreuse de Parme* (»Die Kartause von Parma«, Christian-Jacque, 1948), in *La Ronde* (»Der Reigen«, Max Ophüls, 1950), in *Le Rouge et le Noir* (»Rot und Schwarz«, Marcel Carné, 1954) sowie *Les Liaisons dangereuses* (»Gefährliche Liebschaften«, Roger Vadim, 1959). Aber unter dem Lack der literarischen Konvention, der schulischen Aneignung von Stendhal, von Choderlos de Laclos und anderen Autoren im Kinosaal schlummerte der Riß, der sich durch diese Konventionen zog. Philipe spielte die glatten, ehrgeizigen jungen Aufsteiger nicht immer als sympathischen Nachwuchs, sondern durchaus als gefährliche Konkurrenten. In ihm steckte der Widerspruch von Jugenddrang und Resignation. Er spielte die Draufgänger mit dem Wissen alter Lebemänner. Er gab seiner Leidenschaft eine Form, deren Ausdruck immer unangemessen alt war. So spielte er den Faust als kleinkarierten Bürger, den die Lust ergreift, Mephistopheles zu werden, und der, statt für seine Philosophie zu interessieren, das Publikum zu seiner Lust verführt: *La beauté du diable* (»Pakt mit dem Teufel«, René Clair, 1949).

Einen anderen Philipe, die Arbeit im Schatten seines Ruhms, stellte der Regisseur Marcel Carné vor, der mit ihm nicht nur in der Stendhal-Verfilmung »Rot und Schwarz«, sondern schon in dem traumverlorenen Film *Juliette ou la clef des songes* (1951) zusammengearbeitet hatte. Carné notierte in seiner Autobiographie:

»Gérard Philipe hatte ein transparentes Wesen, obgleich er verschlossen war, eine völlig uneitle Distanz, die aus einem sorgfältig kaschierten Trauma rühren mußte. Ich habe ihn niemals ausgelassen gesehen. Man redet viel von seiner romantischen Erscheinung. Zu Recht, wenn man festhält, daß sie oft an Melancholie und unerfüllte Träume gekettet ist. In seiner Arbeit überließ er nichts dem Zufall, der Improvisation. Alles war einstudiert, ausgerechnet, angemerkt. Sein ganzes Rollenbuch war voll von Reflexionen, Bemerkungen und durchdachten Reaktionen, von denen er nie abwich.« Als dieser Film in Cannes durchfiel, erklärte Philipe: »Ich bin stolz auf die Arbeit mit Marcel Carné. Ich würde sie wieder tun, egal, was passiert.« Dieser andere Philipe in einer Antityp-Rolle stellte sich vor im Film

Les Orgueilleux (»Aufenthalt vor Vera Cruz«, Yves Allégret, 1953). Er ist Georges, der im Alkohol verkommene Arzt, der seinen Beruf aufgab, als seine Frau samt Kind bei der Entbindung starb, der nun als Handlanger durch ein Dorf in Mexiko zieht und für ein Glas Tequila alles tut. Kaum nimmt man ihn die erste halbe Stunde wahr. Er wankt in zerrissenen Schuhen, flatternden Hemden zum Hafen, einen Schweinskopf zu erbetteln, den er in der Kneipe gegen Schnaps versetzen kann.

Ein Bart verdeckt sein Gesicht. Die Kamera zeigt ihn häufig in der Totalen, so daß er wie ein Mensch unter anderen, ein Armer unter den Ärmsten geht. Natürlich ist er ein gefallener Engel, ein ange maudit. Michèle Morgan ist der Star, dessen Reinheit ihn sühnt. Wie viele Säufer ist Georges ein Zyniker, der im Kern sentimental ist. Ein sanfter Rebell inmitten der mexikanischen Totenrevue, die Karfreitag feiert wie Karneval; ein dreckiger Kerl, der, im Staube wandelnd, sich durch die Liebe einer Frau geläutert am Schluß als Arzt der Armen erweist – ein kleines Osterwunder.

Über weite Strecken des Films ist Philipe nur durch spärliche Bewegungen präsent. Er mimt hier keinen dramatischen Charakter, sondern spielt seine Rolle zur interessanten Nebenfigur herunter. So fällt er dadurch auf, daß er nichts tut, aber darin noch vibriert. Einmal tanzt er für die Morgan einen tollen Tango, nicht so verführerisch elegant wie Valentino, eher so grotesk gezappelt wie von Harpo Marx. Aber dieser Ausbruch verleiht ihm ein Ganzheitsgefühl für den Körper, der ihm inmitten des Elends davonzulaufen drohte. Jetzt ist er wieder da, ganz Hauptdarsteller.

Schließlich ist die intensive Glut, die in ihm lodert, nicht zu zügeln. Denkt man sich das Pathos deutscher Rhetorik weg, hat er durchaus Züge, die an die Darsteller Horst Caspar oder Klaus Kammer erinnern. Sie alle hatten die Kraft, ihr Feuer klein zu halten, wenn es nottat, wie ein Fanal zu leuchten und im übrigen nur die Möglichkeit zum Ausbruch zu signalisieren. Als Arzt in *Les Orgueilleux* (das heißt: die Hochmütigen) spielt Philipe den Grübler und Melancholiker, der existentiell herausgefordert wird. Kurz, er ist ein Held, der nicht gefeiert, sondern respektiert werden will, ein Einzelgänger, der Mut zu zweifeln hat.

Berühmt als stürmischer Rebell wurde Philipe in seiner Paraderolle des *Fanfan la Tulipe* (»Fanfan der Husar«, 1951). Seine körperlichen Fähigkeiten einmal ganz zu veräußerlichen, gab aber erst der Film *Till Ulenspiegel* (Frankreich/DDR, 1956) Gelegenheit. Philipe schrieb nach dem Roman von Charles de Coster das Drehbuch, spielte selbstredend die Hauptrolle und führte außerdem – unter Mithilfe des großen Dokumentarfilmers Joris Ivens – Regie. Schon

Mit Oliver Hussenot in *Fanfan la tulipe*.

einmal hatten Brecht und Weisenborn dieses Projekt 1948 der Defa vorgeschlagen; Philipe sollte es realisieren.
»Als ich Gérard Philipe assistierte bei der Vorbereitung und Regie des Films über Till Ulenspiegel, kam ich meinen ›eigenen‹ Themen wieder näher. Hier galt es dem Unabhängigkeitskampf der Niederlande, Flanderns gegen die spanische Vorherrschaft und gegen die Inquisition. Ich fühlte mich wieder mehr zu Hause und nahm erneut Kontakt auf mit Holland«, erinnert sich Ivens in seiner Autobiographie »Die Kamera und ich«.
Die Rolle des finsteren Herzogs Alba, Statthalter Philipp II. in den niederländischen Provinzen, besetzte Philipe mit Jean Vilar – seinem Intendanten am T. N. P. Er selbst kostete das artistische Potential der Rolle aus: reiten, fechten, springen zu können wie in Siebenmeilenstiefeln, ein Luftikus, ein Gaukler, ein Seiltänzer, ein Springinsfeld: auf Kutschen, Pferden, Schlittschuhen oder an Glockenseilen zu sein. Kurz: ein Artist des Widerstands.
Leider macht er zu viele Faxen, und wenn er nicht schadenfroh der

Obrigkeit eine Nase drehen kann, schneidet er Grimassen. Ein Clown, der seine Komik aufdringlich herausstreicht, der, was schlimmer ist, seine Pointen zuerst belacht und wie ein Strandbad-Unterhalter den Kursaal animiert, in den Jubel einzufallen. Aber Till Ulenspiegel soll sich wandeln: vom Kasper zum Kämpfer. Angesichts des Märtyrertods seines Vaters gelobt er, die flandrische Erde zu retten. Der Empörer wird zum Volksheld, der den Feind mit Wasser und Mehl, mit Teer und Federn, mit List und Tücke aus dem Felde schlägt.

Er marschiert und flitzt durch die Institutionen der Besatzer als Spion, in der Tarnkappe des Gauklers. Nur die gaukelnden Gebärden, dieses voltenschlagende, höfische Ritual mißrät Philipe wie einem kranken Pfau, der Mühe hat, das Rad zu schlagen. Plötzlich will Till der flammende Befreier werden. Er bringt die Verräter zur Vernunft, die Abtrünnigen zur Vaterlandsliebe, aber mit einer Ergriffenheit, die ihre Gesten in Großaufnahmen an der Rampe abstellt. Till Ulenspiegel beginnt wie eine Posse, die, ehe sie im vaterländischen Pathos untergeht, in einer Revolutionsoperette, die lustig ausgeht, endet.

Alexander Kluge, in einer Wendung gegen das Kommerzkino als purem Aufguß des Theaters, hat sich gegen diese Verfilmung ausgesprochen: »Das wahre Kino hat nichts mit einem Till Eulenspiegel zu tun, der von Gérard Philipe interpretiert wird, denn während der Bauernkriege wurden Bauern unterdrückt. Till war einer von ihnen und sollte nicht von einem Schauspieler, sondern von einem menschlichen Wesen, einem Bauern verkörpert werden. Dann könnte man einen Film wie *Novecento* (1900) von Bertolucci machen.«

Unter der Regie von Luis Bunuel drehte Philipe seinen letzten Film und seinen besten: *La fièvre monte à El Pao* (»Das Fieber steigt in El Pao«, Frankreich/Mexiko 1959. Im gleichen Jahr starb Philipe, im Alter von 37 Jahren, hochberühmt und viel beweint. Seine Abschiedsrolle war der Sekretär eines Gouverneurs in einem nicht genannten lateinamerikanischen Staat faschistischen Zuschnitts.

Philipe spielt einen idealistischen Sozialreformer, der die Liebe einer Frau (des ermordeten Gouverneurs), die Zuneigung der politischen Gefangenen und den Geschmack an der Macht ungeteilt genießen möchte. Er gewinnt von allem etwas, um alles zu verlieren. Seine Wandlung vom Zauderer zum Technokraten vollzieht sich unspektakulär. Er tritt nicht einmal elegant auf, eher so unscheinbar wie der Zögling eines Priesterseminars, der sich für die Laufbahn eines verhärmten Landpfarrers aufopfert.

Seine Geliebte ist zugleich Beichtvater seines politischen Gewissens, das sie durch massive individuelle Interessen ihm teuer abkauft. Wie

110

aber gütig sein im Dienste der Inhumanität? Je höher Philipe die Stufen zur Herrschaft, die der skrupellose Präsident ihm ebnet, erklimmt, desto glanzloser wird er. Wer die Vernunft an die Herrschenden verkauft, muß sich von ihr leicht lösen können. So löschen sich denn schließlich alle intellektuellen Züge von diesem Gesicht. Philipe wird Würdenträger, der kein Gesicht mehr zu verlieren hat. Sich selbst entmachtend tritt er, ein Angestellter der Macht, in die Menge, anonym, als Namenloser. Der Mächtige zerbricht und bewirbt sich bei dem Volk um Bürgerschaft. Die ist für ihn zu haben nur um den Preis, sich der Macht als politischer Gefangener anheimzugeben.

Philipe zeichnet mit großer Intensität den Idealisten, der im stummen Protest resigniert, nachdem der einzige Komplize, den er einst hatte, gehetzt, gefoltert und erschossen wurde. Gespenstisch, daß sein Gegenspieler um die Frau/die Macht – der Vizegouverneur, dargestellt von Jean Servais – Gérard Philipe so ähnelte, als sei er sein altgewordenes alter ego.

KWi

Literatur

Marcel Carné: »La vie à belles dents. Souvenirs«, Paris 1975.

Jean Cocteau: »Kino und Poesie. Notizen«, ausgewählt von Klaus Eder, München 1979.

Interview mit Alexander Kluge in: »Manuela Fontana, Film und Drang – Nuovo cinema tedesco«, Florenz 1978.

Joris Ivens: »Die Kamera und ich. Autobiographie eines Filmers«, Reinbek 1974.

Raymond Radiguet: »Den Teufel im Leib«, Frankfurt/M. 1965.

Georges Sadoul: »Gérard Philipe«, Paris 1967.

Hildegard Knef
Das Trümmermädchen

> »... mal war ich die Brave,
> mal war ich der Vamp,
> mal war ich in Nerzen,
> mal ganz ohne Hemd ...«

Hildegard Knef war der erste Star des deutschen Nachkriegskinos. Mit Wolfgang Staudtes *Die Mörder sind unter uns* (1946), einem Film, der mit seiner Licht- und Schattenregie die deutsche Trümmerlandschaft blitzartig erhellte, verhilft sie dem deutschen Film am Nullpunkt wieder zu einem Gesicht.

Staudtes Opus geht über die Ruinenromantik ähnlicher Werke hinaus. Er bietet einen ersten Ansatz der Vergangenheitsbewältigung – und Hilde Knef, mit Kopftuch und Rucksack und noch ganz ohne Seidenstrümpfe, spielt sich in die Herzen des Publikums.

Die Knef von damals war ein Produkt der Zeit, mit ihr kam die Kriegs- und Nachkriegslandschaft auf die Leinwand: Bombennächte, zerfallene Städte, Hunger, Kälte, Chaos, Schwarzmarkt. Sie erschien als das Symbol einer betrogenen Jugend, die sich dennoch nicht unterkriegen läßt. Keine marmorne Schönheit, aber ein schmuckes Mädchen, das gefiel: große, hellgrün leuchtende Augen unter der hohen Stirn, das lange Blondhaar als Pferdeschwanzfrisur oder glatt an den Kopf gekämmt, ein breiter sensibler Mund, der lachend eine Reihe blitzender Zähne freigibt.

Von der Whisky-verrauchten Chansonstimme der heutigen Knef ist noch kaum etwas zu ahnen. Was man im Kino sieht, ist ein junges Mädchen mit eckig-schmalem Körper, schutzbedürftig, hochaufgeschossen und sehr dünn. Sie verbreitet die deutsche Überlebenszähigkeit, diese »Wir-werden's-schon-schaffen-Stimmung«. Obwohl sie sehr deutsch wirkt oder gerade deshalb, entsteht schon nach den ersten drei Filmen das Hildegard-Knef-Star-Image, das sich von dem Seelchen-Flair späterer neudeutscher Filmsterne sehr nuanciert unterscheidet. In Filmen mit ihr findet eine Auseinandersetzung mit dem Untergang des Dritten Reiches auf dokumentarisch-nüchterne Weise statt, nichts ist zu spüren von den pathetisch-affirmativen Trümmerfilmen, die bald entstehen und mit denen die Problematik der Nachkriegszeit versandet.

Die Mörder
sind unter uns
(mit Ernst Wilhelm
Borchert).

Hildegard Knef hat das Glück, mit Regisseuren wie Staudte, Käutner, Jugert beginnen zu können, die sich mit den Auswirkungen des Krieges kritisch und distanziert auseinandersetzen – wie in *Film ohne Titel*, einer »Komödie, die mit beiden Beinen auf der Erde steht, vor dem düsteren Hintergrund der Zeit«.

Hildegard Knef ist Christine, ein Mädchen vom Land, das in den Wirren der letzten Kriegswochen in der großen Stadt Berlin der Familie des Kunsthändlers Delius (Hans Söhnker) den Haushalt führt und sich dabei »unstandesgemäß« in den Hausherrn verliebt. Christine mit ihren blonden Zöpfen ist lieb und innig, unkompliziert, natürlich, brav und anziehend. Wenn sie zwischendurch zu energisch oder schlagfertig erscheint, nimmt man ihr allerdings das naive Bauernmädchen nicht mehr ganz ab. Aber was tut's, sie wird mit diesem Film und dem folgenden, *Zwischen gestern und morgen,* Deutschlands liebstes Trümmermädchen. Sie wird geliebt und gehätschelt, sie erhält Applaus, sie hat es geschafft: Man kennt ihre Lieblingsfarbe, Lieblingsblume, ihren Lieblingssport. LIFE-Magazin macht eine Story über sie, Hollywood scheint nicht mehr fern.

Hildegard Knef war die aufregendste und auffallendste Erscheinung unter den Schauspielerinnen der Nachkriegszeit. Hätte sich der große Erfolg ihrer ersten drei Filme kontinuierlich fortgesetzt, wäre sie sicher in die Rolle des großen Stars hineingewachsen. Als der herb-sachliche Mädchentyp paßte sie genau in die Zeit: Pfiffig und unsentimental, mit einer Portion Berliner Mutterwitz begabt, stapfte sie durch die deutsche Ruinenlandschaft und begeisterte Millionen. Weshalb brach ihre Karriere plötzlich ab?

Die Antwort scheint einfach: Weil sie zu früh nach Hollywood ging und dort nicht richtig ankam. Ihre Entwicklung wurde unterbrochen, sie hatte den Anschluß verpaßt, ihr Selbstvertrauen war dahin. Fest steht, daß sie sich nie auf eine Rolle hat festlegen lassen, und daran ist schon mancher Star gescheitert. Aber vielleicht war sie auch zu ehrgeizig, zu ambitioniert? Als sie Hollywood unter sich liegen sieht, sagt sie: »Ich muß es schaffen ... berühmt werden, anerkannt, geliebt« (»Der geschenkte Gaul«, S. 160). Vielleicht standen sich ihre vielen Talente gegenseitig im Wege?

Das Auf und Ab ihrer Karriere ist spannend, ihre Senkrechtstarts und Bruchlandungen, ihr exzentrischer Hang zum totalen Abenteuer und ihr Talent, das richtige zum falschen Zeitpunkt zu tun wie etwa, nach Hollywood zu gehen zu einer Zeit, in der man dort jeden Deutschen für einen Nazi hielt, ohne Englischkenntnisse, mit einem Vertrag, aber ohne Namen in Amerika.

Das Trümmermädchen von einst jedenfalls verblaßte zu einer fernen Erinnerung, zur Antizipation einer Legende, die sich nicht verwirklichte.

Hildegard Knefs Lebensgeschichte erscheint bis dahin bizarr, hektisch und tempogeladen: Am 28. 12. 1925 in Ulm geboren, Übersiedlung der Eltern 1926 nach Berlin, spielt lieber mit Tieren als mit Puppen, mit siebzehn Zeichnerin bei der UFA, von Wolfgang Liebeneiner für den Film entdeckt, bis Kriegsende Schauspiel-Ausbildung in den Babelsberg-Studios, Nebenrolle in Käutners *Unter den Brücken* (1945 gedreht, 1950 uraufgeführt), Tobis-Chef Ernst von Demandowsky ist ihre erste große Liebe, sie kämpft mit ihm als kleiner Soldat in Uniform und Stahlhelm vor Kriegsende um Berlin (»Aus Angst, von den Russen vergewaltigt zu werden«), gerät in Gefangenschaft und flieht, wieder in Berlin, wohnt sie in Viktor de Kowas Villa, spielt mit ihm Kabarett (»Eins, zwei, drei im Sauseschritt läuft die Zeit, wir laufen mit«), spielt bei Barlog am Schloßparktheater, dreht drei Filme, heiratet den US-Offizier und tschechischen Juden Kurt Hirsch, steigt am 23. 1. 1948 in einen großen Vogel, fliegt über den großen Teich und wird zwei Jahre lang nicht mehr gesehen.

Was tut ein dort unbekannter deutscher Star in den USA? Lächeln und abwarten. Hildegard Knef ging es nicht anders, aber sie hat sich in ihrer Autobiographie dafür gerächt und das überzüchtete Studiosystem der Filmstadt mit Präzision und beißender Ironie beschrieben. Sie erzählt von ihrem täglichen Schnellkurs in Englisch, von dem Versuch, ihr eine neue, weniger kompromittierende Biographie zu verpassen – als Österreicherin, da Donau (Ulm) in USA mit Österreich assoziiert wird –, von den dümmlichen Probeaufnahmen, die sie immer wieder über sich ergehen lassen muß, dem Versuch des

Produzenten Selznick, sie zu verführen. Aber auch von ihrer Freundschaft mit Marlene Dietrich, die ihr in schwierigen Situationen hilfreich zur Seite steht.

Nach zwei zermürbenden Jahren des Wartens kehrt sie 1951 zurück und spielt die *Sünderin*. Dazu ihr väterlicher Freund Eric Pommer, der ihr zu diesem neuen Start verholfen hat: »Noch nie wurde eine Schauspielerin mit einer Rolle so sehr identifiziert wie in diesem Fall.«

Ahnungslos war Hildegard Knef wieder einmal in eine Falle getappt, indem sie in einem gut gemachten Film zur falschen Zeit auftrat:

Ein Mädchen, das durch den Krieg auf die schiefe Bahn gerät, findet in ihrer Liebe zu einem todkranken Maler (Gustav Fröhlich) zu sich selbst und folgt ihm freiwillig in den Tod. Als Geliebte des Malers steht sie ihm auch Modell – und Hildegard Knef zeigt sich einen Augenblick lang nackt auf der Leinwand. Damit verstieß der Film gleich gegen mehrere Tabus jener prüden 50er Jahre und löste bei Presse und Publikum einen Entrüstungssturm aus. Eric Pommer: »Bei einem Film starten sie Revolutionen, bei Gaskammern nicht.«

Denn mit Währungsreform und beginnendem Wirtschaftswunder hatte sich in der BRD eine neue Moral der Spießigkeit und Ordnung etabliert, die nur durch einen überdimensionierten Verdrängungsprozeß zu erklären ist. Hildegard Knef, noch vor einigen Jahren Deutschlands liebstes Gretchen, geriet in ein Inferno von heuchlerischer Empörung und bösartiger Verleumdung. Allerdings hinderte

Die Sünderin.

Nachts auf den Straßen mit Hans Albers.

dieser Abscheu die Leute nicht, zu Millionen ins Kino zu strömen, und damit war die Knef nun skandalberühmt.
Die Wandlung ihres Images zur *femme fatale* ist deutlich auf den Bildern jener Zeit zu sehen. Statt der hochgesteckten Zöpfe umweht eine gepflegte, honigblonde Mähne ihr Gesicht, das offener, breitflächiger geworden ist. Gegenüber der unbeholfenen Ruinenbemalung wirken die Linien von Mund, Wimpern und Augenbrauen nun sanft modelliert und ausgeschwungen, ein Ergebnis der Kosmetik-Perfektion und damit eine Verlockung für ein weibliches Millionenpublikum, sich nach tausendjähriger Enthaltsamkeit endlich auch mit ein wenig Lack und Farbe zu verschönen.
Nun wird auch der amerikanische Traum wahr. Auf *Decision Before Dawn* (»Entscheidung von Morgengrauen«), 1951 unter Anatole Litvak in Deutschland gedreht, folgt ein Film mit Hans Albers *Nachts auf den Straßen*. In beiden Zelluloid-Epen gibt sie – ihrem neuen Image entsprechend – eine Edeldirne, bei Albers allerdings mit treudeutschem Anstrich, fast an die erotisch-kühle Jugendlichkeit ihrer frühen Filme erinnernd.
Hildegard Knef steigt auf zum internationalen Star, in Hollywood ist sie 1952 Partnerin von Tyrone Power, ein Jahr später sieht man sie zusammen mit Gregory Peck und Ava Gardner in Hemingways *The Snows of Kilimanjaro*, mit sechsundzwanzig hat sie ihre Hand- und Fußabdrücke im Kino »Graumans Chinesisches Theater« hinterlassen, ein Anzeichen dafür, daß sie nun zu den wenigen Auserwählten, zu den Weltstars zählt.
Sie hat jahrelang aus dem Koffer gelebt, ist von Stadt zu Stadt, von Land zu Land gezogen: »Ich will nicht seßhaft werden, weil man

sonst die künstlerische Spannkraft, den natürlichen Lebenshunger verliert.« Aber sie ist von der ersten bis zur letzten Faser ihres Herzens Berlinerin geblieben, und Berlin ist die Stadt, in die sie immer wieder zurückkehrt, denn dort hat sie als Göre mit den Jungens Fußball gespielt, mit dem Volkssturm gegen die Russen gekämpft und die erste Ami-Zigarette geteilt.

Nachdem sie zwei Jahre ununterbrochen die russische Kommissarin Ninotschka auf der Bühne gespielt hatte, sagte sie in einem Interview: »Ich möchte einmal einen Menschen unserer Zeit, unserer Generation darstellen.« Keinen Kostümfilm, keine Literatur also. Aber diese Chance kam leider nie.

Doch bei aller Brillanz der Darstellungskraft: Die Dichte und intensive Ausstrahlung der frühen Nachkriegsfilme hat Hildegard Knef später nie mehr erreicht, vielleicht, weil sie dem Zeittyp nie mehr so nahe kam.

Sie drehte Filme in den USA, in England und Frankreich, doch neue Variationen konnte sie ihrem Typ nicht hinzufügen. Nach einem zweijährigen sensationellen Broadway-Theater-Erfolg mit *Silk Stokkings*, einem Musical nach dem berühmten Garbo-Ninotschka-Film, erleidet sie 1958 als Hauptstar der neugegründeten UFA mit »Madeleine und der Legionär« Schiffbruch.

Die heutige Knef liegt wie eine Doppelbelichtung über dem Bild von damals. Über dem störrischen blonden Engel aus Zilles Reich, dem »Was-glotz'n-Se-denn-so«-Tonfall einer weichen Mädchenstimme – kratzt heute ihr Lachen in der Kehle, klingt ihr sprödes »Eins-und-eins-macht-zwei« mit weithin hallender Stimme – auch mit ein Triumph der Tontechnik.

Als Ende der 50er Jahre ihre Filmlaufbahn an einem Ende angelangt schien, aktivierte sie eines ihrer noch brachliegenden Talente und startete eine Karriere als Chansonsängerin. Ihr 1970 erschienenes Buch »Der geschenkte Gaul« leitet die Karriere der Schriftstellerin Knef ein. Sie schildert die kuriosen Stationen ihres abenteuerlichen Lebens, porträtiert mit scharfer Beobachtungsgabe Zeitgenossen und verzichtet weitgehend auf die narzißtischen Selbstentlastungen ähnlicher Werke zugunsten der Einblendung eines zeitgeschichtlichen Hintergrundes. Ihr schnoddriger Berliner Humor und die Offenheit ihrer Darstellung machen das Buch zu einem Millionenerfolg.

Vermissen wird man Standpunkte, Haltungen, etwa zum Faschismus. Ihr Verhältnis zu ihrem Freund Ernst von Demandowsky, einem überzeugten Nazi, der »an die Herrenrasse glaubt, an die Mission ...«, der »denkt, wo andere gedankenlos« sind, kommentiert sie ambivalent mit: »Ich habe ihm nichts entgegenzusetzen.«

In einem Radio-Essay weist Volker Klotz der Knef Schwarz-Weiß-malerei, Konservatismus und eine politisch unreflektierte Erzählhaltung nach, die sich in antikommunistischen Ausfällen äußere (wenn »der Bechstein-Flügel von russischem Kot gesäubert wird und Furtwängler wieder die Neunte dirigiert«) und die den Nationalsozialismus bewußt oder unbewußt verharmlose.

Ob die Knef Intoleranz und Vorurteile mit diesem Buch abbauen konnte, wie es ihr Anspruch war (»FÜR SIE«-Interview vom 14. 1. 72), erscheint fraglich, eher lieferte es eine Vergangenheitsbeschwörung, in der sich viele wiedererkannten.

Viel ist über Hildegard Knef im Lauf der Zeit geschrieben worden, über ihre Ehen, ihre Tochter Tinta, ihre Krankheiten, ihre Karrieren; ihr gerecht zu werden, ist nicht leicht. Die Hilde der Trümmerzeit verschwimmt mit der Chansonette in der glitzernden Robe zu *einer* schillernden quirligen Persönlichkeit, einem lebenden Monument, einem facettenreichen Phänomen: Sie ist Geliebte, Mutter, Selbstmordkandidatin, Gegenstand des öffentlichen Interesses, Star, Schauspielerin, Schriftstellerin, Idol, *grande dame*, Plattenliebling.

Als Filmstern am unendlichen Zelluloidhimmel war sie zu sehr Anti-Star, nicht Unschuld und nicht Vamp, zu clever, vielfarbig – um sich in einen Mythos à la Dietrich verwandeln zu können.

Als die Knef hat sie einmal, am Ende des faschistischen Deutschland, das Kino mit einem neuen Gesicht überrascht, das im Gedächtnis bleiben wird.

hei

Literatur

»Arcade Starparade 7«, Hamburg 1954.

Bülow, Reulinger, Seufert, Ulrich, Klotz, Reininghaus: »Roßtäuschung. Ideologie-kritische Beobachtungen zur Autorin Hildegard Knef«, SR-Radio-Essay, Sendung vom 14. 6. 1971, Südfunk II. Programm.

Hildegard Knef: »Der geschenkte Gaul«, Wien 1970 (zitiert nach der Taschenbuchausgabe von 1975).

Hildegard Knef: »Der natürliche Lebenshunger« in: »DER SPIEGEL« 19, 1952.

Ben Witter: »Prominentenporträts«, Frankfurt 1977.

Simone Signoret
Diana als Schlampe

Im Film *Le Chat* (»Die Katze«, von Granier-Deferre, 1971) spielt
Simone Signoret an der Seite von Jean Gabin das Duell von zwei
Stars, die Veteranen werden, das Älterwerden aber durch die virtuose Darstellung so übertreiben, daß aller Glanz auf die Kunst
und nicht die Wahrheit fällt. Da fanden sich zwei Eigenbrödler zusammen als ein altes Ehepaar, das seine Zuneigung nur noch
durch Auflehnung und Verzweiflung ausdrückt. Gabin liebt seine
Frau nicht mehr, sondern seine Katze; die Signoret muß, um seine
Liebe wiederzuerlangen, selbst zur Katze werden, die Konkurrentin aus dem Feld schlagen. Ein bitterer Kampf zweier Geschlage-
ner, die sich in Stummheit und Alkohol flüchten; aber die Faszination ihres Abscheus bindet sie heftiger aneinander, als ihnen
lieb sein kann.
Die Signoret ist eine Diana, als Schlampe verkleidet. Hier, als die
Katze, liebt sie zu kurze Mäntel, zu weite Blusen, schiefe Röcke. Sie
hat zerwühlte Haare, sie schlurft und hinkt. Sie raucht Zigarillos und
trinkt wie ein Kutscher. Sie spricht vulgär, sie ist es nie. Sie bleibt,
wo sie auftritt, die Herrin, die nach dem Rechten sieht und ihre Interessen unverhohlen wahrnimmt. Simone Signoret verkörpert, was
der europäische Film im Gegensatz zum amerikanischen nur man-
gelhaft ausprägte: eine starke Frau, die ihre Stärke nicht als Vamp,
noch als *grande dame* ausstellt, sondern in ihrem Charakter.
Als Katze ist sie um die Fünfzig, keine Schönheit mehr, aber präzis
in ihren Gesten, präsent mit ihrem Willen. Ihre Handhabung der
Mittel erinnert manches Mal an die Ökonomie der großen Stumm-
film-Aktrice Asta Nielsen: Von ihr könnte sie die Kunst der Nuance
erlernt haben. Was die Signoret in einer Szene beiläufig tut, das fes-
selt den Blick. Sie hat tiefe Lider, die, wenn sie scharf und stechend
blickt, wie Jalousien über ihre Augen gleiten. Aber was sie im Visier
hat, verliert sie nicht aus dem Auge. Ihr Blick lauert auf die Kamera.
Er trifft das Objektiv. Er erfaßt den Zuschauer wie in Trance, um

Mit Jean Gabin in *Le chat*.

ihn in die Séance der Signoret zu locken, die noch als Randfigur im Mittelpunkt der Szene steht.
»Es handelt sich um den Blick mit halbgeschlossenen Lidern, den müden oder berechnenden oder abschätzenden Blick, den die Franzosen ›Kulissenblick‹ nennen. Simone Signoret beherrscht diesen Blick so perfekt, daß sie immer noch außerordentlich sexy und attraktiv wirkt, obwohl sie bereits die Schwelle zum mittleren Alter überschritten hat«, schrieb Julius Fast in seinem Buch zur Körpersprache.
Simone Signoret wurde 1921 unter dem bürgerlichen Namen Kaminker in Wiesbaden, während der französischen Besetzung, geboren. Ihr Vater war der Sohn eines polnischen Juden und Diamantenhändlers, dessen Mutter aus Österreich stammte. Der Vater, in Frankreich geboren, war Rechtsanwalt und gilt als Erfinder des Simultandolmetschens. 1934 übersetzte er für den französischen Rundfunk Hitlers erste große Rede vom Nürnberger Parteitag. Als die deutsche Wehrmacht Frankreich überrannte, ging der Vater ins Exil nach England, wo er für den Widerstand arbeitete. Simone geht mit ihrer Familie in die Bretagne, wo man den Namen als bretonisch ausgibt, bis ein deutscher Offizier ihn als jüdisch erkennt. Die junge Signoret macht Abitur in der Provinz, tut Kurierdienste für die Résistance und ernährt, als die Mutter mit ihr und den Brüdern nach Paris zurückkehrt, die Familie. Als Sekretärin bei einer Zeitung französischer Kollaborateure, was sie zu spät erkannte, verdient sie Geld in ihrer ersten Rolle: den Brüdern eine Mutter zu sein.
Sofort löst sie sich vom Kollaborationsmilieu und ergattert die ersten Jobs als Statistin in Pariser Filmateliers. Sie gerät in die Welt der In-

tellektuellen von St. Germain. Im berühmten Café Flore lernt sie den Regisseur Yves Allégret kennen, lebt mit ihm und lernt ihre zweite Rolle: nicht Mutter ihres Kindes zu sein, das zwischen Kriegsende und dem Beginn der Filmkarriere in unbürgerlichen Verhältnissen aufwächst. Simone Signoret trifft auf Yves Montand, den Chansonnier, der erst später der große Charakterschauspieler werden soll. An der Seite von Montand spielt die Signoret ihre dritte Rolle im zivilen Leben: Groupie (sie selbst prägte dies bittere Wort) ihres Mannes zu sein, den sie auf allen Tourneen und politischen Reisen durch Europa begleitet.

»Seit dem Café Flore hatte ich mich in einem sogenannten ›linken‹ Milieu aufgehalten und fühlte mich darin sehr wohl. Aber ich hatte nie Berührung mit dem gehabt, was man die Arbeiterklasse nennt. Ich war der vollendete Typ der ›Linksintellektuellen‹, mit allem, was da an Lächerlichem, aber auch Großzügigem dazugehört. Merkwürdigerweise ist meine Begegnung mit Montand mein erster Ausflug in die Lebenswelt der Arbeit, ins Proletariat, um nicht zu sagen, Subproletariat«, schrieb sie in ihrem fesselnden Memoirenband »Ungeteilte Erinnerungen«.

Der erste Film, in dem sie eine kleine Nebenrolle hatte, war *Les visiteurs du soir* (Marcel Carné, 1942). Sie trat auf, aber wurde noch nicht so recht wahrgenommen. Sie machte sich gut im Dirnenfach und mußte, um im Filmgeschäft zu bleiben, unvermeidlich weiter Dirnen spielen. Als solche eröffnet und beschließt sie Max Ophüls Film *La Ronde* (»Der Reigen«, 1950). Der Durchbruch kam mit der Hauptrolle in Jacques Beckers Film *Le casque d'or* (»Der Gold-

Mit Serge Reggiani in *Casque d'or*.

helm«, 1952), wo sie an der Seite von Serge Reggiani, der dann als
Sänger berühmt wurde, eine romantische Liebe aus der Unterwelt
um die Jahrhundertwende spielte. Der Goldhelm, das waren ihre
aufgetürmten Haare als Teil der Rüstung, mit der Diana in den
Kampf, zur Jagd zog: strahlend, unverletzlich, schön. Der englische
Kritiker und spätere Regisseur Lindsay Anderson schwärmte von
der Arroganz und Wärme, die von der Signoret in dieser Rolle aus-
gingen.
»In meiner beruflichen Laufbahn war *Casque d'or* eine wichtige
Etappe. Ich habe endlich entdeckt, daß man über diesen Beruf gar
nichts weiß und daß es darin nichts zu lernen gibt. Je älter man wird,
desto weniger Wissen braucht man darüber. Es gibt zwei Schulen:
die Schauspieler, die erklären, daß sie genau wissen, wie sie die Sache schmeißen werden, daß sie genügend Erfahrung haben, um diese oder jene Klippe zu vermeiden; und die andere Methode, die darin besteht, daß man keinerlei Methode hat. Das ist meine«, erklärte
sie kategorisch in ihren Erinnerungen. Natürlich hat ihr Spiel Methode, und sei es nur, eine gezügelte Form für ihre Impulsivität zu
finden.
Für ihre Rolle der zurückgesetzten, alternden Frau in *Room at the
Top* (»Der Weg nach oben«, Jack Clayton, 1958) erhielt sie als beste
ausländische Darstellerin den Oscar. Der Regisseur verfiel auf sie,
weil er fand, daß keine englische Schauspielerin sinnlich genug sei
für die Darstellung der sexuellen Wünsche einer frustrierten Hausfrau aus Yorkshire. Nun machte Hollywood Vorschläge, die alle auf
der gleichen Linie lagen und die Signoret alle ablehnte. Noch wollte
sie nicht nach Hollywood.
Sie spielte die Heldin in *Thérèse Raquin*, nach dem Zola-Roman,
den Carné 1953 verfilmte, sie spielte die mörderische Mätresse von
Paul Meurisse in dem Psycho-Thriller *Les Diaboliques* (»Die Teuflischen«, von Henri Clouzot, 1954), sie spielte die gestrandete Prosti-
tuierte – wieder einmal –, der im Dschungel eine bessere Zukunft
dämmert: bei Bunuels grandiosem Totentanz *La Mort en ce jardin*
(»Pesthauch des Dschungels«/«Der Tod in diesem Garten«, 1956) –
alles Rollen der Verruchtheit, des charaktervollen Zwielichts, der
Selbstbehauptung ohne Wehmut, der selbstgewonnenen Stärke ohne Edelmut.
Dazwischen lagen Ausflüge auf die Bühne. An der Seite von Yves
Montand spielte sie Arthur Millers *Hexenjagd*, das damals deutlich
sich auf die Hexenjagd auf linke Filmautoren in Hollywood und die
allgemeine Kommunismusphobie im Kalten Krieg Europas bezog.
Mit solchen Rollen nahm die Signoret offen Stellung. Beim Wagnis
allerdings, an der Seite von Alec Guiness auf der Londoner Bühne

124

die Lady Macbeth zu spielen, war sie schlecht beraten: Es hagelte Verisse. Große Erfolge hingegen hatte sie in der Bühnenfassung des Lillian Hellman-Stückes *Little Foxes*. (Auch die Autorin gehörte zu den vom Hexenjäger MacCarthy Verfolgten in Hollywood. Ihr Stück aufzuführen, war Ausdruck politischer Solidarität.) Hier verkörperte die Signoret die Rolle der Regina, in der (im Film von William Wyler, 1938) Bette Davis als unübertroffen galt. Es scheint kaum Zufall, daß die Signoret diese Herausforderung annahm, die zugleich eine Hommage an Bette Davis und auch Sympathie für Lilian Hellman war.

Die Filmrolle der alternden Prostituierten Bobolina im *Zorba the Greek* (Cacoyannis, 1965) gab Signoret nach einer Woche Drehzeit an Lila Kedrova ab, die dafür den Oscar erhielt. Nun sollte Schluß sein mit dem Ausverkauf der Weiblichkeit, dem Teufelskreis von Geld, Liebe, Abenteuer. In Stanley Kramers *Ship Of Fools* (»Das Narrenschiff«, 1965) spielte sie eine drogensüchtige Gräfin, die sich mit dem Schiffsarzt Oscar Werner auf eine flüchtige Affäre einläßt. Das waren keine glücklichen Rollen. Den Umbruch vom alten Fach ins Charakterfach markierte die Darstellung der Arkadina, Tschechows berühmter Heldin: der alternden, hemmungslos egoistischen Schauspielerin seines Stücks »Die Möwe« (*The Seagull*, 1968).

Der französische Autorenfilm, noch abseits der großen Industrie, entdeckte sie, und hier nun konnte die Signoret endlich die großen Rollen entfalten, in denen sie durch politisches Engagement und persönliche Betroffenheit überzeugen konnte. So als Résistance-Chefin, Madame Mathilde, in Melvilles Film *L'armée des ombres* (»Armee im Schatten«, 1969), an der Seite von Montand im Film um den Slansky-Schauprozeß in der CSSR: *L'Aveu* (»Das Geständnis«, 1970), als vereinsamte, aber phantasiereiche Hausfrau in *Rude journée pour la reine* (»Ein harter Tag für die Königin«, René Allio, 1973). In Jeanne Moreaus zweitem Film über eine etwas zu schön besonnte Kindheit in den 30er Jahren spielte sie, neben Edith Clever als Mutter, die Großmutter; ein kurzer, aber unvergeßlicher Auftritt. Volker Schlöndorff wollte sie für eine Rolle im Film *Die Blechtrommel* (1979) gewinnen.

»Treff mit Simone Signoret: wunderbar ihr verschlossenes Gesicht, beobachtend, abweisend und abwägend. Ganz Anna Bronski, die Urmutter, unter deren Röcken Oskar sich verkriechen will. Aber sie reist ungern, und sie fragt sich – mit Recht –, was gerade sie in einem so deutschen Film soll«, notierte Schlöndorff in seinem Tagebuch zur Verfilmung der *Blechtrommel*.

Gerade sie: Das erinnert schmerzlich an die Herkunft, an das Leben im Untergrund, die Lebensgefahr, in der sie als Jüdin im besetzten

Frankreich lebte. Ihr politischer Instinkt verbietet ihr, das Angebot von Schlöndorff anzunehmen, der diese Entscheidung angemessen respektiert. Einmal allerdings sollte die Signoret in einem nicht minder deutschen Film mitwirken: in Staudtes Verfilmung von Brechts *Mutter Courage*, die damals auf Brechts Betreiben von der Defa abgebrochen wurde. Signoret ließ sich für die Rolle der Yvette Pottier – eine französische Dirne – gewinnen.

»Weniger gut verstand ich, daß der Film eingestellt wurde. Eines schönen Morgens wurde uns mitgeteilt, daß Helene Weigel nicht mehr filmen wollte. Man setzte sich mit allen Schauspielerinnen auf der Welt in Verbindung, die die Mutter Courage schon gespielt hatten. Niemand ließ sich darauf ein, an ihre Stelle zu treten. Ich hatte noch einige Szenen zu drehen. Die Szenen mit der Mutter Courage drehte ich ohne Partnerin. Das Skriptgirl las den Text der Weigel, und der erste Kameramann bat mich, weder zu hoch noch zu tief zu blicken, da man nicht genau wußte, wie groß die neue Mutter Courage werden würde«, so erinnert die Signoret die Drehzeit in der DDR in ihrem Buch, das sie selbst »Die Nostalgie ist nicht mehr, was sie war« benannte.

Sie wurde in allerjüngster Zeit dem breiten Publikum in der von Frankreich übernommenen Fernsehserie *Die Untersuchungsrichterin* bekannt. Auch ihren größten Film strahlt das Fernsehen aus: *Madame Rosa* (Moshe Misrahi, Israel, 1977), der den Oscar für den besten ausländischen Film errang. Die Signoret spielt hier, nach dem französischen Bestseller »Du hast das Leben noch vor dir« von Emile Ajar, eine abgetakelte Pariser Dirne, die davon lebt, daß sie die nichtehelichen Kinder ihrer jüngeren Kolleginnen in Kost und Pflege nimmt. Es geht aber nicht um das Dirnenmilieu und pikante Blicke in die Halbwelt.

Madame Rosa führt ihre Kinderpension wie eine Volksschule. Sie bringt den Kindern Selbstbehauptung, Mut zum Leben bei. Der Schauplatz ist die sogenannte Goldküste in Paris: jenes Viertel nördlich der Gare de l'Est, in dem proletarisierte Arbeitsemigranten aus Afrika zu überleben suchen. Das ist eine harte Schule, und Madame Rosa ist eine strenge Lehrerin. Die schönste Lektion in Toleranz erteilt sie einem wildgewordenen Vater, der plötzlich seinen Sohn auf seine asoziale Seite ziehen will. Madame Rosa vertauscht die Papiere und Identitäten eines arabischen mit einem jüdischen Jungen wie Nathan seine Ringe. Erst in ihrem ergreifenden Sterben enthüllt Madame Rosa ihre jüdische Identität.

Simone Signoret hat sich für Rollen engagieren lassen, sich selbst aber für die Zeitgeschichte engagiert und gegen das Unrecht: ob in Ungarn, in Algerien, in Prag oder Chile als Künstlerin gekämpft.

»Ich habe Montand weinen sehen an dem Tag, als Allende starb. Man mußte etwas tun. Aber was? Das, wofür man begabt ist, das heißt, seinen Beruf ausüben. Man verschenkt seine Berufsarbeit, sein Talent, und das bringt Geld. Das ist sehr wichtig, das Geld, in solchen Fällen. Es kann zwar nicht die wieder aufwecken, die ermordet wurden, aber es kann denen, die im Exil leben, ein wenig helfen. Die chilenischen Flüchtlinge sind die letzten in einer langen Reihe von Exilierten, denen wir immer wieder begegneten.«

KWi

Literatur

Jean Améry: »Hommage à Simone Signoret« in: »Merkur«, Heft 361, Juni 1978.
Julius Fast: »Körpersprache«, Deutsch von Jürgen Abel, Reinbek 1979, rororo 7244.
Volker Schlöndorff: »Die Blechtrommel. Tagebuch einer Verfilmung«, Darmstadt und Neuwied 1979, Sammlung Luchterhand 272.
Simone Signoret: »Ungeteilte Erinnerungen«, aus dem Französischen von Gerlinde Quenzer und Günter Seib, Köln 1977.

Brigitte Bardot
Wildfang mit Schmollmund

**»... ein Heiliger würde seine Seele
dem Teufel verkaufen, um sie tanzen
zu sehen ...«**
Simone de Beauvoir

In den 50er Jahren war Brigitte Bardot Frankreichs attraktivster Exportartikel – vergleichbar etwa den Renault-Automobilen –, doch die Franzosen mochten sie nicht.

Simone de Beauvoir hat 1959 in einem Essay Erfolg und Wirkung des Stars analysiert. »Sie hat das Gesicht eines Hausmädchens«, faßt sie die Beobachtung vieler Französinnen zusammen. Daß BB außerdem klassische Tanzschritte beherrsche, erhöhe nur den Neid ihrer Geschlechtsgenossinnen, die nicht verstehen, »was an der dran sein soll«.

Die Franzosen sind der Meinung, daß »eine Frau ihren Sex-Appeal verliere, wenn sie auf die Kunstgriffe des Make-ups verzichte«, obwohl ihnen BB das genaue Gegenteil beweist. Doch das will keiner wahrhaben.

Aber es ist wohl nicht nur Neid, der die Franzosen gegen ihren Sexstar einnimmt, der in den USA und anderen Ländern Triumphe feiert.

Brigitte Bardot ist selbstbewußt, exhibitionistisch, sie wechselt die Partner nach Belieben. »Ihre Amoralität beunruhigt. Man duldet auf der Leinwand die Verneinung der anerkannten Moral unter der Bedingung, daß ihr eine andere entgegengestellt werde ...« (Siclier). Doch BB ist Naturkind, Fabelwesen, folgt ihrem Instinkt. Sie stellt nichts entgegen, sondern tut, was ihr paßt.

Zänkische Hausfrauen protestieren in Leserbriefen gegen ihre Existenz; als in Angers ein alter Mann von drei Tunichtguten umgebracht wird, gibt man ihr die Schuld, denn zur gleichen Zeit lief in der Stadt ihr Film *Et Dieu créa la femme* (»Und immer lockt das Weib«).

In *Viva Maria* kämpft Brigitte Bardot nicht nur mit den Waffen einer Frau, sie bringt auch ihr komödiantisches Talent voll zur Entfaltung.

129

Brigitte Bardot erhält zu dieser Zeit täglich dreihundert Fanbriefe von Jungen und Mädchen, in einem wahren Bardot-Kult werden ihre Kleider und ihre Frisur nachgeahmt, Schlagertexte auf sie geschrieben, Münzen mit ihrem Konterfei geprägt ... während eine sensationslüsterne Presse sie durch pausenlose Enthüllungen aus ihrem Privatleben zu brandmarken und gleichzeitig zu vermarkten versucht und professionelle Sittenwächter sie als Jugendverderberin und Monument der Immoralität denunzieren.

Von den beiden Italo-Kurven-Stars Lollobridgida und Loren abgesehen, ist es keiner Diva außerhalb der Domäne Hollywoods gelungen, internationalen Ruhm als Sexgöttin zu erringen. Im Falle Brigitte Bardot kam hinzu, daß sie einen neuen Frauentypus kreierte, dessen Reize nicht nur auf der Oberfläche lagen, wie der erbitterte Protest ihrer Gegner beweist.

Die äußeren Attribute ihrer Schönheit sind noch nicht vergessen: Von hinten eine schlanke, durchtrainierte Tänzerin mit fast androgynen Körperformen, überrascht sie von vorne durch eine überwältigende Weiblichkeit, die die Blicke der Männer magnetisch auf sich zieht. Gesteigert wird diese Wirkung durch ihren lasziven Gang, den berühmten roten Schmollmund – der wie kein anderer bei all seiner kindlich-naiven Unschuld zum Küssen einlädt –, die verwilderten blonden Haare, die ihr über die Schultern wallen, und ein paar verwaschene Jeans, in denen sie – gewöhnlich barfuß – herumläuft.

Le bride sur le cou (mit Michel Subor).

Was für ein Mensch steckt in dieser Verpackung? Simone de Beauvoir hält sie für ein Naturphänomen, sie ist gefühlvoll und kapriziös, alle Künstlichkeit ist ihr fremd. Offenheit und Kindlichkeit sprechen aus ihrem Gesicht. Sie ist gutherzig, in all ihren Filmen liebt sie Tiere. Sie ist eine Insel der Natur im Chaos der Zivilisation. Roger Vadim: »Eine Person, die blind ihren Instinkten folgt.«

Ende der 40er Jahre steckte das Kino in der Krise. Wie konnte man das Geschäft wieder ankurbeln? In einer Zeit, in der Frauen ihren eigenen Wagen fuhren, an der Börse spekulierten und nacktbadeten, schien eine Wiederbelebung des Vamps à la Dietrich oder Garbo nicht vorstellbar.

Wie sahen also die neuen Erotomaninnen, deren das Kino so dringend bedurfte, aus? Rehschlank und zart flimmern sie über die Leinwand, die Audrey Hepburn, Marina Vlady, Leslie Caron und Brigitte Bardot; als Kindfrauen bringen sie neue erotische Faszination in die Beziehung der Geschlechter: den Altersunterschied, der nötig zu sein scheint, um neues sexuelles Verlangen zu erwecken, und der die Aura des Dunkel-Geheimnisvollen ersetzt, die den Vamp umgab. Ein uralter Mythos wird wiederbelebt: Ein reifer Mann *verjüngt sich*, indem er sich mit einer jungfräulichen Lolita vereint.

Das Zusammentreffen mit Roger Vadim in der Redaktion der Zeitschrift *Paris-Match*, bei der BB für die Titelseite posierte, bedeutete für beide einen Glücksfall. Vadim, zuerst Regie-Assistent bei Marc Allégret, entwickelte sich zu einem der Avantgardefilmer des französischen Kinos vor der *nouvelle vague*. Spezialgebiet: Aufbrechen sexueller Tabus, verbunden mit der Kreation neuer erotischer Superstars. BB lieferte ihm dafür ideales Rohmaterial. Er heiratet sie, schreibt ihre Drehbücher, betreut ihre Karriere und macht schließlich eigene Filme mit ihr. Vadim: »Aggressivität und Verletzbarkeit zeichnen sie aus. Sie braucht immer Schutz gegen äußere Kontakte, hat Angst vorm Alleinsein ... Sie offenbart ... die Schwächen einer Frau.«

Am 28. 9. 1934 in Paris geboren, Industriellentochter, unbeschwerte Kindheit, Ballettschule, Fotomodell, jetzt Ehefrau von Roger Vadim, dreht sie innerhalb weniger Jahre zwanzig Filme, den ersten 1952, *Le trou normand*, in einer kleinen Rolle neben Bourvil; 1956 mit Vadim *Et dieu créa la femme*: ein Film, in dem sie als das vollkommene Nymphchen den Mythos Bardot begründet. Vadim über das Geheimnis ihres Erfolges: »Sie schauspielert nicht, sie existiert.« Als Juliette sagt sie in diesem Film: »Ich lebe, als könnte ich jeden Augenblick sterben.«

Eine hinreißende junge Frau bietet in der ersten Sequenz ihren nackten Körper der Sonne dar ... Der Zuschauer wird zum Voyeur.

En cas de malheur (mit Franco Interlenghi).

Vadim macht sich auch im weiteren Verlauf nicht die Mühe, seine Geschichte einfühlsam zu erzählen oder lebendige Charaktere zu zeichnen. Brigitte Bardots Juliette ist mit Intentionen überladen und damit unglaubwürdig, der Jet-set-Hintergrund von St. Tropez bleibt austauschbar und beliebig. Das Opus – abgetrennt von jeglicher Realität – ist ein provokantes Arrangement filmischer Versatzstücke, mit dem wollüstigen Wildfang BB im Mittelpunkt, der mit gleichgültigen Blicken die Männer verhext, einen schwülen Mambo tanzt und in einer charismatischen Kußszene seine heiße Botschaft in das Halbdunkel des Kinoraumes aussendet. Die Direktheit des sexuellen Aktes traf den Zuschauer, der nicht an Pornos, sondern an dezent-verklemmte Hollywood-Kost gewöhnt war, völlig unvorbereitet:
»Brigitte Bardots unbefangene Sexualität ... die nackten Brüste, das Höschen (das ins Bild kommt), und ihre Entkleidung durch den Mann waren damals ... etwas völlig Neues.« (Vogel.)
Man kann Roger Vadim als modischen Stilisten abtun, immerhin hat er es geschafft, in den prüden, heuchlerischen 50er Jahren den erotischen Funken überspringen zu lassen, auch wenn er Brigitte Bardot dabei als Sexobjekt vermarktet und Person und Image in diesem Fall nicht zur Deckung bringen kann. Daß die wahre BB dadurch nicht allzusehr geschädigt wurde, zeigt die Tatsache, daß sie noch wäh-

rend der Dreharbeiten Vadim verließ und ein Verhältnis mit dem Hauptdarsteller Christian Marquard beginnt.

Unverfälscht in diesem Film bleibt ihre erotische Ausstrahlung. Sie ist nicht magisch, sondern aggressiv; im Spiel der Liebe wird sie zwar erobert, trotzdem übernimmt sie nicht die Rolle des Wildes, sondern die des Jägers.

Wenn BB in ihren Filmen auf die abschüssige Bahn gerät, besteht immer die Möglichkeit, daß ein Mann sie rettet. Sie tritt auf wie eine Naturgewalt, so lange, bis ein Mann sie zähmt. An diesem Punkt haben ihr die Drehbuchschreiber eine fast konventionelle Rolle zugedacht, die man ihnen nicht ganz abnimmt. Der Sieg der Männer über BB erscheint unglaubwürdig. Da sie sich als Frau absolut gleichwertig fühlt, blickt sie nie zu einem Mann auf, sondern läßt ihn fallen, wenn sie von ihm genug hat. Für sie sind Männer Objekt, genau wie sie für Männer Objekt ist. Simone de Beauvoir hat BB eine enge Verwandtschaft mit den Romanfiguren von Françoise Sagan attestiert – was die Bardot übrigens zurückgewiesen hat. Simone de Beauvoir: »Sie ist weder moralisch noch unmoralisch. Sie kritisiert niemand, kümmert sich aber auch nicht um die Meinung der Leute . . .«

Sie ißt, wenn sie hungrig ist, und geht mit einem Mann ins Bett, wenn sie Lust dazu hat. Liebe und Vergnügen überzeugen sie mehr als Regeln und Konventionen. Sie stellt keine Fragen, aber ihre Antworten erscheinen in ihrer Offenheit nachahmenswert. Deshalb hat Brigitte Bardot die Jugend auf ihrer Seite. »Moralische Fehltritte lassen sich korrigieren, aber wie kann man BB von dieser verwirrenden Tugend *Unverfälschtheit* kurieren?« (Beauvoir.)

Brigitte Bardot bewunderte James Dean.

Simone de Beauvoir: »Die Besessenheit seines fieberhaften Lebens, seine Leidenschaft für das Reine, Absolute, ein Gespür für die Nähe des Todes, das sind – vielleicht nicht ganz so extrem wie bei Dean – auch Züge Brigitte Bardots.« Das mag pathetisch klingen, doch kann man nicht übersehen, daß BB in der Kompromißlosigkeit ihrer Haltung das Credo einer Jugend verkörperte, die gegen Werte wie Sicherheit, gegen vergebliche Hoffnung und ärgerliche Zwänge opponierte.

Vier oder fünf Filme seien gut von den über vierzig, sagte sie einmal, den Rest könne man vergessen. Zu den interessanten, wenn vielleicht auch nicht geglückten Filmen, zählt *Vie privée* (»Privatleben«, 1962) von Louis Malle. Der Regisseur versucht, in Reflexionen über den Starmythos die Veränderungen im Selbstverständnis der Heldin widerzuspiegeln. Das Werk bedeutet »die filmische Liquidation eines Mythos« (Patalas).

Einer der wichtigen Titel am Beginn ihrer Karriere war Marc Allé-

133

Le repos du guerrier (mit Robert Hossein).

grets *En effeuillant la Marguerite* (»Das Gänseblümchen wird entblättert«, 1956), in dem sie ein junges Mädchen verkörperte, das von zu Hause ausreißt und die gewagtesten Abenteuer in der Metropole besteht, eine Rolle, die ihrer Biographie nahe kam.
Die spezifische Wirkung ihres Sex-Appeals lag im Komödiantischen.

Viva Maria, 1965, eine surreale Revolutionskomödie, ist dafür das gelungenste Beispiel. Ort der Handlung: ein imaginäres mittelamerikanisches Land. Der Regisseur Louis Malle stellt die Formel, daß Revolutionen von Männern gemacht werden, auf den Kopf. Seine beiden Wanderschauspielerinnen Maria I und II, dargestellt von Jeanne Moreau und Brigitte Bardot, die mit einem Zufalls-Striptease Erfolg haben, werden immer tiefer in die wild wogenden Kämpfe verstrickt und verhelfen am Ende durch ihre mitreißende Aktivität der Revolution zum Sieg. Eine Mischung aus Spaß, Sex und Abenteuer, in der BB alle ihre Vorzüge ausspielen kann.

In Jean-Luc Godards Film *Le mépris* (»Die Verachtung«, 1963) stellt BB überzeugend dar, wie die Direktheit und Intensität ihrer Gefühle für einen an sich selbst zweifelnden Schriftsteller allmählich in Verachtung umschlägt und die Kraft einer sinnlich-starken Frau einen zaudernden Mann zerbricht. Das erotische Triebwerk Bardot wirkt hier sehr zurückgenommen ... Godard demoliert ihren Mythos, ohne ihn zu denunzieren: Als die Kamera langsam über ihren nackten Rücken fährt, entkleidet er sie und zieht sie durch einen Rotfilter gleichzeitig wieder an.

Über ein Jahrzehnt hat sie das Publikum fasziniert durch die sich wandelnden Gesichter der immer gleichen Brigitte Bardot: Sie war das sinnlich-mürrische kleine Mädchen mit der Löwenmähne und die Komödiantin, die kultivierte Pariserin mit Ansichten, die tragische Heroine und das Nymphchen, die zärtliche Freundin und kleine Madame aus dem 16. Arrondissement, die versteht, ihr Geld anzulegen.

Mit vierzig hat Brigitte Bardot verkündet, daß sie sich endgültig aus dem Filmgeschäft zurückziehen werde. Seither hört man gelegentlich von ihr, wenn sie mit ihren Freunden gegen die Robbenschlächter in Grönland zu Felde zieht.   hei

Literatur

Simone de Beauvoir: »Brigitte Bardot and the Lolita Syndrome«, London 1959.
Peter Evans: »Bardot: Eternal Sex Goddess«, London 1972.
Enno Patalas: »Stars – Geschichte der Filmidole«, Frankfurt 1967.
Jacques Siclier: »Le mythe de la femme dans le cinéma français«, Paris 1956.
Amos Vogel: »Kino wider die Tabus«, Luzern 1979.

Maria Schell
Blondes Gemüt

> »Niemand weint so schön und schnell
> wie im Film Maria Schell.«
>
> **Volksmund**

Der Tränenverlust des deutschen Kinogängers war in den 50er Jahren, kurz nach einem entbehrungsreichen Krieg, enorm. Der Nachkriegsfilm, voll von Romantik aus dem Herrensitzmilieu, zielte in erster Linie auf Hausfrauen, die von Küche, Kind und Kirche weitgehend abgebaut worden waren. In einem Kinoklima, wo bald der enervierende Frohsinn von Hans-Albers-Mottos wie »Junge, gib mal die Trompete her!«, bald die weinerliche Schnulze das Publikum bedrängten, verpaßte der Film geschwätzig und larmoyant die historische Chance einer grundlegenden Erneuerung.

Die Filmmenschen, ihre »Ferien vom Ich« (so der Titel eines charakteristischen Lichtspiels jener Jahre) genießend, orteten ihr zeitbezogenes Idol in der ganz von innen strahlenden Maria Schell, die, bisweilen ungewollt, bisweilen im hemmungslosen Überziehen ihrer tragischen Talente, den emotionalen Raubbau verursachte. Als charakteristische Konstante von Schnulzen fand sich das ungeschminkte Film-Seelchen – geschminkt nur von der Frische der Schweizer Berge – erst sehr willig, später immer unlustiger darein, Leinwandassistentin der Tränenspende zu sein, die das Publikum im Kino zu geben bereit war.

Samariteruniformen standen ihr am besten. Schlachtfelder – des Krieges, der Gefühle, bürgerlichen Ehrgeizes – waren ihre bevorzugten Habitate. Mit dem Charme einer Stationsschwester ließ sich Maria Schell als Zentralfigur sentimentaler Liebesgeschichten mit zeitgeschichtlichem Hintergrund so lange standardisieren, bis sie, als Schmerzkader ausgebrannt, im Ausland künstlerische Zuflucht suchte. Da hinterließ sie ein verlustreiches Loch im Filmgeschäft. Ihre weltberühmte Strahltechnik, die atemberaubenden Stimmungsumschläge – mal aufgekratzt wie eine unverdrossene Vierzehnjährige, mal ganz Kraftlosigkeit, immer sehr blond an Haupt und Gemüt – schienen unersetzlich.

Dabei war sie kein Studio-Produkt. In erster Linie ambitionierte

Schauspielerin, der Verkleidungen nicht besonders lagen (»Ich bin ein moderner Mensch«), galt sie, die Diva nicht von Diwan ableiten mochte, dennoch als typische Kreation der 50er. Die ihr eigene Auffassung von Treue, Aufrichtigkeit, Freundschaft, ihre gezielt altmodische Gefühlswelt (»Ich brauche beim Filmen weder Diskussionen noch Vorträge, ich brauche Liebe, nur ein bißchen Liebe«), von einem ganz heutigen Denken beleuchtet, aber nicht durchdrungen, ließen sich vom seichten Geist jener Zeit so lange instrumentieren, bis ihr Talent verstimmt war.

Diese robuste und humorvolle Frau, die nach Maßgabe ihrer privaten Bedürfnisse lebte und Skandale in den tränenfreien Passagen fernab der Leinwand mied, zeichnete schon früh aus, was man ihr Erfolgsgeheimnis nannte: Intelligenz, Konzentration, Zähigkeit. Die 1926 in Wien geborene Margarethe »Gritli« Schell kam aus ärmlichen Verhältnissen. Ihr Vater, ein wenig erfolgreicher Schriftsteller, und die schauspielende Mutter zogen kurz vor Kriegsbeginn nach Zürich, wo Gritli ins Büro ging. In der Klosterschule von Colmar war ihre Schauspiellust erwacht, sie setzte sie am Zürcher Rudolf-Bernhard-Theater und danach als Komödiantin in Biel-Solothurn in Szene. Als sie in Bern für vierhundert Franken im Monat spielen darf, wird das mattblonde Energiebündel mit dem transparenten Gesicht als idealem Medium ihrer Gefühle und Gedanken mit der jungen Elisabeth Bergner verglichen.

Seit Karl Hartls *Der Engel mit der Posaune* (1948, mit Oscar Werner), dem ersten großen österreichischen Nachkriegsfilm, ihrer ersten Filmrolle, heißt sie *Maria* Schell. Alexander Korda, der ungarische Produzent und Regisseur, dessen Verdienste um den britischen Film ihm den Adelstitel eintrugen, holte die ehrgeizige Darstellerin mit einem Sieben-Jahres-Vertrag in die Shepperton-Studios nach London. So schnell wollte die Fünfundzwanzigjährige mit dem Hintergrund der steirischen Berge dann aber doch kein internationaler Star sein. Noch während *The Magic Box* (»Der magische Kasten«, 1951) entstand, die Geschichte des englischen Fotografen William Friese-Greene (Robert Donat), der mit Kamera und Projektor ein Pionier der Kinematographie war, ging sie zurück und drehte in München *Dr. Holl* (1951), ein Melodram im Stil der 20er Jahre.

Dieser, ihr zweiter deutscher Film, dessen Name und Machart eine Heftchenserie erfolgreich bis in die 60er Jahre hinein ausbaute – nach der in Göttingen abgekurbelten bittersüßen Liebesgeschichte aus dem deutsch-französischen Krieg *Es kommt ein Tag* (1951 und ebenfalls mit Dieter Borsche) – wurde ein Kassenschlager. Sechs Millionen in einem Jahr sahen das beliebteste Filmpaar jener Zeit in einem Lichtspiel, das die Schell als ebenso schwerreiche, wie schwer-

Mit Dieter Borsche in *Dr. Holl*.

kranke Industriellentochter zeigt, die durch ein medizinisches Wundermittel und das Wunder der Liebe des Dr. Holl (natürlich Dieter Borsche) gerettet wird.
Nach diesem Film trennte sich das seit Willy Fritsch und Lilian Harvey beliebteste Lichtspieldoppel, und Maria Schell wurde mit O. W. Fischer zum Dauerpaar zusammengespannt. Der *homme fatale*, dessen intellektuelle Nervosität einen Zug ins Dämonische hatte, ohne daß dadurch die Frisur in Unordnung geraten wäre, hatte das über den Zuschauer hereinbrechende strahlende Lächeln ebenso zum Zentrum seiner Selbstinszenierungen machen können wie Maria Schell. Drei Filme später waren der wohlausschauende Narziß, der nur Ausnahmemenschen spielen mochte, und die Schell das wirkungsvollste Paar der deutschen Filmgeschichte. Diese drei Lichtspiele: *Bis wir uns wiedersehen* (1952) – die Schell begegnet uns als Lungenkranke –, *Träumender Mund* (1952), ein *Remake* des frühen Elisabeth Bergner-Erfolges, in dem die Schell den Freitod unentschiedener Liebe vorzieht, und *Solange du da bist* (1953) wo sie eine Unfallkranke darstellt, die Liebe und Film aufgibt, verschafften Maria Schell gute Gelegenheit, ausgiebig zu weinen. Wenn auch die Zuschauer den Tränenquell Maria Schell begehrten, verwarfen sie doch ein Zuviel an Tragik. Der Selbstmord des Stars in Josef v. Bakys *Träumender Mund* wurde bei einer Publikumsumfrage mit 90 Prozent so rigoros abgelehnt, daß eine Zweitfassung am Schluß die lebende Schauspielerin entlassen mußte, allerdings unentschlossen durch die Straßen irrend, weil sie sich weder für den Mann noch für den Geliebten zu engagieren wußte. Solch moralische Inkonsequenz

Ungeschminkte Leistung (in *Die letzte Brücke*).

der Produzenten wurde zur zeitgemäßen Dramaturgie des offenen Schlusses umgedeutet.

Ihren eigentlichen Karrierebeginn als internationaler Star, was ihr eine größere Souveränität bei der Auswahl deutscher Stoffe ermöglichte, erreichte die Schell in der österreichisch-jugoslawischen Co-Produktion *Die letzte Brücke* (1954). Das in 76 Drehtagen von Helmut Käutner hergestellte Werk zeigt sie als Kinderärztin Helga Reinbeck, die 1943 zwischen Mostar und Sarajewo als Rote-Kreuz-Schwester arbeitet. Von Partisanen entführt, leistet sie diesen erst gezwungen, dann freiwillig, Erste Hilfe. Zwischen den Fronten stirbt sie schließlich, nachdem ihr Auftrag, Beistand ohne Ansehung der Fronten, mit menschlichem Pathos erfüllt ist.

Das glaubwürdige Werk, Feiertöne fast vermeidend, ein Film »ohne Schminke, ohne Doubles, ohne Atelier« (Käutner), wird auf Weltfilm-Niveau hochgelobt, demgegenüber »nur das Publikum durchfallen kann«. Tatsächlich bricht der Film wie ein Sturzbach über die dürre deutsche Zelluloid-Landschaft herein, wird Sieger in Cannes, und Maria Schell, nicht sentimental, sondern einfach und überzeugend, öffnen sich, als Erbin Ingrid Bergmans gepriesen, die ausländischen Studios.

Weil ganz Cannes für sie die Augen Romeos hatte (wie der »Franc-Tireur« es sah), wird die Julia Maria Schell zwei Jahre später nach Frankreich zurückkehren, um dort *Gervaise* zu drehen. Vorerst warten jedoch in Deutschland plötzlich ernsthafte Rollen auf sie.

Die Ratten (1955), der naturalistische Stoff nach Gerhart Hauptmanns Drama, zeigt sie, entgegen ihrem von Fanmagazinen protestierend eingeklagten Image der schönen, tragischen Liebhaberin, in der Maske der dumpf-kreatürlichen Pauline Karska, einem eckigen, unfertigen Mädchen, das um ein adoptiertes Kind kämpft. *Rose Bernd* (1956), Wolfgang Staudtes erster Film in der Bundesrepublik, das Drama um eine Kindesmörderin, war ihr nächster ungeschminkter Charakterentwurf. Staudte – mit ihm und Käutner filmte die Schell am liebsten – schuf einen sorgfältig ausgemalten Bilderbogen von Personen und Landschaften, dem die Schell ihre ernstesten Talente beisteuerte.

Weniger erfolgreich war *Liebe* (1956), nach Vicky Baums Roman »Vor Rehen wird gewarnt«, unter der Regie von Horst Hächler, den Maria Schell bei den Dreharbeiten zu *Die letzte Brücke* kennengelernt hatte. Mit ihm war sie von 1957 bis 1965 verheiratet. Als wilhelminische Nymphe, die aus vertrotzter Liebe zu einem Kunstgeiger (Raf Vallone) boshafte Backfischallüren aktiviert, um eine für sie unvorteilhafte Beziehung zu zerrütten, war die Schell unangestrengt virtuos, konnte das dünne Werk aber nicht retten.

Emile Zolas naturalistische Studie »L'Assommoir«, unter dem Filmtitel *Gervaise* (1956) von René Clément auf die Leinwand gebracht, wurde die beste Leistung des Stars. Als tatkräftige, adrette Titelheldin, Wäscherin und Kleingewerbetreibende in einem Pariser Arbeiterviertel des vorigen Jahrhunderts, die von zwei Männern ruiniert wird und als Alkoholikerin endet, ist sie Mittelpunkt eines herben, milieuechten Werks. Mit virtuosem *soul-appeal* und vitaler Wärme gewinnt die Schell der düsteren, dramaturgisch nicht immer überzeugend entwickelten Geschichte intensive Züge ab.

Der Film brachte ihr auf der Biennale 1956 Anerkennung als beste Schauspielerin des Jahres und einen MGM-Vertrag, der in fünf Jahren die Mitwirkung an fünf Filmen sicherte.

Nach zwei Werken schon hatte sie Hollywood, das für siebzig Nationen produzierte, erobert. *The Brothers Karamazov* (»Die Brüder Karamasow«, 1957) mit Yul Brunner, bei dem die an Stanislawski orientierte Schell das untertriebene »Wegspielen«(!), jene »eigentliche Schule des Films« (Schell) schätzte, und *The Hanging Tree* (»Der Galgenbaum«, 1959) mit Gary Cooper bescherten ihr einen Platz unter den fünf besten Hollywood-Stars. Schon 1958 war sie nach einer Umfrage unter 2000 amerikanischen Filmkritikern der Filmzeitung »Film Daily« als »Entdeckung des Jahres 1958« gefeiert worden.

Weitere Auslandserfolge kennzeichneten diese Schaffensphase, in der Maria Schell als vielseitige Darstellerin literarischer Stoffe glänzte. *Le Notti bianche* (»Weiße Nächte«, 1958), ihren zweiten Dostojewski-Stoff, verfilmte Luchino Visconti mit der Schell als Natalia, die hier in lyrischem Liebesfernweh schwelgen konnte (Silberner Löwe, Venedig 1958). *Une vie* (»Ein Frauenleben«, 1959) nach Maupassant zeigte sie als erniedrigte und betrogene Ehefrau, weit weniger schnell von Gefühlen überwältigt als in entsprechenden Rollen zuvor.

In solchen internationalen Arbeiten gab der Star die heitere, verspielte Frau, deren natürliche Erotik um so aufregender wirkte, wenn sie, unter Vermeidung sonstiger manirierter Kompensationsakte, zum Zentrum ihrer Darstellung entfaltet wurde (*Gervaise, The Brothers Karamazov*). In solchen Momenten stand die Schell ganz auf der Seite des Zuschauers, der das Spannungsverhältnis auf der Leinwand von körperlicher Eindeutigkeit des Filmstars und seinem vieldeutigen Ersatzverhalten auflösen konnte.

In Deutschland verhäkelte sich die Filmindustrie immer katastrophaler in Einfallslosigkeit. Dort lauerte auf Maria Schell ein z. T. selbstverschuldetes Image, um das die Fanpost zirkulierte. Ihre notorische Reinheit sollte nicht den Mann, sondern den guten Onkel im Zuschauer erwecken. Wenn Virtuosität zum Produktwert verkommt, werden Darstellungen maniriert. Die Gefühlstechnik der Schell wurde es. Die Augen, schnell bereit, sich vor der blendenden Helle des Schmerzes zu schließen, gefurchte Stirn, halbgeöffneter Mund – eine Ikone des Leids. So wollte man sie. Ihre Stimme: immer ganz von Gefühlen durchnäßt, mal neckisch und albernd, mal über die Stimmbänder schrammend wie ein falscher Gang im Getriebe, mal kichernd naiv, mal nuanciert schluchzend, noch das letzte Funktionswort mit anstrengendem Gemütswechsel strapazierend – so die Stimme, so die ganze Person.

Ein anderes Image hätte den deutschen Filmstandard der 50er Jahre nachhaltig verwirrt. Wo Dialoge zum Vordergrundgeräusch verkamen und sinnliche Erkenntnis als Kassengift galt, hievten die Buchhalter des Zelluloids sechs eiserne Prinzipien des Erfolgs auf die Ladentheke: 1. nur sympathische Helden, 2. keine dramaturgischen Komplikationen (wie Rückblenden, etc.), 3. immer ein Happy-End, 4. viel Heimat und Getier, 5. Sangesgut aus allen Röhren, 6. Humor in unbarmherziger Dosierung (»immer wat zum Lachen« – Ilse Kubaschewski).

Um dieser »geistigen Panik« (Maria Schell) zu entkommen, fand der Star einen Fluchtweg über forcierte Gagenansprüche und Mitbestimmungsforderungen.

Natürliche Erotik als Zentrum der Darstellung (mit Yul Brynner in *The Brothers Karamasov*).

Hatte sie schon mit den Vertragsbedingungen zu *Rose Bernd* – persönliche Absegnung aller Stand- und Pressefotos, Plakat- und Anzeigenentwürfe, Genehmigung des Filmvorspanns, der ausgewählten Premierentheater und -termine, usw. – die Produzenten erschreckt, so brachten ihre Zahlen nun die Rechenschieber zum Klappern. 200 000 Mark Durchschnittsgage und bis zu 50 Prozent Gewinnanteile, durch Auslandsproduktionen noch angeheizt (*The Brothers Karamazov:* 420 000 Mark), ließen die Filmmogule zu Geheimkonferenzen zusammenhasten. Dabei hatten sie die durch ausländische Marktwerte importierte Honorarinflation, die den Spitzenstar als Kassenmagnet gegen die Fliehkraft eines Publikums favorisierte, das dem Fernsehen verfiel, kräftig gefördert.

Im Februar 1960 fiel die Klappe des Gagenstopps. Ohne die betroffenen Filmstars anzuhören, beschloß der Filmproduzenten und -verleiherverband, sensibel über sein selbstgesetztes Gagenlimit von 100 000 Mark zu wachen. Jedem Honorarbrecher drohte ein ausgeklügeltes Bestrafungssystem mit Konventionalbußen, die weit über den oberen Gagengrenzen lagen. Die Stars wurden an dieser Börse wie Prämienvieh gehandelt, Arbeitsemigranten wie Schell und Romy Schneider nicht mehr notiert.

Das Publikum bestaunte die Amokläufe einer Branche, die ihre eigene Misere auf Sündenböcke projizierte und die Stars fand. Mit den Arme-Leute-Reden der Filmbranche verschwand der letzte Glanz deutscher Traumfabrikation.

Maria Schell gründete daraufhin (1962) zusammen mit O. W. Fischer, Lili Palmer und ihrem Bruder Maximilian Schell die »Star Allianz Filmproduktionsgesellschaft mbH«, in der Hoffnung, ähnlich erfolgreich Unabhängigkeit zu erwirken wie ihre Vorbilder D. W. Griffith, Douglas Fairbanks sen., Charles Chaplin und Mary Pickford, die 1919 die US-Produktionsfirma »United Artists« ins Leben gerufen hatten.

Der Erfolg blieb bescheiden, der Gagenstopp war andererseits ohnehin nicht haltbar. Die Branche trippelte von einem kurzfristigen Erfolg zum nächsten Irrtum. Etwas war von Grund auf falsch.

Diesem Brachland konzeptloser Filmgärtner wurde Maria Schell zunehmend entfremdet. Geprägt von ihrem Nachkriegsimage, hielt sie sich in Randzonen des Erfolgs und verlief sich hin und wieder in jene spekulativen Lichtspiele (*Das Riesenrad*, 1961), die mit den Ausnahmeemotionen von Krankengeschichten operierten.

Am lodenbewehrten Arm gestutzter Nachkriegshelden mit dem Kodex von Offiziersanwärtern, die in eine Liebesbeziehung gingen wie in einen Gottesdienst, war sie durch die 50er Jahre geschritten. Dazu hatten – just als die deutsche Natur zur Müllhalde der Industrie zu verkommen sich anschickte – entweder die ewigen Wälder gesungen oder innige Chöre im *off* Lieder vom anständigen Innenleben, von Treue und Geistesadel.

Dies biedere Licht- und Schattenland war passé. Maria Schell heiratete sich in die Schweiz zurück, wo sie mit Sohn Oliver Christian aus erster Ehe und Tochter Maria aus der zweiten mit dem Maler Veit Relin sich zu regenerieren gedachte.

Schalkhaft, gescheit betrachtet dort der mattblonde, charmante Star, der kluge Star, auf dem Kamin das Rudel seiner nicht unverdienten sechs »Bambis«.

B. S.

Literatur

Curt Riess: »Das gab's nur einmal«, Bd. 5, Wien–München 1977.
Lillian und Helen Ross: »The Player. A Profile of an Art«, darin: Interview mit M. S., New York 1962.
Mato Weiland: »Maria Schell«, Wien 1959.

Marlon Brando
Der Wilde

Frage: »Was machen Sie?«
Brando: »Ich schneide Gesichter!«

An einem sonnigen Septembertag des Jahres 1949 stieg ein junger Mann in einem Vorort von Los Angeles aus dem Zug. Er war bekleidet mit seinem einzigen, etwas löcherigen Anzug, in seinen Händen trug er zwei Koffer voller T-shirts und Blue jeans.
Die Rolle des rohen Polen Kowalski in Tennessee Williams' Theaterstück *A Streetcar Named Desire* (»Endstation Sehnsucht«) hatte ihn berühmt gemacht, und nun kam er an in Hollywood mit seinem ersten Filmvertrag in der Tasche. Stanley Kowalski ist ein harter, gewalttätiger Kerl, der seine schöne Schwägerin vergewaltigt und in den Wahnsinn treibt.
Der junge Marlon Brando hatte dieser Figur unverwechselbare Züge verliehen, er war so nahtlos in der Gestalt dieses aufrührerischen Außenseiters aufgegangen, daß Brandos Image für viele Jahre mit diesem Typ identisch wurde: dem knochenharten Burschen im verschwitzten Unterhemd, der mit stierem Blick Dosenbier in sich hineinlaufen läßt, sich entweder maulfaul-schwerfällig artikuliert oder um sich schreit und schlägt.
Als das Stück 1951 verfilmt wurde, war Brando-Kowalski mit einem Schlag bekannt, jeder zweitklassige Conferencier Amerikas versuchte, seine Masche zu kopieren.
Der Brando von damals hat sich seither durch frappierende Verwandlungen, narzißtische Selbstbespiegelungen und schauspielerische Exzesse – Motorradrocker, Sexmaniak, Wounded-Knee-Indianerkämpfer, glatzköpfiger Dschungelkönig – zu einem Giganten des Hollywood-Star-Kinos entwickelt. Er ist das letzte noch lebende Monstrum des klassischen Breitwandfilms, Senkrechtstarter, Autodidakt, Antiheld, Oscar-Verschmäher und fett gewordene Legende: kein Charakterschauspieler, sondern ein Menschendarsteller, der keinen anderen besser spielen kann als den unvergleichlichen Marlon Brando.
Als aggressiv-brutaler Kowalski war er nicht sehr glücklich, denn er

147

selbst ist das Gegenteil dieses Typs, nach Elia Kazan »möglicherweise der sanfteste Mensch, den ich je kennengelernt habe«. Erschrekkend, wie sich Brandos engelhaft-sanfte Züge als Kowalski in Sekundenschnelle chamäleonartig in eine bösartige Fratze verwandeln konnten.

Von der ersten Sekunde seines Auftretens in der Traumstadt war klar, wer er war: der Outlaw, der Rüpel, der sich nicht um die Riten Hollywoods scherte. Er demonstrierte das nicht nur durch seinen unstandesgemäßen Aufzug – Blue jeans und Lederjacke, für die damalige Zeit eine unerhörte Provokation –, er betitelte auch die beiden berüchtigten Klatschkolumnistinnen Louella Parsons und Hedda Hopper als »die Fette« und »die mit dem Hut«. Damit ist ein weiterer Zug Brandos benannt: seine Kaltschnäuzigkeit, mit der er erst einmal Furore machte.

Ein Querschnitt durch seine ersten sechs Filme zeigt, daß sich Marlon Brando von Anfang an dafür entschieden hatte, nur Charaktere mit gesellschaftskritischem Hintergrund zu spielen: In seinem ersten Film *The Men* (»Die Männer«, 1950) war dies ein querschnittsgelähmter Kriegsversehrter, der im »normalen« Leben nicht mehr zurechtkommt. In *Viva Zapata!* (1952) spielte er den legendären mexikanischen Revolutionär, in *The Wild One* (»Der Wilde«, 1953) einen Motorrad-Rocker, der mit seiner Gang ein Dorf terrorisiert und dabei von den Einwohnern um ein Haar gelyncht wird; dieser Film begründete Brandos Mythos als Halbstarker und machte ihn zu einem Vorbild für die Jugend. Schließlich der bedeutsamste Film seiner frühen Jahre: *On the Waterfront* (»Die Faust im Nacken«, 1954); hier gerät er als New Yorker Hafenarbeiter in die Machenschaften der korrupten Gewerkschaften und wird brutal zusammengeschlagen, als er opponiert.

Er bekam für seine Darstellung in diesem Film den Oscar (den er früher einmal als »einen Eimer voller Scheiße« bezeichnet hatte, den er höchstens als »Türklopfer« benützen würde), allerdings bedeutete dies nicht, daß er sich nun mit dem Establishment Hollywoods arrangiert hatte.

Begonnen hatte alles in der Provinz. Am 3. April 1924 wurde Brando in Omaha/Nebraska geboren. Vater: Marlon Brando senior, Kaufmann in Kalkprodukten, den, so Brando junior, »nichts von dem, was ich tat, je interessierte«. Mutter: Dorothy Pennebaker, blond und hübsch und mit einer Vorliebe für die schönen Künste. Sie dichtete, malte und spielte Theater. Höhepunkt ihrer Laufbahn als Amateurschauspielerin: ein Auftritt mit Henry Fonda im *Omaha Playhouse Theatre*.

Die Familie landet 1936 in Libertyville, einem idyllischen Kleinstädtchen in Illinois. Sie bewohnt ein großes Farmhaus mit einem Garten voller Apfelbäume, hält Hühner, Kaninchen, Pferde; Bud – das ist Marlons Spitzname – muß die Kuh melken. (Details aus seiner Jugend in Libertyville verarbeitet er in dem Film »Der letzte Tango in Paris«.)

Schon als Junge haßt es Bud, wenn man ihm sagt, was er tun soll. Mit seiner Indolenz treibt er alle Lehrer zur Weißglut. Ergebnis: Er wird von allen Schulen gefeuert, zuletzt von der Militäranstalt, in der er Bomben gebastelt hat.

Mit neunzehn kommt er 1943 in New York an, arbeitet als Fahrstuhlführer, Lastwagenfahrer, Limonadenverkäufer und besucht zur gleichen Zeit die Theaterwerkstatt der *New School of Social Research*. Er belegt nicht nur Kurse in Tanz und Fechten, auch Yoga, Französisch, Kunst und Philosophie stehen auf dem Programm.

Trotz seiner Vorliebe für Clownerien, Maskeraden und falsche Bärte erkennt die Leiterin der Klasse, Stella Adler, daß sie in Brando ein großes schauspielerisches Talent vor sich hat: Man sagt ihm nach, daß er einen Menschen nur zehn Minuten zu beobachten braucht, um ihn perfekt imitieren zu können. Schwierigkeiten bekommt er mit Erwin Piscator, dem Chef des Dramatic Workshop, unter dessen Regie er in ersten Klassikeraufführungen (*Hedda Gabler*) mitspielt. Piscator läßt auf einer Sommertournee der jungen Truppe nachts den Kühlschrank verriegeln, doch Brando gelingt es immer wieder, ihn zu öffnen und ein Stück Käse oder Roastbeef zu entnehmen. Bei der morgendlichen Inspektion schäumt Piscator jedesmal vor Wut über den frechen Dieb. Als der preußische Tyrann Marlon bei einem Tête-à-tête mit einem weiblichen Mitglied der Truppe erwischt, feuert er ihn kurzerhand. Trotz dieses Rauswurfs bekommt Brando im Herbst 1944 sein erstes Broadway-Engagement in dem Stück *I Remember Mama*. Er erhält gute Kritiken, kann sich ein Apartment leisten.

An Brandos sich unaufhaltsam anbahnender Karriere waren zwei Menschen maßgeblich beteiligt: Stella Adler und der Regisseur Elia Kazan.

Miss Adler vermittelte ihm eine Rolle in einem Stück von Maxwell Anderson: *Truckline Café*. Das Stück war ein Reinfall, aber Marlon bekam ausgezeichnete Kritiken, und es markiert den Beginn einer intensiven freundschaftlichen Beziehung zu dem Regisseur Elia Kazan.

Ein Jahr später übernahm Kazan die Regie von »Endstation Sehnsucht«, und nachdem John Garfield die männliche Hauptrolle abge-

lehnt hatte, schlug die große Stunde des jungen Marlon Brando. Am
3. Dezember 1947 erlebte der Broadway, wie ein neuer Star geboren
wurde. »Brando war elektrisierend. Er bot einen Charakter, wie
man ihn nur einmal in einer Generation auf dem Theater sieht.«
(Fauser.)

Brando war über Nacht berühmt geworden, aber an seinem Leben
änderte sich nichts. Er zog in einen alten Sandsteinbau in der 52.
Straße und kaufte sich ein Motorrad – wie ein paar Jahre später
James Dean. Den größten Teil seiner Gage schickte er seinem Vater, der sie in Weideland anlegte.

Wenn er nicht gerade auf seiner Maschine durch New York raste,
feilte er weiter an seiner schauspielerischen Ausbildung am *actors
studio* – und abends heimste er auf der Bühne Lorbeeren ein.

Das Stück lief über ein Jahr, und Marlon ging es bald auf die Ner-
ven, jeden Abend dasselbe spielen zu müssen. Das äußerte sich in
Szenen wie diesen: Während seine Partnerin zu einem dramatischen
Monolog ansetzte, bohrte sich Marlon eine Zigarette ins Nasenloch
– und die Szene war geschmissen.

Eines Abends brach er sich bei einer Boxerei mit einem Bühnenar-
beiter im Heizungsraum die Nase. Die Sache wurde im Krankenhaus
repariert und wäre schnell verheilt gewesen – doch als Marlon hörte,
daß die Produzentin des Stückes, Irene Selznick, zu ihm unterwegs
war, bandagierte er sich den Kopf mit Mullbinden und Jod so
schrecklich, daß es aussah, als ob er im Sterben läge. Damit war
Brando die inzwischen ungeliebte Rolle los, und einige Zeit später
sah man ihn in einer Künstlerkommune in Paris.

Mitte der 50er Jahre – nach nur sechs Filmen – ist Brando der neue
Held Amerikas, der selbst Stars wie John Wayne, James Stewart,
William Holden in der Publikumsgunst eingeholt oder überrundet
hat. Wie war das möglich?

Brandos Anziehungskraft liegt nicht nur in der unbestechlichen Herausforderung seiner Jugend, dazu kommt der umwerfende Sex-Appeal seiner Erscheinung: ein ebenmäßig-schönes Gesicht, das zu der
robust-athletischen Sportlerfigur einen Kontrast bildet, weit ausein-
anderstehende Augen mit klarem Blick, sinnlich-volle Lippen, die
sich unvermittelt in einen bösen, harten Strich verwandeln können,
eine gerade Nase – das macht ihn zu einer faszinierenden Mischung
aus römischem Adel und *american tough guy*. Seine murmelnde un-
deutliche Sprechweise, eine Attitüde ausgebuffter Lässigkeit, steht
im Widerspruch zu seinem strahlenden Charme, der urplötzlich wie
die Sonne hinter den Wolken hervorbrechen kann. Häufiger jedoch
ist Brando die Arroganz in Person: Auf seinen Lippen erscheint ein

150

freches Grinsen, seine Brauen ziehen sich nach oben, auf seiner Stirn bilden sich ein paar Falten, die seinem Gesicht einen erstaunt-hochmütigen Ausdruck verleihen. Das ist der Brando, der die Jugend Mitte der 50er Jahre ins Zentrum ihres Nervensystems trifft – der Bursche mit dem starken, schon etwas kaputten *machismo*, aber cool!

Nach dem Zweiten Weltkrieg erlebte die amerikanische Jugend den Kalten Krieg, die terroristische Hexenjagd McCarthys und das saturierte Sicherheitsdenken einer älteren Generation, mit der sie nichts mehr verband. Ausdruck eines ersten, noch ziellosen Protestes waren die Hell's Angels, die am Wochenende mit ihren heißen Öfen in wilden Horden über die Landstraßen donnerten und ihren Frust loszuwerden versuchten, indem sie brave Bürger erschreckten. Wenn sie im Kino rauchten, Bier tranken und herumtobten, erkannten sie sich in Marlon Brando auf der Leinwand wieder. Er war einer von ihnen, einer, der sich nicht auf der Nase herumtanzen ließ.

Marlon transponierte das neue Unbehagen der Jugend überlebensgroß auf die Leinwand, eine Stimmung, die sich in Angst und Wut äußerte. Marlon gelang das, weil er selbst dieser Generation angehörte, weil er ein paar Jahre vorher wie diese jungen Leute durch die Straßen New Yorks gelaufen war, »ohne etwas zu sehen«. In seinem Zimmer hing damals ein Plakat: »Du lebst nicht, wenn du's nicht

The Wilde One.
» ... Die Hell's Angels donnerten mit ihren heißen Öfen über die Landstraßen, um brave Bürger zu erschrecken ... «

merkst!« Von Selbstzweifeln und Komplexen geplagt, haßte er die Psychoanalyse, die »seine kreativen Kräfte zerstören könnte« – und ging schließlich dennoch zu einem Analytiker: Marlon Brando, ein Einzelgänger voller Widersprüche, dem die Welt von gestern suspekt war – er machte diese Jugend im Kino lebendig, indem er ihr zu ihrem Selbstverständnis verhalf.

Zwei andere Schauspieler, in denen sich die neue Generation wie in einem Spiegelbild sah, gelangten damals wie Brando durch Blitzkarrieren zu Starruhm: Montgomery Clift und James Dean.

Doch im Gegensatz zu Brando zerbricht Clift, der 1953 mit *From Here to Eternity* (»Verdammt in alle Ewigkeit«) auf dem Höhepunkt seines Erfolges steht, an seiner Legende als Rebell und Sexsymbol. Die feurigen Ekstasen des zergrübelten jungen Intellektuellen stehen zu sehr im Widerspruch zu dem Image des rüden Außenseiters, das Hollywood ihm aufoktroyiert hat: Seine Karriere verflüchtigt sich in einem selbstzerstörerischen Rausch aus Opiaten und Alkohol.

Brando spielt die Rolle des Bösewichts zwar mit großer Überzeugungskraft, erhält sich aber immer einen letzten Rest Distanz zu ihr. Seine Rebellion richtet sich mehr nach außen, gegen die Bosse Hollywoods und die Machtstrukturen der Industrie.

James Dean, einige Jahre nach ihm ins Rampenlicht getreten, bewundert Marlon und muß sich gegen den Vorwurf wehren, eine Kopie Brandos zu sein. Sein früher Tod läßt ihn zu einer Legende werden und enthebt ihn – im Gegensatz zu Brando – der Notwendigkeit, seinen Mythos überleben zu müssen.

Stellt Jimmy Dean als träumerischer, übersensibler Anti-Held die gesellschaftlichen Werte in Frage, so schlägt Brando lieber mit harten Bandagen zurück. Er muckt gegen die Bosse auf, als man ihn nach seinen Sensationserfolgen in einem Kolossalschinken (»Der Ägypter«) vermarkten will. Nach einigen Drehtagen verläßt er das Studio und meldet sich durch seinen Psychiater krank. Die Fox fordert daraufhin zwei Millionen Dollar Schadenersatz von ihm.

In diesem Jahr stirbt Brandos Mutter. Es wird behauptet, daß sie ihn auf dem Sterbebett noch angefleht habe zu versuchen, mit den Menschen auszukommen. Nur so sei der Kompromiß zu erklären, daß er für die Fox als Wiedergutmachung nun den Napoleon in *Desirée* (1954) spielt und die Gesellschaft ihre Forderung daraufhin zurückzieht.

Die folgenden Filme: *Guys and Dolls* (»Schwere Jungs und leichte Mädchen«), *The Teahouse of the August Moon* (»Das kleine Teehaus«), *Sayonara* werden zwar alle Kassenschlager, aber ihre künstlerische Qualität nimmt laufend ab. Obwohl Marlon Brando sich entgegen allen gängigen Erfolgsmustern nicht auf einen Typ hat festlegen lassen, ist er ein Weltstar geworden. Doch wo bleibt nun sein Anspruch, die brennenden Themen der Gegenwart zu erforschen, gegen Haß, Diskriminierung und Vorurteile anzutreten? Ist der Rebell müde geworden?

In einer Gesellschaft, die Anpassung und Funktionieren vom einzelnen fordert wie nie zuvor, ist Brando derjenige, der keine Lust hat, zu funktionieren. Er nuschelt undeutlich, verbreitet Mißmut, widersetzt sich, denkt nicht daran, einen aufgekratzten Amerikaner vorzuführen, dem »Happyness« und »Success« aus allen Poren quillt.

Seine männlich-erotische Ausstrahlung, die auf Männer genauso wirkt wie auf Frauen, ist nicht die des klassischen Helden der Pionierzeit, der die Fäuste wirbeln läßt – es ist die des trotzigen Außenseiters, der nicht mitspielt, der sich nicht anpaßt, der sich einen Dreck um Vorschriften und anerkannte Werte schert, der seine Instinkte, seine Eingebungen voll auslebt und damit durchkommt! An diesem Punkt realisiert er die Wunschträume von Millionen.

In *On the Waterfront* hält er sich meistens auf dem Dach auf und beschäftigt sich mit seinen Tauben – als er schon Millionen verdient, fährt er einen klapprigen alten Ford; im Film wie im Leben lassen sich für das Außenseitertum Brandos zahllose Indizien finden.

In seiner frühen T-shirt-Phase bleibt er auch in der Niederlage unbesiegt. Aber er konnte die Rolle des Halbstarken, die ihn berühmt gemacht hatte, nicht ewig reproduzieren. So spielten Ende der 50er Jahre »alle um ihn herum Brando, und er selbst mußte einen anderen spielen« (Jordan).

Als die rauschenden Erfolge vorüber sind und Brando die Rolle des Lederjacken-Rüpels ablegt, schwindet seine Popularität, denn die Zuschauer »wollen keine Variation von dem Originalcharakter, den sie kennengelernt haben« (Brando).

Bei feinerer Analyse seiner Filme erweist sich jedoch, daß sich seine Rollen nicht wesentlich verändert haben. Neu sind lediglich die Erscheinungsformen des Typs, den er gibt. Er spielt immer noch Außenseiter, aber ihr outfit wird variabler: einen Nazi mit menschlichen Zügen (*The Young Lions*, »Die jungen Löwen«, 1958), einen ungeschickten Botschafter (*The Ugly American*, »Der häßliche Amerikaner«, 1962), einen zwielichtigen englischen Agenten (*Burn*, »Queimada«, 1969), der den Freiheitskampf eines Karibikvolkes verrät, es sind alles undurchsichtige ambivalente gesellschaftliche Randfiguren, Individualisten, Einzelgänger – Versager! Das war es, was den Brando-Mythos ankränkelte, die alten Fans verwirrte – man war nicht mehr sicher, ob das alte Rauhbein, das früher einmal den Aufstand der Jugend symbolisiert hatte, nicht zum großen Verlierer geworden war. Das gesellschaftskritische Potential, das in Brandos Filmfiguren von Anfang an steckte, wurde parallel zu seiner persönlichen Entwicklung intensiver, radikaler – drückten sie früher nur eine unbestimmte Rebellion aus, so artikulierte sich ihr Aufstand später präziser, schärfer.

1957 gab Marlon Brando dem Schriftsteller Truman Capote in Kyoto während der Dreharbeiten zu *Sayonara* ein Interview, und obwohl vereinbart war, daß nichts, was er über dritte sagte, veröffentlicht werden sollte, hielt sich Capote nicht daran. Er machte vielmehr Brando in seinem Aufsatz, der ein Jahr später im »New Yorker« erschien, auf subtile Weise fertig. Der Intellektuelle Capote belustigte sich über den Schmalspurdenker Brando, der Freud, Bücher über Hindu-Mystik und Zen liest, aber niemals einen Roman, er mokierte sich über seine Anbetung des Buddhismus, seine Freßsucht, seinen Weltverbesserungsfimmel und seine persönliche Krise, die darin gipfelt, daß er sich die Frage vorlegt, weshalb er Schauspieler sei und was es bedeute, Erfolg zu haben: »Man sitzt auf einem Haufen Zuckerwerk und setzt dicke Schichten von Kruste an.«

Marlon Brando fliegen die Mädchenherzen zu, und das kann ihm nur recht sein, denn sein sexueller Appetit ist beträchtlich. Man erfährt von zahlreichen Affären mit Schauspielerinnen, die Romanze mit einer dunkelhaarigen Französin endet mit einer Verlobung – daneben amüsiert er sich gern mit kleinen Kellnerinnen oder Statistinnen. Seine Vorliebe für exotische Schönheiten – den Typ der Sarong-Frauen – ist nicht zu übersehen.

1957 heiratet er völlig überraschend die indische Schauspielerin Anna Kashfi. Schon bald nach der Hochzeit macht das Gerücht die Runde, daß Miss Kashfi gar keine richtige Inderin, sondern die Tochter eines walisischen Bergarbeiters sei. Die Ehe wird nach einem Jahr geschieden – und Brando heiratet heimlich die Schauspielerin Movita, doch auch diese Verbindung hält nicht lange.

Während der Dreharbeiten zu *Mutiny on the Bounty* (»Die Meuterei auf der Bounty«, 1962) verliebt sich Marlon auf Tahiti in die 21jährige Tarita Teriipaia. Es entwickelt sich eine langjährige Beziehung; Brando erwirbt eine Insel in der Südsee und verbringt dort jede freie Minute mit Tarita und ihren Kindern. Daneben beschäftigt er sich mit Fischzucht und betreibt ökologische Studien.

Die »Bounty« zählt zu den klassischen Beispielen des Monumental-Schinkens, der den alten Hollywood-Gigantismus ad absurdum führt. Ausgangssituation: Man dachte in einer Zeit der Kinoflaute Anfang der 60er Jahre besonders sicherzugehen, indem man eine alte Erfolgsnummer aus dem Jahr 1935 (damals mit Clark Gable) nochmals aufwärmte.

Mutiny on the Bounty
»... eine der größten Pleiten der Filmgeschichte ...«

Brando ließ sich, obwohl er eigentlich keine Lust hatte, schließlich überreden, doch mitzuspielen. Man hatte ihm dafür ein künstlerisches Mitspracherecht bei den Inselszenen zugesichert. Dies war ein großer Fehler, denn der Film wurde – nicht zuletzt auch wegen Brandos Bemühen, eine Botschaft zu vermitteln (»Was ist an der menschlichen Natur, das Männer selbst auf einer paradiesischen Insel gewalttätig macht?«) – eine der größten Pleiten der Filmgeschichte (nur noch durch Liz Taylors *Cleopatra* übertroffen). Das Desaster nahm seinen Verlauf, als das Filmteam in die Regenzeit kam, Brando plötzlich eine andere Rolle spielen wollte, mehrere Regisseure verschlissen wurden und die Drehzeit um Monate überschritten wurde. Der Film kostete 26 Millionen (statt 6). Hollywood in seiner Profitgier hatte den maßlosen Superstar Brando in ein Abenteuer mit beinahe tödlichem Ausgang getrieben.

Sein Ruhm verdunkelte sich zusehends, auch wenn er weiter Filmangebote bekam. Brando wurde Gift für die Kinokassen, ein Mißerfolg löste den anderen ab. René Jordan analysierte die Entwicklung so: Nicht weil Brandos Name unter einem bösen Fluch stand, wurde er

The Godfather.
»... ein Statement über den Zusammenhang zwischen Kapitalismus und Verbrechen ...«

abgelehnt, sondern weil der frühere Rebell es gewagt hatte, seinen Mythos auf den Kopf zu stellen und Figuren mit Autorität zu verkörpern, unangepaßte Männer einer anderen Gesellschaftsschicht ...
Also hatte Hollywood auch das Talent dieses einmaligen Schauspielers verwüstet? – Ende der 60er Jahre glaubte niemand mehr an ein Comeback des Stars.
Dann kam 1971 »Der Pate« *(The Godfather)*, eine Neuauflage der alten Traumstory aus dem Glitzerreich Hollywoods. Ein bisher erfolgloser Schriftsteller (Mario Puzo) hatte erstmals einen Bestseller produziert, einen Roman über die Mafia, und als es an die Verfilmung ging, tat Puzo den Ausspruch: »Es gibt nur einen Schauspieler, der den Paten spielen kann, und das ist Marlon Brando!« Doch die Paramount-Bosse lehnten diesen Vorschlag ab.
Brando hatte inzwischen den Roman gelesen und hielt ihn für ein

Statement über den Zusammenhang zwischen Kapitalismus und Verbrechen; er wollte die Rolle spielen. Erstmals nach zwanzig Jahren mußte er wieder Probeaufnahmen in Kauf nehmen, um eine Rolle zu bekommen.

Der Film wird der bis dahin größte Erfolg der Filmgeschichte: Marlon Brando ist wieder der gefeierte Superstar. Sein Kommentar zu Don Corleone, dem Paten: »... Jeder in Amerika ... ist auf die eine oder andere Art ein Ganove. Wir passen uns allzu leicht den Gesetzen des Ganoventums an. Persönlichkeit wird zur Ware ... Wenn man sich nicht verkauft, wollen die Leute nichts von einem wissen, und so steigen und fallen deine Aktien an der Börse.«

Die Mafia durfte in dem Film nicht wörtlich genannt werden (was zeigt, daß sie so mächtig ist wie eh und je) – doch erhöht dies nur den Symbolwert der Geschichte. »Marlon Brandos alte Flamme lodert höher und heller als je zuvor ...«, schreibt ein Kritiker. All der Ärger, den der schwierige und aufsässige Held den Bossen jahrelang bereitet hat, ist vergessen: Man will ihm zum zweiten Mal vergeben und zum Zeichen dafür die höchste Auszeichnung, den Oscar, überreichen. Doch siehe da, der Steppenwolf ist noch nicht gezähmt: Brando lehnt den Oscar ab, statt dessen soll vor 80 Millionen Fernsehzuschauern die Bürgerrechtlerin Sacheen Little Feather ein Statement über die Unterdrückung der Indianer verlesen!

Den vorläufig letzten Hit seiner Laufbahn landet Brando ein Jahr

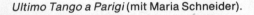

Ultimo Tango a Parigi (mit Maria Schneider).

später mit Bertoluccis *Ultimo Tango a Parigi* (»Der letzte Tango in Paris«). Das Drehbuch läßt große Spielräume für Improvisationen offen: Marlon Brando spielt in diesem Film sich selbst. Es zeigt sich die ganze Spannweite eines großen Schauspielers mit männlich-erotischer Ausstrahlung von seiner ersten Explosion als animalisch-böser Kowalski bis zu der hemmungslos offenen Sexualität des Paul im »Letzten Tango«. In einem erotischen Spiel, in dem sich Angst, Lust und Verzweiflung die Waage halten, läßt Brando alle Hemmungen fallen und entfaltet ohne Angst, lächerlich zu erscheinen, seine impulsiv-exhibitionistische Persönlichkeit vor der Kamera.

Der Film wird kontrovers diskutiert unter dem Aufhänger »Kunstwerk oder Porno?«

Mae West sah es so: »Ein guter und schmutziger Film. Aber mich kann man natürlich auch leicht schockieren!«

Inzwischen ist Brando 1976 zum Vater von Superman (im gleichnamigen Film – mit Maria Schell als Wissenschaftlerin) avanciert, in dem neuesten Meisterwerk des Regisseurs Francis Ford Coppola *Apocalypse Now* treffen wir auf ihn als glatzköpfigen, selbsternannten König eines Dschungelreichs.

Brando ist der amerikanische Junge, der es geschafft hat. Ein wilder Nonkonformist, hart und clever. Seine Anziehungskraft entspringt den antagonistischen Kräften, die ihn beherrschen. Kein anderer Held der Kinogeschichte scheint so stark, unbesiegbar – und kein anderer ist so oft geprügelt und blutig geschlagen worden: Man denke an *On the Waterfront* oder *One Eyed Jacks*. Es scheint sich um ein psychosexuelles Trauma zu handeln, das ihn in diese Prügelszenen treibt. Doch auch in Filmen, die er nicht lebend übersteht, wirkt seine sinnliche Magie ungebrochen fort: als toter Revolutionär Zapata oder als abgetakelter Liebhaber im »Letzten Tango«.

Brando hat auch etwas von einem Scharlatan. Er verdreht die Augen, bis das Weiße der Augäpfel sichtbar wird. Oder er knipst seinen Talmi-Blick an, den Du-wirst-schon-sehen-was-du-davon-hast-Blick, und ein Riesengebirge von Arroganz liegt zwischen ihm und der restlichen Welt. Wenn er seine Überlegenheit demonstrieren will, dreht er den Kopf schräg nach hinten, hypnotisiert sein Gegenüber durch gespannte Aufmerksamkeit in einem unbewegten Gesicht.

Man muß immer auf alles gefaßt sein, in jeder Sekunde reagiert er anders als erwartet.

Die Körpersprache dieses Großen der Flimmerkiste ist unerschöpflich, er ist ein Zauberer, der sein Geheimnis niemals preisgibt.

Der Weg des hartgesottenen Helden führte in seinen späteren Filmen immer weiter weg von dem alten Image. Seine Härte wurde brüchiger, die Filme bekamen immer mehr kritischen Anspruch, der die Oberfläche eines ziellosen Rebellentums durchstieß und im umgekehrten Verhältnis zu ihrem kommerziellen Erfolg stand. Typische Beispiele: *The Ugly American* oder *Burn* (»Queimada«). Auch der von ihm inszenierte Film *One Eyed Jacks* (»Der Besessene«) geht von einer fundamentalen Gesellschaftskritik aus, wenn auch in die Parabel eines sechsstündigen Western verpackt. Die Sache des Rebellen tritt immer klarer hervor: etwa sein persönlicher Kampf für die Indianer oder die Black Panther, wobei er nicht nur mitmarschiert und große Geldsummen spendet, sondern zusätzlich das volle Risiko der politischen Diffamierung (ähnlich wie Jane Fonda) auf sich nimmt. Diese negative Haltung gegenüber heiligen Werten des Durchschnittsamerikaners entzog ihm immer mehr die Massenbasis, die er jedoch teilweise durch seine hochstilisierte Darstellung des Mafia-Bosses in *The Godfather* zurückeroberte. Das Foto im Fixierbad entwickelt sich, und wir sehen das Bild eines ganz und gar untypischen Amerikaners, zergrübelt, eher den unbequemen Weg gehend, autodidaktisch alte Kulturen studierend, noch immer Hochmut im Gesicht, doch nun mit einer resigniert europäischen Nuance.

hei

Literatur

Bernardo Bertolucci: »Last Tango in Paris«, London 1976.
Truman Capote: »Wenn die Hunde bellen«, Wiesbaden 1974.
Jörg Fauser: »Marlon Brando. Der versilberte Rebell«, München 1978.
Carlo Fiore: »The Brando I knew«, London 1975.
Florian Hopf: »Alles über ›Der letzte Tango in Paris‹«, München 1973.
René Jordan: »Marlon Brando«, New York 1973.
Morella/Epstein: »Brando«, New York 1973.
Bob Thomas: »Marlon. Portrait of the Rebel as an Artist«, New York 1973.

Marilyn Monroe
Zwei Seelen in der Brust

»Help Help
Help I feel life coming closer
When all I want is to die.«
Gedicht von MM

Noch fünf Jahre nach ihrem Tod erhält Marilyn Monroe mehr Fan-Post als die meisten lebenden Superstars, Salvador Dali stellt 1967 sein Bild »Mao Monroe« in New York aus, Claes Oldenburg formt Marilyns berühmten Mund zu »Giant Lipstick«, noch heute gibt es immer neue Gedichte, Songs, Stücke, Filme über sie.

Marilyn Monroe als Kultfigur: überdimensionierte Stilisierung reiner Weiblichkeit, ein blond-wogender Vamp, gelangweilt, mit feuchten, leicht geöffneten Lippen, Stromlinienform von Augen, Mund, Haar; Lidschatten dunkellila, ein Geschöpf aus Haut, Flitter, Unschuld; kalter Sinnenrausch: Ihre Magie strahlt irreal, Hitzewelle und Kältetod in einem, selbst in Posen wirkt sie ganz natürlich.

Kann man den Menschen Monroe hinter diesem Mythos noch entschlüsseln?

Links: Ein junges Mädchen, das die Geliebte Amerikas wurde und diesen Aufstieg nicht verkraftete?

Der blonde Vamp, Stilisierung reiner Weiblichkeit.

War Marilyn der süße Engel des Sex, »ein honigweicher Quell der Lust für die Phantasie von Männern in fünf Kontinenten« (Mailer)? Oder muß man in ihr nur die zerknautschte Schlampe sehen, mit den verrutschten BH-Trägern, ein Stück menschliches Strandgut, wie Truman Capote vermutet?

Vielleicht war sie nichts weiter als eine hübsche junge Frau, die den großen Aufstieg schaffte und damit nicht fertig wurde? Das Aschenputtelmärchen?

Marilyns zwei Seelen: das Waisenkind und die sinnliche Frau, das nette Mädchen von nebenan und die Sexbombe der Nation. Im Leben hilflos, nervös – vor der Kamera die Traumfrau, die sich jeder wünscht. Eine *sexmachine* mit menschlichen Zügen.

Als strahlende Schönheit mit der wispernden Stimme und dem lasziven Gang versetzte sie Mitte der 50er Jahre ein männliches Millionenpublikum in Aufruhr. Als angeblich beschränkte Sexbiene, der man nachsagte, den Aufstieg vor allem in der Waagerechten geschafft zu haben, mußte sie mülleimerweise Skandalgeschichten über sich ergehen lassen, auch »DER SPIEGEL« mischte dabei munter mit: ». . . scheint sie nur noch den Wunsch zu haben, mit dem einzigen, was sie besitzt – ihrem Körper –, alles, was ihr fehlt, zu kompensieren.«

1953 hatte Marilyn Monroe mit *Gentlemen Prefer Blondes* (»Blondinen bevorzugt«) und *How to Marry a Millionaire?* (»Wie angelt man sich einen Millionär?«) die damaligen Glamour-Stars Betty Grable und Jane Russell auf die Plätze verwiesen. Doch dieser Sieg war hart errungen, er hatte mehr Substanz gekostet, als sie später verkraften konnte.

Geboren wurde sie einige Wochen nach Valentinos Tod, am 1. Juni 1926 in Los Angeles als Norma Jean Baker; sie verbrachte den größten Teil ihrer Jugend bei Pflegeeltern oder im Waisenhaus. Ihre Mutter, Gladys Monroe Baker, Cutterin bei Columbia, hatte eine Reihe unglücklicher Affären mit Männern, endete in der Nervenheilanstalt wie auch Marilyns Großeltern mütterlicherseits. Ihr Vater ist unbekannt. Abraham Lincoln hätte ihr Vater sein können (sagt Marilyn) – wie jeder andere auch. Ihr Wunschvater: Clark Gable. (Im Film *The Misfits*, »Misfits – Nicht gesellschaftsfähig«, 1961, spielten sie fünfunddreißig Jahre später zusammen ihre letzte Romanze.)

Marilyn hatte in ihrer Jugend nicht gelernt, sich zu artikulieren. So sprach sie auch später noch eine merkwürdige Sprache, die ihr underdog-Bewußtsein ausdrückte.

Um einer erneuten Einweisung ins Waisenhaus zu entgehen, heiratet sie mit sechzehn Jim Dougherty, einen Jungen aus der Nachbarschaft. Nach ihrer Entdeckung als Pin-up-Modell 1943 ziert sie bald die Titelseiten mehrerer Zeitschriften. »Stars and Stripes«: »Das Mädchen, das Alaska aufzutauen vermag!« 1946 Scheidung, schließlich 1948 der erste Vertrag mit der 20th Century Fox. Sie heißt jetzt nicht mehr Norma Jean, sondern Marilyn, nimmt Schauspielunterricht, treibt Gymnastik und verdient 75 Dollar die Woche.

Nach winzigen Nebenrollen hat sie 1948 schon einen Hauptpart in *Ladies of the Chorus*, einer Tanznummer. Danach ist sie arbeitslos und steht für einen Aktkalender Modell, ohne zu ahnen, daß diese Bilder einige Jahre später einen Skandal verursachen werden. Auf die Frage, weshalb sie diese Bilder gemacht habe, sagt sie: »Ich hatte Hunger.« – »Hatten Sie denn wirklich gar nichts an?« – »Nur das Radio.«

1950 hat Marilyn einen 30-Sekunden-Auftritt in der Marx-Brothers-Farce *Love Happy*, danach ist wieder Funkstille.

Zwei Handikaps machten ihr besonders zu schaffen: ihre trostlose Jugend und ihre Figur.

Daß man einer schönen Frau häufig Intelligenz und schauspielerische Fähigkeiten abspricht, haben auch schon andere Stars erfahren müssen. Für Marilyn bedeutete es, jahrelang die »dritte von links« darstellen zu müssen. Kein Wunder, daß sie schließlich ihre physische Attraktivität mit in die Waagschale warf.

»Wenn du das hast, was die Leute Sex-Appeal nennen«, sagte sie, »kannst du ihn entweder verkümmern lassen oder damit Karriere machen.«

Selbst als später Regisseure wie Billy Wilder und Howard Hawks ihr komödiantisches Talent erkannt und eingesetzt hatten, kam sie von dem Stigma der doofen Blondine nicht mehr los. Joshua Logan ist einer der wenigen, die ihren Wunsch nach menschlicher Würde respektierten: In *Bus Stop*, 1956, gibt sie das Porträt einer empfindsamen kleinen Chansonette, die ihrem Cowboy erst folgt, nachdem er gelernt hat, ihre Wünsche und Gefühle zu respektieren.

Mangelndes Selbstvertrauen, Angst und Unsicherheit als Folge einer verwüsteten Jugend – einer ihrer Stiefväter soll sie vergewaltigt haben – offenbaren später, als sie bereits eine Berühmtheit war, Risse in ihrer Persönlichkeit, die sich in Unpünktlichkeit, extremer Reizbarkeit, Schlaflosigkeit und Neurosen äußerten. Alkoholismus und Drogensucht waren dann die letzten Stationen dieses Weges.

Ehrgeiz, Fleiß und die Hilfe der Filmbosse Joe Schenck und Jonny Hyde führten Marilyn Anfang der 50er Jahre auf die ersten Sprossen der Erfolgsleiter. In *All About Eve* (»Alles über Eva«, 1950) einer bitterbösen Komödie aus dem Theatermilieu, erregt sie mit einer kleinen Nebenrolle als das aparte, frische Starlett Aufsehen. 1952 in

einem Film von Fritz Lang *Clash by Night* (»Vor dem neuen Tag«)
kommt ihre erotische Ausstrahlung erstmals zur Wirkung. Barbara
Stanwyck, der Star des Films, über Marilyn: »In ein paar Jahren werden wir Nebenrollen in ihren Filmen spielen.«
Filmhistorisch bedeuten die beginnenden 50er Jahre eine Umbruch-
phase. Die emanzipierte Frau, in Kriegsjahren in erotisierter oder
dämonisierter Gestalt im Film aufgetreten, wurde zurückgedrängt;
was blieb, waren die Pin-ups und ihre Nachfolgerinnen oder unangepaßte Neurotikerinnen wie Bette Davis.
Marilyns erste Hauptrollen standen noch unter dem Einfluß der
»schwarzen Serie«, in der die Frauen in den 40er Jahren das Patriar-
chat durchbrochen und – als Folge der Abwesenheit der Männer
durch den Krieg – sich selbständig gemacht hatten. Im Film stellten
sie als Amazonen, Tierfrauen oder Dschungelmädchen der Großstadt eine dunkle Bedrohung des Mannes dar, sie waren sexuell aktiviert, unberechenbar, nicht selten töteten sie den Mann.
Nach dem Krieg wird eine gegenläufige Tendenz sichtbar, der Mann
nimmt die Frau wieder fest bei der Hand, sie verzichtet auf ihren
weiblichen Appeal und folgt ihm als treue Kameradin, oder sie wird
als Kurvenstar auf die rein körperliche Verfügbarkeit reduziert.
Anklänge an die schwarze Serie finden sich in dem frühen Film
Don't Bother to Knock (»Versuchung auf 809«, 1952), in dem Marilyn eine Psychopathin spielt, und in *Niagara*: Hier versucht sie, mit
Hilfe ihres Geliebten ihren Mann zu ermorden. Dieser Film markiert jedoch den Wendepunkt, ihr eindeutig anderes Image – das der
Sexbombe – kristallisiert sich endgültig heraus: Man kann ihren berühmten Wackelgang im hautengen Kostüm in einer Einstellung bewundern, die Filmgeschichte machte.
Don't Bother to Knock war neben *The Misfits* die einzige ernsthafte
dramatische Rolle, die sie spielte, doch reichten 1952 ihre gestalte-
rischen Mittel dafür noch nicht aus. Eine psychisch gestörte Frau,
deren Stimmungen von dumpfem Dahinbrüten bis zu hysterischen Ausbrüchen wechselte, konnte sie – obwohl sie von ihrer
Vorgeschichte her dafür prädestiniert schien – nicht glaubhaft darstellen.
In *Monkey Business* (»Liebling, ich werde jünger!«, 1952) mit Cary
Grant stellte Komödienspezialist Hawks Marilyns Markenzeichen
eindeutig heraus: Ihre Rundungen traten in den extrem engen Kleidern hervor wie in einem nassen Badeanzug, ihre Lippen hatten
durch den Einsatz einer Spezial-Wachs- und Vaseline-Mischung erstmals den lasziv-feuchten Schimmer. Marilyn mimt eine ordentliche,
harmlos-dumme Sekretärin, die sich wundert, weshalb plötzlich alle
Männer über sie herfallen. Der Vorwand eines übermäßig wirken-

den Verjüngungsmittels als Erklärung dieses Phänomens ist in späteren Filmen nicht mehr nötig.
In den Starrollen, die sie nun spielen wird, ist die sinnlich-knisternde Faszination, die sie ausstrahlt, so stark, daß sie selbst im *off* nicht nachläßt.
Für Howard Hawks war die Komödie das adäquate Ventil für Marilyns Spiel. »... meiner Meinung nach war Marilyn Monroe niemals wirklich real, und die große Komödie ist komplett irreal.« (Hembus.)
Doch der große Traum dieses unwirklichen Wesens, das wie eine Halluzination über die Kinoleinwand schwebte, waren ernsthafte dramatische Rollen wie die der »Gruschenka« in »Die Brüder Karamasoff«. Dazu kam es leider nie.
1952 begrüßt das »TIME Magazine« Marilyn in einer Titelstory als »das neue sensationelle Glamour-Girl«, im selben Jahr lernt sie Joe DiMaggio kennen, einen amerikanischen Nationalhelden mit italienischen Vorfahren – für *latin lovers* hatte Marilyn schon immer eine Schwäche. Doch ob er der richtige Partner war, um den sozialisationsgeschädigten jungen Filmstern zu stabilisieren?
Ihre Verbindung bringt die Gazetten zum Überschäumen, Joe, der Baseballkönig, darf Amerikas umwerfendste Sexpuppe heimfahren. Fahr vorsichtig, Joe, liest sie auf Verkehrsschildern! Sie heiraten im Januar 1954, zehn Monate später folgt die Trennung.
DiMaggios Versuche, Marilyn vom Filmen abzubringen, entsprangen wohl weniger der Einsicht, daß der Film in seiner totalen Anfor-

Inspiriert die
Phantasien von
Millionen.
In *Gentlemen
Prefer Blondes*.

derung eine existentielle Bedrohung für sie darstellte, als vielmehr dem eigenen Unvermögen, sie als Lustobjekt mit der ganzen Nation zu teilen. Immerhin ist er der einzige, der bis zum Ende mit ihr in Verbindung bleibt.

Hinter ihrer Anlehnung an starke Männer – oder solche, die sie dafür hielt – verbirgt sich mehr als nur der Wunsch, beschützt zu werden. Sie sucht Geborgenheit, tieferes Verständnis, Vaterersatz – einen Menschen, der sich in die Höhle ihrer Kindheit hinabgewagt hätte.

Es wagte jedoch niemand. Auch nicht der Dramatiker Arthur Miller, mit dem sie 1956, auf dem Höhepunkt ihrer Karriere, ihre dritte Ehe riskierte.

Mit *Gentlemen Prefer Blondes* (1953) war ihr der endgültige Durchbruch gelungen, Hawks hatte seine These von der psychedelischen Fee umgesetzt und sie mit Jane Russell ganz realistisch verdoppelt. Nach diesem Film, in dem »Miß Monroe aussah, als würde sie im Dunkeln leuchten« (»New York Herald Tribune«), gab es nur noch Erfolge.

1953 in *How to Marry a Millionaire* gibt sie als kurzsichtige Blondine auf Männerfang mit einer grotesken Hornbrille eine komische Figur ab, die in falsche Flugzeuge steigt, überall aneckt und verwirrende Situationen heraufbeschwört. Betty Grable, bis dahin Glamour-Star Nummer eins, kann in diesem Film mit Marilyns kindlichem Charme nicht mehr konkurrieren, sie dankt bei der Fox ab.

Der Regisseur des Films, Jean Negulesco, über Marilyn: »Sie ist das Mädchen, mit dem man seine Frau betrügen möchte.«

Als Folge gesellschaftlicher Regression weiblicher Machtpositionen verschwinden zu Beginn der 50er Jahre die emanzipatorischen Züge der Frau, verbunden mit einem nie dagewesenen Rückzug in Heim und Herd und einer Flucht in Frühehen. Im Kino dominieren Mütter, neurotische Grüne Witwen oder – als Gegenstück dazu – die exotisch-sinnlichen Verführerinnen (Liz Taylor) und – letzte Steigerung dieses Trends – die Sexbomben (Russell, Mansfield, Loren). Sexualität sinkt auf die Stufe reiner Käuflichkeit, je größer die Brüste, um so größer der Erfolg.

So ist Marilyns Weg vorgezeichnet. Die Busen- und Po-Fetischisten kommen bei der jetzt eindeutig als Sexbombe ausstaffierten MM voll auf ihre Rechnung, aber bei allen Ausziehphantasien, die sie auslöst, bleibt ein Rest an Frische, Empfindsamkeit, natürlichem Zauber.

River of No Return (»Fluß ohne Wiederkehr«, 1954): Marilyn als heruntergekommene Saloonsängerin in einem billigen action-Film. In Erinnerung bleibt ihr hübscher Titelsong und eine tollkühne Floßfahrt (zum Teil Rückprojektion) mit Robert Mitchum. Dafür mußte

Robert Mitchum wirft sich die Salonpuppe über die Schulter. Aus *River of no Return*.

sie einige Wochen mit einem Haufen Männer in der Wildnis ausharren; sie verstauchte sich den Fuß und hörte hinterher die Meinung des Regisseurs Otto Preminger über sich: »Sie ist nichts weiter als ein Vakuum mit Brustwarzen.«

The Seven Year Itch (»Das verflixte siebente Jahr«, 1955), gedreht im Sommer 1954, nimmt die Lustspielmasche früherer Filme wieder auf. MM in der Nachfolge Clara Bows als *It-girl*, das Mädchen mit dem gewissen Etwas, das über die eigene Wirkung selbst am meisten überrascht ist, bringt die geilen Phantasien eines Strohwitwers auf Trab. Bei den Außenaufnahmen in New York dreht Billy Wilder die berühmte Szene, in der Marilyns Röcke über einem U-Bahnschacht hochgewebt werden – für Joe DiMaggio ein letzter Anstoß, die Scheidung einzureichen.

Im Dezember 1954 kündigt Marilyn ihren Vertrag bei der Fox und verschwindet nach New York. Das hatte bisher kein Superstar gewagt: im Augenblick des größten Triumphes der Zelluloidmetropole den Rücken zu kehren.

Und dieses Pokerspiel zahlte sich aus.

Marilyn hatte als Folge ihres Dauervertrages jahrelang für 1000 Dollar Wochengage Filme gedreht, die Millionengewinne einspielten. Nach einem Jahr Nervenkrieg ging der Koloß in die Knie: 20th Century Fox schloß mit ihr einen neuen Vertrag, der für vier Filme innerhalb von sieben Jahren 100000 Dollar pro Film garantierte, dazu Spesen, Fernsehshows und das Recht, in ihrer eigenen Gesellschaft einen Film jährlich zu realisieren. Der Fotograf Milton Greene hatte diesen Kontrakt für sie herausgeholt. Er war es auch, der die »Marilyn-Monroe-Productions Inc.« mit ihr gegründet hatte.

1955 und die Jahre danach gelten als die glücklichsten in ihrem Leben. Alles scheint sich zum Guten zu wenden: ihr neues Leben in

Klassische Romanze: das Revuegirl und Seine Königliche Hoheit. Mit Laurence Olivier in *The Prince and the Showgirl*.

New York und die drei Männer, die dabei um sie kreisen: Milton Greene, Arthur Miller und Lee Strasberg. Ihr Besuch von Strasbergs *actor's-studio* bringt sie endlich ihrem brennenden Wunsch näher, eine ernsthafte Schauspielerin zu werden. Das *actor's-studio* arbeitet nach der Methode Stanislawskis. Der Schauspieler begreift die Figur aus ihrer Vorgeschichte; er geht schließlich ganz in der Rolle auf und kann damit emotionale Lava loswerden, sich auf expressive Weise befreien. Für den Sexstar Monroe eine schöne Erfahrung, plötzlich wieder Unterricht zu nehmen und in einem neuen künstlerischen Zusammenhang ernst genommen zu werden. Sie macht so große Fortschritte, daß sie bald bei Studioaufführungen mitspielt.

Marilyns Selbstvertrauen wurde damit sicher aufgemöbelt, ihr Spiel, von einer kunstlosen Intensität und Direktheit, hat man sehr gegensätzlich interpretiert. Lee Strasberg hielt sie für ein großes Talent, für Billy Wilder war bei ihr jedes Training überflüssig (»Gott gab ihr alles!«), ein anderer Kritiker nannte ihren Stil »polymorph-perverse Nichtschauspielerei von unnachahmlichem Charme«.

Ihre Rückkehr nach Hollywood gestaltet sich triumphal. Sie offenbart aber auch menschliche Schwächen. War sie früher der verunsicherte Sexstern, gab sie sich nun als Künstlerin. Vom Minderwertigkeitskomplex zum Größenwahn, Marilyn Monroe kannte keine Mitte, ihr fehlte jedes innere Gleichgewicht ... Menschen, die ihr nicht mehr nützlich waren, ließ sie ohne Skrupel fallen, so ihre langjährige Schauspiellehrerin Natasha Lytess. Milton Greene ging es zwei Jahre später nicht besser.

Marilyn verkündete der staunenden Welt, daß sie mit Laurence Olivier einen Film zu drehen gedachte (*The Prince and the Showgirl*, »Der Prinz und die Tänzerin«, 1957); die äußeren Hysterien um sie nahmen zu, innere kündigten sich an.

Sie war inzwischen am 26. 6. 1956 Mrs. Arthur Miller geworden, man sprach von der Hochzeit des Jahres: *The brain and the body* – ein Paar! Marilyn, die sich nichts so sehr wünschte wie ein »Zuhause, die menschlich und künstlerisch irgendwo dazugehören« wollte (Pepitone), schien am Ziel ihrer Wünsche.

Erste Unstimmigkeiten gab es in London bei den Dreharbeiten mit Sir Laurence, dem Hamlet des königlich-britischen Schauspiels. Ihr pathologisches Mißtrauen, ihre Neurosen und ihre damit verbundene Unzuverlässigkeit stießen auf wenig Verständnis bei dem kühlen Briten. Als der Film in die Kinos kommt, sieht man eine Olivier durchaus ebenbürtige brillante Marilyn.

Die Millers ziehen sich danach für ein Jahr in Long Island aufs Land zurück, Marilyn versucht sich als brave Hausfrau und erleidet eine Fehlgeburt.

»Nobody is perfect«. Von links: Tony Curtis, Jack Lemmon, Marilyn Monroe. Aus *Some Like it Hot*.

Arthur Miller als der starke Held, der dem gemütskranken Kurven-star innere Kraft geben könnte, scheint eine Fehlspekulation. Seit ihrer Ehe hatte er kaum etwas geschrieben oder veröffentlicht, es schien, als sei er ausgebrannt. Sank er deshalb schließlich zu Mari-lyns Privatsekretär herab? Er wollte mit seinem Drehbuch zu *The Misfits* beweisen, daß Marilyn eine durchaus ernstzunehmende Schauspielerin war und er mehr als ihr Satellit.

Zunächst dreht sie noch einen anderen Film, um die Kasse aufzubes-sern: *Some Like It Hot* (»Manche mögen's heiß«, 1959), der größte Ulk des Jahres, in dem alle Ingredienzien des Monroe-Lustspiels noch einmal zusammentreffen: kindlich-unschuldige Erotik, Witz, komödiantische Gags und Musiknummern.

Der komische Einfall des Films: Zwei von Gangstern verfolgte Män-ner suchen, als Frauen verkleidet, Unterschlupf in einer Damenka-pelle, verlieben sich beide in Sugar, hinter der niemand anders als Marilyn in der Rolle einer naiven Ukulelespielerin steckt (eine echte Clara-Bow-Adaption), die, etwas beschränkt wie in fast allen ihren Filmen, einfach nicht dahinterkommt, daß es sich bei Tony Curtis und Jack Lemmon nicht um Frauen handelt.

Sehr weit fortgeschritten war zu diesem Zeitpunkt Marilyns Alko-hol- und Drogenabhängigkeit: Sie konnte sich kaum noch Texte merken. Dazu kamen ihre immer ungeheuerlicheren Verspätungen. Ein Bonmot von Billy Wilder: »Früher kam sie am Donnerstag, wenn sie am Montag bestellt war, heute kommt sie im September, wenn man sie im Mai erwartet.«

In *The Misfits* begleitet Marilyn als geschiedene Nachtklubtänzerin Roslyn drei abgetakelte Abenteurer zum Einfangen von Wildpfer-den in die Wüste von Nevada. Als Roslyn erfährt, daß die Pferde nicht gezähmt, sondern zu Hundefutter verarbeitet werden sollen, führt dies zu heftigen Auseinandersetzungen zwischen Roslyn und den Männern, an deren Ende Gay (Clark Gable) die Wildpferde freiläßt. In diesem handlungsarmen Edelwestern, in dem »die Sym-bolik wilder galoppiert als die Pferde« (»Newsweek«, zitiert nach Hembus), steht Marilyns Irritiertheit gegenüber der männlichen Ge-fühllosigkeit für den Kampf der Emanzipation gegen das Cowboy-heldentum, aber auch für die Konfrontation zwischen moderner Zivilisation und knorrigem Pioniergeist, zwischen Leben und Er-starrung. Marilyn Monroe kann sich endlich in einer ernsthaften Rolle entfalten, ohne denunziert oder zum »Ding« herabgewürdigt zu werden (MM: »Ein Sexsymbol ist ein Ding, und ich hasse es, ein Ding zu sein«).

Leider kam dieses Drehbuch von Arthur Miller für sie zu spät, ihre Ehe war bereits zerbrochen und ging während der Dreharbeiten

Marilyns Wunschvater! Mit Clark Gable in *The Misfits*.

endgültig in Scherben. Letzter Auslöser dafür war ein intimes Tagebuch von Miller über ihre Ehe, das Marilyn bei ihm gefunden haben soll.
Die Ehe wird im Januar 1961 in Mexiko geschieden, Miller setzt ihr später mit dem Stück *After the Fall* ein eigenartiges Denkmal. Dabei kommt ans Licht, daß er sich als Intellektueller ihrer eigentlich geschämt hat.
Ihr letzter Film *Something's Got to Give* (1962) bleibt unvollendet, da Marilyn wegen ihrer ständigen Unpünktlichkeit von der Fox gefeuert wird. Eine Wiederaufnahme der Dreharbeiten ist bereits im Gespräch, als Marilyn Monroe am Morgen des 5. August 1962 tot in ihrem Schlafzimmer aufgefunden wird. Nach offizieller Version hatte sie eine Überdosis Schlaftabletten genommen.
Diese Selbstmordtheorie ist inzwischen heftig umstritten. 1973 hatte Norman Mailer in seiner Marilyn-Biographie schon Zweifel angemeldet, denn in ihrem Magen waren – ein medizinisches Mysterium – keinerlei Rückstände der 47 Nembutaltabletten gefunden worden.
Heute muß man davon ausgehen, daß es Manipulationen »von oben« gegeben hat: Nicht nur der Leichenbeschauer Grandison wurde von seinem Vorgesetzten zu einem falschen Befund gezwungen, auch die Erkenntnis des Polizei-Sergeanten Jack Clemmons (»Ein ganz offensichtlicher Fall von Mord«) kam erst viele Jahre später ans Licht der Öffentlichkeit, als er längst seines Postens enthoben war.
Marilyns intimes Tagebuch ist bis heute verschwunden.
Über die möglichen Mordmotive gibt es verschiedene Spekulationen: Sie war im letzten Jahr ihres Lebens sowohl mit dem Präsiden-

ten als auch mit Robert Kennedy – wie eng auch immer – befreundet gewesen und könnte deshalb zu einer Gefahr für den Kennedy-Clan geworden sein. Oder die Nixon-Clique steckte dahinter und hatte versucht, es den Kennedys in die Schuhe zu schieben, um sie politisch auszumanövrieren ...

Wie absurd diese Theorien auch klingen mögen, ein endgültiger Beweis wird heute kaum noch zu führen sein, auch wenn sich dies Robert Slatzer (»The Life And Curious Death of Marilyn Monroe«) zum Ziel gesetzt hat.

Nach den Aussagen der unterschiedlichsten Personen erscheint Selbstmord auch deshalb fragwürdig, weil es MM im Sommer 1962 besser ging, als man allgemein vermutet hat. Sie hatte die Scheidung von Miller durchaus verkraftet, war voller Pläne, sah besser aus als je zuvor, war neu verliebt und verhandelte mit der Fox – erfolgreich – über die Neuaufnahme der Dreharbeiten zu *Something's Got to Give*. Weshalb hätte sie sich umbringen sollen?

Marilyn ist tot, und wer sie real getötet hat, verliert sich im Abgrund amerikanischer Film- oder Politkolportage; sie lebt weiter im Bewußtsein einer Millionen-Fan-Gemeinde, gebannt auf einige tausend Meter Zelluloid, als Monument eines reinen, sinnlichen Vergnügens, der reifen Erotik ohne den Apfel der Sünde.

Immerhin haben sich aus Verzweiflung über ihr Ende acht schöne junge Frauen in New York zu Tode gebracht, women's lib steht auf ihrer Seite, mit ihrer Aussage aus *Gentlemen Prefer Blondes*: »Ein reicher Mann ist wie ein schönes Mädchen« kann heute noch jeder Schuhverkäufer etwas anfangen.

Marilyns Wirkungsästhetik:

Ihre sinnliche Ausstrahlung verwandelt sie in ein Objekt männlicher Begierde, gesteigert durch ihren Als-Ob-Effekt, der beim Kinogänger die Illusion erweckt, als ob sie gerade auf ihn scharf wäre.

Jeder Durchschnittsmann ist hingerissen von ihr, fühlt sich ihr überlegen und sich zugleich in der Lage, sie glücklich zu machen. Die Kombination aus hohem Prestigewert und domestizierter Weiblichkeit vermittelt dem Mann das Gefühl, ihr nicht unterlegen zu sein. Sie ist die letzte romantische Geliebte des Hollywood-Kinos.

Der Teil des männlichen Publikums, der sie ob ihres ordinär wakkelnden Hinterns verachtet und sich selbst für »kultiviert« hält, verwechselt ihre Unfähigkeit, sich zu verstellen, mit Vulgarität.

Frauen finden sie rührend und witzig, können sich mit ihr identifizieren, weil sie sich oft in der gleichen Lage wiederfinden wie sie. Aber sie löst auch Ängste aus bei ihnen, denn sie ist so sexy, daß sie jeder jeden Mann wegschnappen kann, wenn sie nur will.

Wer hat Marilyn kaputtgemacht?
Nicht sie selbst, wie man immer wieder lesen kann (Meissner), sondern ein inhumanes, zerstörerisches System, repräsentiert durch die Filmindustrie Hollywoods, die Entwicklungen ausschließlich nach Verwertungsgesichtspunkten fördert. Deshalb ist Marilyn nicht an sich selbst gescheitert, sondern an einer Gesellschaft, der sie den Spiegel vorhielt.
Das läßt sich ableiten am Image: Man baut sie zu einem monströsen Sextiger auf, zu einer Figur, die sie in keiner Minute ihres Lebens ausfüllen konnte, und dieses Image, das den Warencharakter der Sexualität in Gestalt der MM geradezu hypostasierte, läßt sich verwerten, vermarkten, denunzieren, ausquetschen bis zum letzten Dollar!
Im Gegensatz zu anderen Sexsirenen überlebte sie nicht, weil in ihr nicht deren kalte Mechanik klapperte. Marilyn hatte keine Chance, da sie als Frau, mit besonders starker Empfindsamkeit ausgestattet, nie gelernt hatte, damit umzugehen.
Ingrid Bergman, der man das Etikett einer schneeweißen Unschuld verpaßt hatte, gelang es, aus diesem Image auszubrechen, Marilyn Monroe entkam ihrem Gefängnis nur durch die dunkle Pforte des Todes.

hei

Literatur

Norman Mailer: »Marilyn Monroe. Eine Biographie«, München/Zürich 1973/76.
Joe Hembus: »Marilyn Monroe. Die Frau des Jahrhunderts«, München 1973.
Wolfgang Tumler: »Marilyn Monroe«, Hamburg 1978.
»Die Monroe-Doktrin« in: »DER SPIEGEL«, 30. 9. 1953.
John Kobal (Hg.): »Marilyn Monroe«, London/New York/Sydney/Toronto 1974.
Toni Meissner: »Marilyn Monroe – eine amerikanische Tragödie« in: »Buchmagazin«, 3/1979.
Lena Pepitone: »Marilyn Intim«, München 1979.
Truman Capote: »Wenn die Hunde bellen«, Wiesbaden 1974.
Robert Slatzer: »The Life And Curious Death of Marilyn Monroe«, Los Angeles 1977.
Marilyn Monroe: »My Story«, New York 1974 (deutsch: »Meine Story«, Frankfurt 1980).

James Dean
Rebell ohne Ziel

> »Er gab dem Teenager einen Status,
> der vorher nur dem Baby oder dem Mann zukam.«
> Sal Mineo

Die Jugend der US-Nachkriegsgesellschaft wußte nichts voneinander, sie artikulierte sich nicht. Draußen gab es statt menschlicher Wärme: Kunstfasern, Anbaumöbel, Bildschirme, Neonleuchten, Atombomben. Eine Generation von Lebenden wuchs heran in einer Gesellschaft mit verdinglichten Instinkten von Besitz und Sicherheit; frustrierte Riesen, die gegen den Kälteeinbruch von außen Kraftgefühle von innen aktivierten. Hotmusik, Spielautomaten, Spätvorstellungen und aggressive Stehkonvente an der Ecke hielten die Wärmequellen in Gang. Diese Generation wollte nicht vereisen. Sie lebte – ihr Idol war tot.

James Dean hatte wissen wollen, wer er war. Als er 1955, vierundzwanzigjährig, bei einem Autounfall starb, nahmen andere dem ersten »Guerilla-Künstler des Films« (Denis Hopper) die Antworten aus der Hand. Dean wurde zur Kultfigur eingefroren, clevere Haie der Branche schminkten der Totenschau rauschhafte, häßliche Züge an, sie verheerten das Bild des toten Schauspielers so gründlich, daß sein weltweiter Mythos heute von der Wirklichkeit abgetrennt ist.
Hollywood hielt die Hysterie am Brodeln, sie war gewinnträchtig. Todesauto, Garderobe, persönliche Habseligkeiten des Stars wurden – nach seinem Begräbnis am 8. 10. 1955 in Vermont – stückweise verhökert, jede Gedächtnisfeier entartete zur Fledderei, 30-Dollar-Gipsbüsten fanden phänomenalen Absatz und zierten Dean-Altare im Zimmer jedes dritten US-Teenagers. Fan-Clubs wurden zugelassen, sie brachten es in Monatsfrist auf 3,8 Millionen zahlende Mitglieder. 2000 Briefe wöchentlich an »James Dean, Hollywood«, und noch drei Jahre später erhielt das tote Idol mehr Post als jeder lebende Filmstar.
Wo die wütende Trauer, halb sozial motiviert, halb in existentialistische Farben gekleidet, echt war, warf sie der etablierten Gesellschaft Raub von Lebensmöglichkeiten vor. Als absolute Figur für Millio-

nen Jugendliche, unfehlbar durch die Unberührbarkeit, überzeugend in der Identität von Leben, Rollen und Tod, überlebte James Dean. Im Tod war seine Lebensintensität erklärt.

Geboren wurde James *Byron* Dean am 8. 2. 1931 in Marion, einer Kleinstadt, fünfzig Meilen nördlich von Indianapolis (Indiana). Vater: Winton Dean, ein Zahntechniker mit kleinbürgerlichen Idealen. Mutter Mildred, eine hübsche, liebevolle Musenfreundin, gibt ihrem Sprößling den Familiennamen ihres Lieblingsdichters. Sie hegt sorgsam den kleinsten musischen Trieb ihres Lieblings, sie spinnt ihn in vertrauliche Spiele ein, die ihn vom unverständigen Vater und der Umwelt entfernen. Als sie plötzlich stirbt, ist James, neunjährig, allein mit seinem ungeliebten Vater, der mit ihm nichts anzufangen weiß: Er schickt ihn, zusammen mit dem versiegelten Sarg der Mutter, in die Quäker-Gemeinde Fairmount/Indiana zurück. Auf der abgelegenen Winslow-Farm wächst der introvertierte James ohne elterliche Liebe, unter der puritanischen Fuchtel bibelgläubiger Verwandtschaft auf, eingepuppt in die inneren Kreise von Poesie und Mutterliebe.

Seine Verwundbarkeit macht die taktische Anpassung erforderlich. Mit vierzehn steigt er auf ein geschenktes Motorrad. Knatternd rast er durch die Wiesen und Dörfer, auf Realitätskontakt nur im Vorbeiflug aus. Die High-School sieht ihn als Klassenprimus in Kunst und Sport, er ist Champion im Stabhochsprung und Präsident des Theaterclubs. Als er den nationalen Preis in einem Vortragswettbewerb gewinnt, ist sein Schauspielhunger hellwach.

An der Universität von Kalifornien (UCLA), belegt der grüblerische Farmerjunge 1949 Jura und Theaterwissenschaft. Hinter dicken Brillengläsern beäugt James, kurzsichtig wie ein Maulwurf, eine Umwelt, die ihm nicht nur visuell undurchschaubar erscheint. In dem intellektuellen Klima fällt dem näselnden Mittelwestler das Lesen schwer, er hat psychische Probleme, und sein Leid wird so dicht, daß er beschließt, es zu spielen. Hingerissen sieht er Marlon Brandos Filmdebüt *The Men* (1952), spielt an der Studentenbühne den Malcolm in *Macbeth* und macht erste Fernseherfahrungen in einem zweiminütigen Pepsi-Cola-Spot. Als ihm richtiger Schauspielunterricht bei dem ehemaligen Hollywoodakteur William Whitmore vermittelt wird, hat James Dean seine Profession gefunden.

Es ist 1951 und »Jimmy« geistert durch Los Angeles auf der Suche nach einem Verdienst. Er jobt für eine Mahlzeit, träumt, hat in sich ungestillte Wünsche, hungert sich durch das ganze Jahr und denkt nur noch an eins: die Schauspielerei.

Durch ausgesprochene Zähigkeit angelt er sich ein paar Kleinstrollen. Er mimt Johannes den Täufer in dem österlichen TV-Spiel *Hill*

176

Number One, sammelt erste Filmerfahrung in der 20th Century-Großproduktion *Fixed Bayonets* (»Die Bajonette sind bereit«, 1951), wo sein Text aus einem Satz besteht, danach in dem Jerry Lewis Klamauk *Sailor Beware* (»Seemann, paß auf!«, 1951), wo er noch wortkarger ist, und in Douglas Sirks *Has Anybody Seen my Gal?* (»Hat jemand meine Braut gesehen?«, 1952) mit Rock Hudson.

Die florierende Beschäftigung auf der untersten Statistenebene macht dem linkisch-scheuen Dean Mut. Er wechselt seine Freunde, angeknackste Kneipenbummler, gescheiterte Mimen, philosophierende Säufer, die er nachts in den Pinten trifft, aus gegen die intellektuellen Insider der Künstlerszene von Hollywood. Jetzt schwadroniert er, flaniert, sonnt sich im hauchdünnen Ruhm und der Gunst der Glitzerwelt. Er hätschelt Kontakte und spielt für die Aussicht auf eine Rolle den armen Teufel. Der ehrgeizige Statist geht in den Swimming-pools der Schickeria baden. Doch schon nach ein paar Wochen hat er die Nase voll. Seine Selbstachtung ist verschwunden. »Ich tue das für keinen mehr ... Wenn ich durch mein Talent nichts erreichen kann, will ich es überhaupt nicht erreichen.«

Im Herbst 1951, ungeduldig geworden, setzt sich James Dean in einen Greyhound-Bus und fährt nach New York, wo er Leben und künstlerische Kreativität zu finden hofft.

Der Schock ist groß. Er erfährt die astronomische Einsamkeit in der Milchstraßenstadt. Dean reagiert depressiv, geht dreimal täglich ins Kino und lungert am Times Square herum, wo er seinen Grundfragen nach einem angstfreien Leben vor dem Tod und ob es von den Vätern etwas zu lernen gibt auf die Spur zu kommen hofft. Ermattet in Riesenkinos, steht der arbeits- und mittellose Schauspieler psychisch und materiell vor dem Elend. Er spricht nur mit sich selbst. Und was sagt er? »Sieh zu, daß du nicht verlorengehst.«

Ganz unerwartet macht er die Bekanntschaft mit einem Engel. Die Agentin Jane Deacy, Mentorin bis zu seinem Tod, »Mom« Deacy erkennt sein Talent. Dean kann sich wieder in kleinere TV-Auftritte hineindienen und hat einen Probeauftritt vor den »Evangelisten des amerikanischen Schauspiels, Lee und Molly Strasberg« (Howlett). Er besteht eine vertrackte Aufnahmeprüfung und wird mit 21 Jahren das jüngste Mitglied des berühmten *actor's studio*.

Einerseits kam Dean die von Elia Kazan und Lee Strasberg, dem Leiter der Schule, entwickelte Methode entgegen, die auf der Schauspiellehre des russischen Theaterrevolutionärs Stanislawski basierte. Die Erforschung eigener Identität, der psychische Drahtseilakt reiner Selbstdarstellung, war ohnehin Deans erklärte Forderung an den Schauspieler. Andererseits machte ihm die schonungslos analytische

Kritik Strasbergs sehr zu schaffen. Kritik zehrte die hauchdünne seelische Schutzschicht des narzißtischen Wahrheitssuchers im Nu auf.
Hatte er schon immer Schwierigkeiten mit dem psychischen »Kater« nach jeder schauspielerischen Anstrengung gehabt, so werden zukünftig daraus regelrechte Depressionen; sie führen zu paranoischen Veranstaltungen wie dem 45er Colt im Garderobenschrank, zu panischen Lähmungen, die er mit zunehmender Raserei auf seinem Motorrad zu beantworten sucht.
Im Dezember 1952 taucht Dean am Broadway auf und erhält eine Rolle in N. Richard Nashs Drama *See the Jaguar*. Er spielt einen eingesperrten Jungen, den die Mutter von bösen Welterfahrungen fernhält – und heimst anerkennende Kritik ein. Zwar fällt das Stück nach sechs Aufführungen durch, aber wichtige Leute haben Dean gesehen. Anfang 1954 wird sein Theaterruhm komplett. In dem Drama *The Immoralist*, nach André Gides Roman, brilliert er als Araberjunge Bachir. Zwei Preise für den wichtigsten Newcomer des Jahres sind die äußeren Zeichen seines jungen Ruhms.
Dean ist entdeckt. Kazan sieht ihn bei der letzten Vorstellung. Die Besetzungsbüros der Filmkonzerne reagieren sofort. »Mom« Deacy kann es sich sogar leisten, eine Hauptrolle in Victor Savillas *The Silver Chalice* (1954/55) abzulehnen, die daraufhin Paul Newman übernimmt. Zum ersten Mal hat Jimmy Dean Geld. An seinem Lebensstil ändert das jedoch nichts. Schäbige Kleidung, unrasiertes, mürrisches Gesicht, widerspenstige Frisur: Er macht keine Konzessionen an Standards.
Wieder hofft er, seinen Fragen in Tages- und Nachtwanderungen näher zu kommen. Er hatte Erfolg, aber reichte das? Mußte es nicht mehr geben, als ein guter Schauspieler oder Regisseur zu werden? Der intellektuelle Nachholbedarf des mittelmäßigen Oberschülers wird unersättlich. Er liest Carson McCullers und Virginia Woolf, Maurois, Huxley und Sarraute und verzehrt sich im Wissensdurst. »Er wollte über jede Einzelheit Bescheid wissen, die die Menschheit seit dem Steinzeitalter entdeckt hat« (Pegot Waring). Mit Ausdruckstanz feilt Dean an seiner Körpersprache, in den Pinten von Greenwich Village schlägt er Bongos. Er entwickelt eine Privatsprache aus Literatur und Gebrabbel, Jargon als Ausdruck einer zurückgedrängten Persönlichkeit, gleichzeitig Anmut und Armut, Selbstvertrauen und heimliche Resignation. Seine Motorräder werden immer schneller. Er will alles verstehen und hat immer recht. Mit dreiundzwanzig ist er älter als sein Jahrhundert.
Deans Privatbeziehungen halten mit seinen äußeren Erfolgen nicht Schritt. Spätere Profis des Klatsches haben mit seinem angeblich gestörten Sexualleben heftig spekuliert. Tatsächlich war die sinnliche

Präsenz seiner Körpersprache brüchig, seine melancholische Selbstbezogenheit schien instabil. Er benötigte feste Beziehungen, hatte aber Angst davor, nichts zu fühlen, Falsches zu fühlen, Unwichtiges zu denken. Zerrissen zwischen der Sehnsucht nach Anerkennung und Aufrichtigkeit und einer tiefsitzenden Angst, verletzt und ausgenutzt zu werden, blieb er argwöhnisch selbst bei engeren Freundschaften.

Das unglückliche Verhältnis mit Pier Angeli, im Sommer 1954, verstärkte Deans Argwohn noch mehr. Nach einem Streit verließ er sie. Zwei Wochen später war sie mit dem adretten, katholischen Schlagersänger Vic Damone verlobt und heiratete ihn. Dean war verstört. Im Jahr darauf ging er zwei Verbindungen ein (mit Maila Nurmi und Ursula Andress), die von seinem launischen Mißtrauen ruiniert wurden.

Mit Elia Kazans *East of Eden* (»Jenseits von Eden«, 1954) schaffte Dean den Durchbruch auf der Leinwand. In dem Familienepos des Mittelwestens spielt er den Farmerssohn Cal Trash, das schwarze Schaf, das die väterliche Liebe gewinnen will, aber abgewiesen wird. Kazans Aussagen nach kam für die Rolle nur Dean in Frage: »Ich nahm Jimmy, weil er Cal *war*. Er hatte was gegen alle Väter.« Deans Darstellung kam das Körpertraining der vorausgegangenen Monate zugute. Von der Anfangssequenz an ist seine spastische Leidensfähigkeit, die Desorientierung seiner jugendlichen Energie, die frustrierte Naivität zu sehen. Sein Gesicht spiegelt Wahrheit und Schmerz pubertären Gehemmtseins, in dem sich eine ganze Generation wiedererkennen sollte.

Dean steckt Ruhm und Gagen weg und arbeitet. Natürlich hatte er

Ohnmächtige Rebellion (mit Raymond Massey).

sich selbst gespielt, für Gefühle von Stolz und Dankbarkeit war seine Selbstdarstellung zu authentisch. Er war kein Schauspieler, der sich verstellen konnte. Sein gestischer Erfindungsreichtum war kein »Stil«, er war reine Lebenshaltung. Auf der Suche nach gültigem Selbstausdruck, nach einer Arbeits- und Lebensweise in Übereinstimmung mit seinen Ängsten, Wünschen, Interessen war er unversöhnlich.

Nur eins ärgert ihn: wenn man ihn »den Brando der armen Leute« nennt. Seine Kritiker verabsolutierten ihr traditionelles Schauspieler-Ideal mit exaktem Gestus, präziser Sprache und kalkuliertem Einsatz. Den neuen psychodynamischen Stil mit verrutschtem Ausdruck, animalischer Spielweise, dem körperlichen Begreifen der Rolle verstanden sie so wenig wie Rassisten den Habitus der Farbigen.

T-shirt und rotes Blouson, Jeans, die er an den Verhältnissen abarbeitet und nicht vorwaschen läßt, Jimmy Dean ist der wilde Kerl der Lametta-Stadt, weil er sich nicht der Publicity-Maschinerie der Traumstadt unterwirft. Er pfeift auf das taxierte Schulterklopfen. Den Journalen wirft er seine Weltanschauung hin wie Hunden einen Knochen, auf der Unterlippe hängt seine Zigarettenkippe. Hollywood imponierte ihm nicht. Er hatte mitangesehen, wie junge Talente von den Studios ausgebeutet und unter der Maske eines manipulierten Image erstickt wurden. Das sollten sie mit ihm nicht versuchen.

Während der Dreharbeiten zu Nicholas Rays *Rebell without a Cause* (»Denn sie wissen nicht, was sie tun«, 1955) ist Deans Ruf bei der jungen Generation bereits voll da. Sie haben ihn gesehen, widerspenstig, hilflos, unangepaßt und schön, und wissen, daß er für sie spielt. Rays Film über eine jugendliche Randgruppe, ihre Mutproben, ihre Kämpfe aus Ekel an den traditionellen Wertmaßstäben der Eltern wurde schon nach wenigen Tagen Drehzeit von opportunistischen Studiochefs torpediert, die behaupteten, Jugendkriminalität gäbe es in Gottes eigenem Land gar nicht, sondern eher in Rußland. Die ideologische Nachhut des »Ausschusses für un-amerikanische Umtriebe« beugte sich erst dem durch Publikumsenthusiasmus und Qualitätssignale der ersten Filmmuster zu erwartenden Kassenerfolg.

Als Außenseiter Jim Stark rebelliert Dean in diesem Film erneut gegen die Eltern. Der Vater ist ein verächtlicher Pantoffelheld, der Jims Suche nach Aufrichtigkeit und Verantwortung ausweicht, die herrische Mutter versteht ihn nicht. Das Verhältnis zu den Eltern, erstmals in amerikanischen Filmen thematisiert, bezeichnete die typische Krankheit einer Gesellschaft mit eingebildeter Vormund-

180

Jim und Judy
(mit Natalie Wood
in *Rebell without
a Cause*).

schaft für die Jungen. Irgend etwas war von Grund auf falsch. Aber was? An den Eltern schien es greifbar. Stellvertretend für die staatlichen Autoritäten wurden sie von der Zerstörungswut ohnmächtiger Abhängiger attackiert, die in echter, aber richtungsloser Rebellion den genauen Ausdruck ihres Elends verfehlten. Dean war das Medium dieser Jugend, er artikulierte ihre Ohnmacht, nicht ihren Kampf.
Bei den Dreharbeiten verausgabte sich Dean völlig. Ray hatte ihm freie Hand gelassen, und Dean nutzte das zu einer Darstellung von schmerzhafter Genauigkeit. Sein Jim Stark hat die nervöse, beängstigende Erfahrung eines Jungen, der mehr weiß, als er ausagieren kann. »So viel von mir selbst kann ich nie mehr geben«, sagt Dean, als der Film abgedreht ist. Das Werk, einen Monat nach seinem Tod uraufgeführt, wird zum Katechismus der Eltern-Rebellion Zwölf- bis Achtzehnjähriger, die – nach einer Umfrage 1956 – zu 95 Prozent Angst vor dem Leben haben.
Zwischen zwei Filmen widmete sich Dean seinen Interessen. Er liebte Siamkatzen und sein Palomino-Pferd, das er als Ersatz für den von Studio-Bossen stillgestellten roten MG-Flitzer auf einer Ranch nahe Hollywood hielt. Er liebt es auch, über den Tod nachzudenken, den er für die einzige Wahrheit hält. (Alles andere ist mit eigener Kraft veränderbar.) Sein Gesicht bleibt verdunkelt. Aber wenn schon Tod, dann den besten! Er baut seinen Hang zur Geschwindigkeit aus.

Von Motoren und Rennwagen war Dean fasziniert. In Kalifornien hatte er bereits einen Anfängernamen als vielversprechender Rennfahrer. Gereizt machten ihm die Studiogewaltigen einen Strich durch die Rechnung. Er war ein zu wertvoller Besitz: Für die Dauer der Dreharbeiten zu *Giants* (»Giganten«, 1955) wurde ihm jede »gefährliche Sportart« vertraglich untersagt.

Die Aufnahmen zu *Giants* erstreckten sich von Juni bis September 1955. Pedantisch in der Analyse und mit unberechenbarer Spontaneität unterminierte Dean ständig den ausbalancierten Dressurakt der Dreharbeiten von George Stevens. Dean brauchte Freiheit zur Improvisation. Seine Aufwärmmethoden vor der Aufnahme, z. B. mit Keuchen und Schreien um den Drehort zu rasen, stießen auf Unverständnis des ganzen Stabes. Dennis Hopper, der Benedict III des Films und Freund Deans, gibt einen Eindruck von Deans Schwierigkeiten in einem unbehaglichen Klima: »In *Giganten* war er zum ersten Mal so nervös, daß er kaum sprechen konnte. In der ersten Szene mit Liz Taylor drehte er sich plötzlich um, ging ein paar Schritte und begann zu pinkeln. Viertausend Neugierige sahen zu. Danach konnte er die Szene zu Ende spielen.«

Die enormen Schwierigkeiten reagiert James Dean, wenn er nachts mißlaunig in Pinten und auf Parties schiebt, mit Bongotrommeln ab, an denen er ganz groß ist. Er ist unleidlich, will beachtet werden, wird unverschämt. Einmal im Mittelpunkt, hält er ihn eifersüchtig besetzt, ein verstörter Bongospieler auf Abruf, der die monotone Botschaft:»Hört mich an, liebt mich« in alle Gespräche trommelt.

Giants wird schließlich doch noch fertig. Deans Jett Rink, ein verdrossener Cowboy, von Großbürgern auf einem Fleckchen Land in Texas nur geduldet, bis er Öl findet, selbst aufsteigt, altert und sich in böser Verächtlichkeit selbst zerstört, ist von quälender Eindringlichkeit. Rink-Dean ist unverletzbar in der Zurückgezogenheit narzißtischer Grübeleien, aber: arrogant bis zur Häßlichkeit. Dann wieder wirkt er verzweifelt durchsichtig, schutzlos wie ein Kind. In der zweiten Filmhälfte, wo Dean das Porträt des alternden Helden gibt, liefert er artistische Botschaften von den Grenzen seiner eigenen Existenz.

Der Film, aufgrund einer wohldosierten Nachlaßkampagne der Werbestrategen Warners erst mehr als ein Jahr nach Deans Tod, am 24. November 1956, uraufgeführt, wird zu einem der größten Hits des Burbank-Konzerns und der Filmgeschichte. Nach Abschluß der Dreharbeiten ist Dean ein Superstar. Er soll bei Warner Brothers neun Filme drehen, ein 900000-Dollar-Vertrag wird vorbereitet, das Fernsehen bietet ihm nie dagewesene Gagen.

Aber Jimmy hat kurzfristigere Ziele.

Er macht noch schnell einen Werbefilm für Straßensicherheit,

Mit seinem ersten Porsche.

schließt eine Lebensversicherung ab und kauft sich einen Porsche Spyder 550, den er »Kleiner Bastard« nennt. In Salinas/Kalifornien findet ein Autorennen statt, und Jimmys vertragliches Fahrverbot ist abgelaufen. Dean läßt sich die Startnummer 130 auf den Silberpfeil malen, besteigt ihn am 30. September mit seinem Mechaniker Rolf Weutherich und braust los. In Bakersfield brummt ihm eine Verkehrsstreife einen Strafzettel auf. Er ist 100 statt 70 gefahren. Danach dreht Dean noch mehr auf. Die Arbeit ist geleistet, wieder ein schwer erkämpfter Sieg gegen eine Übermacht. Um 17.55 Uhr, die Sonne verbreitet bereits Dämmerlicht, biegt auf der Kreuzung der Highways 466 und 11 ein schwarzer Plymouth von rechts auf die Hauptstraße ein. »Der muß uns doch sehen!« schreit Dean, dann kracht der leichte Sportwagen in die Limousine. Die Tachonadel bleibt bei 140 Stundenkilometer stehen. Der 23jährige Donald Turnupseet kommt davon, ebenfalls Weutherich. James Dean wird von der Lenksäule aufgespießt, sein Genick gebrochen. Er stirbt auf dem Weg ins Krankenhaus.

Er ist einer von 38000 Verkehrstoten 1955 in den USA.

B. S.

Literatur

Alfred Andersch: »Der Tod des James Dean«, St. Gallen 1960.
William Bast: »James Dean«, München 1957.
Hedda Hopper: »Hollywood ungeschminkt«, Berlin 1966.
John Howlett: »James Dean«, München 1977.

Elizabeth Taylor
Die schöne Naive und die Whiskyflasche

Wo ein Mythos gebraucht wird, spielen Kino und Alltag aufs engste zusammen. Daß die Verschmelzung dennoch nie ganz stattfindet, dafür ist Liz Taylor das schillerndste Beispiel. Sie besitzt allen Glamour, den Studios nur aufbieten können, und jenes Quantum Realismus, das den Zuschauer zur Identifikation zwingt. Aber sie verkörperte nie etwas anderes als den glänzenden, unberührbaren Star. Unter der Fuchtel der Öffentlichkeit herangewachsen, spielt und lebt sie, als seien die 30er Jahre wiedergekehrt und Hollywoods altes Starsystem so berauschend und skandalös wie eh und je.

Hin und wieder fand ihre Darstellung im Privatleben mehr Interesse als die auf der Leinwand. Ihre außerordentlichen Mittel der Natur und die ordentlichen der Darstellung erschwerten die einhellige Anerkennung als Schauspielerin. Auch zwei Oscars täuschen darüber nicht hinweg, daß die Basis ihrer rund dreißigjährigen Popularität reinstes Hollywood ist: eine Mischung aus marmorner Schönheit – die Frauen beneiden und Männer gefühllos begehren –, erotischem Geheimnis und lautstarkem Privatleben.

Dennoch ist die Nachfolgerin der Nazimova und Swanson keine vergoldete Königin geworden. Ihre komödiantischen Fähigkeiten hat sie bewahrt, Symptom des erfolgreichen Kampfes gegen den Flugsand der Studios, der vielen, von Florence Lawrence bis Marilyn Monroe, den Boden unter den Füßen wegzog.

Am 27. 2. 1932 wird Elizabeth in London geboren. Mit drei tanzt sie vor der Königin, mit zehn, nachdem die Taylors bei Kriegsausbruch nach Pasadena/Kalifornien gezogen sind, singt sie frech in der Universal-Produktion *There's one Born every Minute*, und obwohl der Film ein Mißerfolg wird, ist ihre Mutter, eine ehemalige Schauspielerin – der Vater verdingt sich als Kunsthändler in Beverly Hills –, entschlossen, der kleinen Liz einen Stammplatz in Hollywood zu ergattern: Sie soll eine zweite Deanna Durbin werden. Ein Jahr später hat Mrs. Taylor sen. ihren Gönner, J. Cheaver Couden, Großaktio-

185

när von Universal, gegen den Produzenten Sam Marx eingetauscht, der für MGM *Lassie Come Home* (»Heimweh«, 1943) drehen will und dem Liz mit dem Akzent vom Wilshire Boulevard und dem würdevoll-schönen Gesicht ausnehmend gefällt. In diesem Film und einigen folgenden, liebt Liz Tiere so wie sie später Männer liebt: bedingungslos zärtlich, ganz und gar.

National Velvet (1944) macht sie zum Star. Vom Tag der Uraufführung an, sorgt sich MGM bemerkenswert darum, das junge Juwel nicht zu verschleißen. Bis 1954 wird ihr die Behandlung eines kostbaren Wertgegenstandes zuteil. In *Jane Eyre* (1944) und *The Courage of Lassie* (1946), ihren folgenden Filmen, präsentiert sich Elizabeth Taylor als Engel und Falter zugleich, unberührbar entrückt und gleichzeitig das lockende Kindweib. Sie ist noch unbelastet vom Narzißmus überdimensionierter Vergötterung, nachdenklich dumm, neugierig gelangweilt, arrogant einfühlsam.

Es ist der Übergang vom Kind zur jungen Frau, an der die meisten Kinderstars scheitern. Die seltene Blume Liz entwickelte sich jedoch unbeschadet und konnte mit fünfzehn als vollausgebildeter romantischer Kader auf die magische Leinwand zurückkehren. Ihre Fans hatten sie mit jener Anhänglichkeit erwartet, die Schauspielerinnen zukommt, deren Erscheinung eine erotische Labsal in puritanischer Alltagslandschaft ist. In *Cynthia* (1947) erlebt sie ihren ersten Kuß, verharrt jedoch in jener süßen Naivität, die den ganzen Film aus der MGM-Bonbonfabrik verzuckert. Noch umschlingen ihre Arme nicht den Geliebten, aber die Lippen der Fünfzehnjährigen haben schon die Sinnlichkeit der Frau, ihr Gesicht ist schon Material für Sehnsüchte, der Körper exemplarisch.

In einer anspruchslosen Komödie alten Stils: *A Date with Judy* (1948) spielt sie danach eine vorzeitige Lolita, ahnungsvoll erotisch, hochnäsig und in Daddy verliebt. Auch in *Julia Misbehaves* (1948) hatte sie keine Hauptrolle, erlebte aber ihre erste ernsthafte Liebesbeziehung – mit Peter Lawford –, und sie verdiente – mit sechzehn – nun 2000 Dollar pro Woche.

Nachdem sich Liz Taylor in *Little Women* (»Kleine tapfere Jo«, 1949) als hinreißende, scharfzüngige Komödiantin entpuppt hatte, wurde sie in *Conspirator* (»Verschwörer«, 1950) von den beschlagenen MGM-Strategen vom Mädchen zur reifen Frau geführt. Sie war jetzt körperlich und geistig nach MGMs Lieblingsmaßen arrangiert. Liz: »Ich habe den Körper einer Frau und den Geist eines Kindes.« Man hatte ihr Material gemustert, viel vorn, viel hinten – her damit! Der Film war eine der vielen Antworten Hollywoods auf den Kommunismus. Die Taylor entdeckt, daß ihr Mann (Robert Taylor) russischer Spion ist, und liefert ihn aus. Solch patriotisch-antikommunistisches Handeln sollte als Symptom gelten, daß sie endgültig eine erwachsene Frau geworden war.

Zwischen 1950 und 1954 ist der erste Reifegrad ihres Images erreicht. Elizabeth Taylor blüht als der verkörperte Traum von Schönheit und Romantik in den Kinos auf. Vollkommen erfüllt sie die Sehnsucht des Publikums nach überdimensionierter Schönheit, stellvertretendem Glück. Sie ist die schön Naive, reich, verwöhnt, neugierig – und schon verführerisch. Im Profil ein Engel, *en face* von leidenschaftlicher Sinnlichkeit, ein Luder, eine Sirene, gefährlich und sündhaft schön; hohe Backenknochen, große veilchenblaue Augen, ein erotisch-gesättigter Mund. In allem, was sie hat, ist sie sehr reich ausgestattet. Ihre Gefühle, von denen die schöne Frau schnell überwältigt wird, sind radikal: So wird sie oft unglücklich werden.

The Place in the Sun (»Ein Platz an der Sonne«, 1951), thematisch ein Grundmuster vieler Taylor-Filme, eine klassische Dreiecksgeschichte mit dem gutartigen Mann in der Mitte (Montgomery Clift) und der braven Blonden (Shelley Winters) sowie der von Elizabeth Taylor verkörperten Dunklen, Sinnlichen, Lockenden an dessen Seite gilt als ihre erste bedeutende Leistung und wird ein Kassenschlager. Die Taylor gibt die Frau, von der Männer träumen, die den bürgerlichen Gegensatz von Erotik und Kameradschaft zugunsten ihrer biederen Handlungsfähigkeit harmonisiert haben. Sie ist die durch Schönheit – auch innerer, leidensfähiger Schönheit – verklärte Sexbombe, phantastisch nächtliches Weib mit Tageswerten.

Obwohl sie nun ein Star ist, läßt sie sich auf einige zweitklassige Quickies ein, Dauerware mit Fernsehformat (*Love is better than Ever*, 1952, *The girl who had everything*, 1953). Erst in *Elephant Walk* (»Elefantenpfad«, 1954), eingesprungen für die erkrankte Vivien Leigh, bekommt sie wieder Format. Dieses zwar zweifelhafte

Rollenstudium während *Love is Better than Ever*.

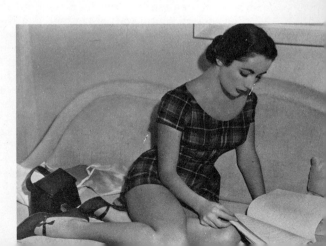

und exotische Unterhaltungsprodukt fügt ihrem Image wesentliche neue Seiten hinzu, sie gewinnt Feuer und Profil: Von nun an kann man sie sich als Tennessee-Williams-Heroine vorstellen.

In *Rhapsody* (»Symphonie des Herzens«, 1954) werden die neuen Elemente der Taylorschen Persönlichkeit thematisches Zentrum. In ihren Reizen mißachtet, entfaltet sich wie von selbst der durchaus doppelbödige Zauber der *femme fatale*: anziehend weiblich, aber aus Langeweile monströs. Der Film ist wie verzaubert von ihrer Schönheit, die zu russisch-sinfonischen Klängen süchtig instrumentiert, andererseits jedoch als Gefährdung des Mannes und seines Geschäfts systematisch verleumdet wird.

Zwischen 1956 *(Giants)* und 1960 *(Butterfield 8)* arbeitet die Taylor weiter daran, ihr Image als schön Naive aufzubrechen – sie wird die *Southern Belle*, die bestrickend verführerische Südstaaten-Schönheit mit dem vulkanischen Temperament. Natürlich war diese Seite nicht neu. Aber jetzt wurde es ernst. Aus dem Warten auf die Liebe des Mannes wurde der Kampf um ihn, ein Kampf, dem jedes Mittel recht ist.

Inzwischen hatte Liz einen großzügigen Lebensstil und den flotten Wechsel von Ehemännern etabliert. Ihren ersten Mann, Nicky Hilton, einen Vertreter des Big Business, heiratete sie – 1950 mit achtzehn – noch, weil beide übergroße Pullover, Hamburger mit Zwiebeln und Ezio Pinza »anbeteten«. Schon nach den Flitterwochen sah sie ein, daß eine Ehe mehr ist »als ein Cottage mit Rosen, die über den Zaun hängen«. Diese Einsicht versuchte sie 1952 mit dem zwanzig Jahre älteren Michael Wilding zu verwirklichen, bei dem sie »Ruhe, Reife, Sicherheit« fand. Sie spielte die Rolle der artigen jungen Frau mit Stil, was ihr fünf Jahre lang gefiel. Der Ehe entsprangen zwei Söhne, Michael und Christopher, und Liz' Hinwendung zu einem der gerissensten Figuren des Schaugeschäfts, zu Mike Todd. Mit ihm, dessen Motto war: »Man muß den Kunden eine Fleisch-und-Kartoffel-Show bieten ... hohe Damen und niedrige Komödie ...«, wird die vulgäre Taylor geboren, die sich in der Öffentlichkeit mit ihrem Mann fluchend herumstreitet. Bei der Geburt ihrer Tochter Liza, während sich bereits Eddie Fisher um Liz bewirbt, schwebt die Taylor lange in Lebensgefahr. Als Mike Todd während der Dreharbeiten zu *Cat on a Hot Tin Roof* mit seinem Flugzeug »Lucky Liz« in der Wüste von New Mexiko zerschellt, ist sein Ende fast auch das ihre. Mit 26, ein Jahr nach der Hochzeit, ist sie Witwe.

Sie liebte James Dean wie einen Bruder, sie verehrte Montgomery Clift mit einer Art romantisierter Mutterliebe, aber am 12. 5. 1959 heiratete sie Eddie Fisher, einen Schmachtsänger, der auf seinem Abstieg Halt suchte – in Las Vegas unter der Fuchtel des Glücks-

188

spiels. Liz, als Beschützerin, war jedoch eine Fehlbesetzung, und so ging die Verbindung bei Beginn der Dreharbeiten zu *Cleopatra* (1963) zugunsten von Richard Burton in die Brüche, den sie am 15. 3. 1964 in Montreal, wo er den »Hamlet« spielte, heiratete: zwei Wochen, nachdem sie von Fisher in Puerto Vallarta (Mexiko) geschieden wurde, wo sie später die »Villa Kimberley« bauen läßt, die sie Richard zum Geburtstag schenkt.

Auf der Leinwand spielte Elizabeth Taylor in vier aufeinanderfolgenden Filmen private Aufrührerinnen gegen eine Männerwelt, in der Frauenschönheit nur Ornament des Business ist. Als Leslie Benedict in *Giants* (»Giganten«, 1956) ist sie die liberale Dame von der Ostküste, die ihre Kulturwelt nicht dem Texas-Horizont eines schwerfälligen Patriarchen (Rock Hudson) aufopfern will, ihn erfolgreich erzieht und von Jett Rink (James Dean), selbst ein Märtyrer der Liebe, zur Heiligen Magdalena der Einöde stilisiert wird.

Als Susanna Drake in *Raintree Country* (»Das Land des Regenbaums«, 1957) gibt sie eine überzüchtete Louisiana-Sumpfblüte. Wieder ist Montgomery Clift, der idealistische, hilflos schwankende Prototyp des Opfers, komplementärer Partner der Taylor, die die Sinnlichkeit der starken Frau verkörpert, mit der Geist und Verstand der Filmhelden ruiniert werden.

Raintree Country machte sie reif für ihre beiden großen Höhepunkte als Zentralfigur des Tennessee-Williams-Kosmos. Als Maggie in *Cat on a Hot Tin Roof* (»Die Katze auf dem heißen Blechdach«, 1958), in einem treibhausschwülen Melodram, in dem die psychologische Kriegführung der Geschlechter illuminiert wird, ist sie genauso faszinierend wie in *Suddenly Last Summer* (»Plötzlich im letzten Sommer«, 1959), wo sie als Catherine Holly erneut eine Frau darstellt, die, mißachtet in ihren erotischen Rechten, anderen im Weg steht.

Butterfield 8 (»Telefon Butterfield 8«, 1960) hantierte bereits mit einem gewandelten Taylor-Image. Sie war längst nicht mehr der unberührbare Schmetterling aus den Sumpfwäldern des Südens. Sie hatte Debbie Reynolds Eddie gestohlen. Sie war die Ehebrecherin, das scharlachrote Weib, das nach eigenen Regeln lebt, Hollywoods Schlingpflanze. So und nicht anders wollten die Fans sie jetzt sehen. Welch skandalöse Wandlung eines ätherischen *teeny-bopper* in zehn Jahren!

Gloria Wandrous ist die schöne, verworfene Sünderin, die zugrundegeht, weil sie mehr Liebe zu geben hat, als verlangt wird. Für dieses ihr und Eddie Fisher körpergerecht angepaßte Rührstück einer MGM-Gestrauchelten erhielt Liz den Oscar, den sie schon deshalb verdiente, weil das Drehbuch auf ihre Einwirkung hin empfindlich gestrafft, aber auch moralisch aufgerüstet wurde. Dennoch hielt der

Kritiker des »Commonweal« Gloria/Liz für »krank, krank, krank«, und nach der Premiere haßte auch Liz die »kranke Nymphomanin«, deren Zwiespälte sie verkörpern mußte.

Das bedeutendste Skandalweib des Altertums, Cleopatra, der glitzernde Superstar Ägyptens, wurde drei Jahre später in den Schatten gestellt von der modernen *femme fatale* Elizabeth Taylor, deren Affäre mit Burton mehr Interesse beanspruchte als der Liebesschmerz der Königin in den Säulenhallen des Morgenlandes. Die Darstellung des Stars erinnerte in Gestus und Dialog an Cocktailpartys in Beverly Hills; die Auseinandersetzungen zwischen dem fallsüchtigen Imperator (Rex Harrison als Cäsar) und der gefallsüchtigen Göttertochter inszenierten sich als Scheingefechte von mäßigem Engagement. Cleopatra beim Todeskampf ihres Gatten: »Wie steht der Wind nach Ägypten?«...

Einzig in der Sequenz, in der Cleopatra von der Vermählung des Geliebten Antonius (Richard Burton, der für Stephen Boyd einge-

Mit Richard Burton in *Cleopatra*.

sprungen war) mit der Witwe Cäsars hört, bekommt Liz Taylor urplötzlich die Dimensionen einer Albeeschen Furie zwischen glühender Liebe und abgrundtiefem Haß, Nahkämpferin mit radikalen Affekten. Ansonsten ist sie eine marmorne Larve, deren Augenblitzen und Busenwogen Leben suggeriert. Inszeniert als Prunkstück, hat sie es schwer, das 40-Millionen-Dollar-Ebenbild zu sein. Man sieht, daß die höchstbezahlte Darstellerin der Geschichte des Kinos – fast zwei Millionen Dollar Gage, mit Gewinnbeteiligung an den Einspielergebnissen: 7,175 Millionen, womit sie William Holdens 3 Millionen für *Die Brücke am Kwai* überrundete – nie etwas anderes ist als die modische Big Liz. Sie wirkt sehr zugereist. Der Film ist ein Wendepunkt in ihrer Karriere als Schauspielerin, Frau und Legende. Sie wird nun nicht mehr als Filmstar betrachtet, sondern als eine Art Weltwunder wie die Cheopspyramide.

Zu dieser Sicht der Dinge trugen Ereignisse verschiedenster Art bei, unter denen ihre Schlaftablettenvergiftung und der Luftröhrenschnitt, der sie von einer schweren Lungenentzündung rettete – was Lloyd's 8,4 Millionen Dollar kostete –, nur die unverschuldeten waren. Richard Burton jedenfalls heiratete Liz Taylor und schaffte damit – neben der 500 000-Dollar-Gage – mehr Ruhm auf seine Seite als Cäsar und Antonius zusammen.

Unter diesem Aspekt außerfilmischer Sensation standen auch ihre nächsten beiden Filme. Sowohl in *The VIPs* (»Hotel International«, 1963) als auch in *The Sandpiper* (»... die alles begehren«, 1965) – wo ihre Gage jeweils 1 Million Dollar betrug – war sie nur noch *die Taylor*, die berühmteste Liebhaberin der Welt. In weiteren neun Filmen fand sich das höchstbezahlte Filmdoppel der Geschichte zur Darstellung ihrer Beziehung zusammen, im Grunde ein konventionelles Paar mit gemischten Problemen, das seine Gefühle nach den Gesetzen der Theaterdramaturgie organisiert.

Richard Burton gestand einmal, er habe Angst vor der Taylor. Er, der klassische Shakespeare-Mime, sah sich untergraben von ihrer Sinnlichkeit. Daß die Burtons Star-Fighter des Intimbereichs sind, wußte die ganze Welt. Besonders schockierend fanden die Burtons diesen Umstand nicht immer. »Wenn sie geht, sieht sie aus wie eine französische Nutte«, sinnierte Burton über seine Frau auf dem *Set* von *Die Nacht des Leguan*, wo sie ihn überwachte, und einer der Paparazzi, die den Jet-set mit dem Fotoapparat um die Welt jagen, saß neben ihm und schnalzte mit der Zunge.

In *Who's Afraid of Virginia Woolf* (»Wer hat Angst vor Virginia Woolf?«, 1966) wurden die Spekulationen um das Paar exemplarisch auf die Leinwand gebracht. Für die Taylor, ausstaffiert mit einer Maske, deren Einzelteile ihrem eigenen Privatleben entstammten,

191

Monströses Entertainment (mit George Segal in *Who's Afraid of Virginia Woolf?*)

war diese Rolle das monströseste Entertainment ihrer Karriere. Als sentimentale Martha mit dem Whisky-Baß bewies sie, daß unter der Patina des Stars eine Schauspielerin steckte. Ihre kindliche Unausstehlichkeit, dröhnende Verletzlichkeit, ihre Zartheit im Suff brachten ihr den zweiten Oscar. Seit diesem Film war ihr aktuelles Image: die vitale Schlampe mittleren Alters, eine zerzauste Vettel auf dem Höhepunkt der *midlife-crisis*, ordinär und empfindlich, mit einer tiefen, nur notdürftig verdeckten Wunde in der Identität. Es stabilisierte sich für einige folgende Filme, von *The Taming of the Shrew* (»Der Widerspenstigen Zähmung«, 1967) über *Secret Ceremony* (»Die Frau aus dem Nichts«, 1968) bis zu *Hammersmith is out* (1972).

Aus der schön Naiven war die zänkische Matrone geworden, deren größte Vergnügungen lukullische Orgien und kaum verhüllte Beleidigungen sind, ein Weibsbild mit Übergewicht und Spaß am Leben. Wenn Stars die Rollen der Liebe und Schönheit nicht mehr tragen können, wandeln sie sich im glücklichen Fall zur guten Schauspielerin. Die Taylor hat diese Hürde genommen. Ihr Mut zur Darstellung des Alterns sicherte ihr nach dem Zenit ihrer Popularität die Anhänglichkeit neuer Publikumsschichten. Die alten Fans jedoch wollten das neue Image nicht akzeptieren. Spätestens nach Joseph Loseys Flop *Secret Ceremony*, wo sie eine kalkuliert beherrschte Ordinäre mit gezielten Entgleisungen spielt, war das große Publikum, geschult an der betörenden *Southern Belle* und begeistert von ihrer Darstellungskunst, auch wenn sie sich gar nicht zeigte, nicht entzückt von der dicken Dame, die so ungeniert mit Vulgarität klotzte.

Mit Ausnahme von *The Comedians* (»Stunde der Komödianten«, 1967) und *The Only Game in Town* (»Das einzige Spiel in der

Stadt«, 1970), ihrem letzten 1-Million-Dollar-Film, mit dem sie aus der Liste der zehn Hollywood-Top-Stars verschwand, wurden die Manierismen ihres neuen Image, mit denen sie Leben und Filmkarriere zur Deckung zu bringen scheint, Zentrum ihrer Darstellung. Einige Spätwerke, wie *Hammersmith is out, Identikit* (1974), oder *The Blue Bird* (1976), fanden wenig Anteilnahme und auch keinen deutschen Verleih. In diesen Filmen jagt sie durch ihr eigenes Repertoire wie eine von der Startklappe gehetzte Filmarbeiterin auf der Suche nach vergessenem Ausdruck.

Liz Taylor hat nie in einem niederen Genre gespielt, stets verkörperte sie glänzende, romantische Charaktere, spielte literarische, kultivierte Stoffe. Aber seit *Night Watch* (»Die Nacht der tausend Augen«, 1973), einem eklektischen Reißer mit leibhaftigen Gespenstern, scheint sie nicht mehr wählerisch zu sein.

Ihr vorerst letzter Film, das Musical *Little Night Music* (1977), mit den Melodien von Steven Sondheim, wurde als Weltsensation des Jahres angekündigt. Bei der Premiere in Deauville verließen die Zuschauer spätestens nach der Hälfte das Kino, das Liz gar nicht erst betreten hatte. Der Film wurde zurückgezogen.

Auch in ihrem Privatleben ging nicht alles glatt. Nach dem wilden Leben mit Richard Burton, in dem die Zerrüttungs-Virtuosen zehn Jahre lang Weib und Kerl gespielt hatten, kam 1973 die Scheidung. Liz verehelichte sich mit John W. Warner jun., einem hoffnungsvollen Politiker, der mit Hilfe ihrer 35 Prozent Popularitätsanteile auch prompt zum Senator gewählt wurde.

Mitte 1979 hatte sie – bei 1,56 Meter Körpergröße – durch Fettsucht mit 190 Pfund fast einen Zentner Übergewicht, und man befürchtete ein ähnliches Fiasko wie bei Elvis Presley. Liz aber, durch mehr als dreißig Krankenhausaufenthalte und Operationen gedemütigt, nahm wöchentlich vier Pfund zu und lachte über die Klagen der Medien, die ihr »Verrat an ihren Fans« vorwarfen. »Ich bin rund wie eine Wassermelone und fühle mich glücklich wie nie zuvor.«

Vom kleinen Engel der Nation über die Zelluloid-Göttin der Schönheit, vom ordinären Babylon-Weibsbild zur Senatoren-Gattin – die temperamentvolle Taylor, als Schauspielerin gewiß keine Duse, aber eine starke Persönlichkeit, sie ist noch nicht am Ende ihrer Karriere.

B. S.

Literatur

Susan d'Arcy: »The Films of Elizabeth Taylor«, Bembridge 1972.
Foster Hirsch: »Elizabeth Taylor – Ihre Filme, ihr Leben«, München 1979.

Gregory Peck
Der aufrechte Amerikaner

Am echtesten wirkt er in Rollen, die ihn nicht als Sieger, sondern als angeschlagenen Helden zeigen, der zwar gewinnt, aber nicht um jeden Preis.

In *The Gunfighter* (»Der Scharfschütze«, 1950) ist er der superschnelle Revolvermann Jimmy Ringo, der, des Tötens müde, nach Cayenne kommt, um seine Familie zu besuchen. Er hat die Sinnlosigkeit der ewig gleichen Rituale des Westens erkannt, sehnt sich nach bürgerlichem Glück, doch es gibt keinen Ausweg aus dem Kreislauf. Ringo wird von einem jungen Burschen feige in den Rükken geschossen; tödlich verletzt, bittet er den Sheriff, den Mörder laufenzulassen. Der Junge wird nun gehetzt und gejagt, den gleichen Ritualen ausgeliefert sein.

In diesen Momenten ist Peck groß. Sein Blick richtet sich in die Ferne, die hohe Gestalt wankt, doch der Held fällt nicht.

Nach der Leistung in diesem Film bot man ihm die Hauptrolle in *High Noon* (»Zwölf Uhr mittags«) an, doch Gregory Peck lehnte ab. Er wollte nicht immer dasselbe Stück spielen. Gary Cooper gewann dann mit dieser Rolle einen Oscar.

In einem anderen erfolgreichen Kinodrama seiner frühen Jahre, *The Snow of Kilimanjaro* (»Schnee auf dem Kilimandscharo«, 1952), spielt er einen Großwildjäger, dessen Flair aus Kühnheit, Aufrichtigkeit und Selbstzweifel den *machismo* des Hemingwayschen Helden ankratzt, doch muß er nicht – wie im Original – am Ende ins Gras beißen, sondern wird von seiner aufopferungsvollen Geliebten gesundgepflegt.

Hemingway selbst nannte den Film »Schnee auf Zanuck« (Hotchener), für Gregory Peck bedeutete die Rolle endgültige Anerkennung, Erfolg. Im Film umschwirrt von drei hochkarätigen Kinomädchen – Ava Gardner, Susan Hayward, Hildegard Knef –, schlug seine Ausstrahlung auch das weibliche Filmpublikum restlos in Bann.

Unter den neuen männlichen Stars des Hollywood-Kinos der späten

40er Jahre, der Lancaster, Douglas, Holden, Widmark, die sich oft schnell auf ein Fach festlegen ließen, überrascht Peck durch seine Fähigkeiten als Allround-Star – ob als Priester, Arzt oder Gun-man, er fasziniert in jeder Rolle. Dies hat sicher nicht wenig damit zu tun, daß Gregory Peck einige Jahre Erfahrung auf dem Theater sammeln konnte, ehe er zum Filmgeschäft kam.

Der 1916 in La Jolla, Kalifornien, geborene Star kommt aus kleinen Verhältnissen. Der Vater, Ire und Kolonialwarenhändler, machte Pleite, da er aus Gutmütigkeit seine Außenstände nie eintrieb. Als Peck sechs ist, lassen sich die Eltern scheiden. Gregory lebt bei der Mutter, wird mit zehn Kadett der St. John's Military Academy, fühlt sich dort zu Hause, studiert in St. Diego und Berkeley, interessiert sich fürs Theater, kommt nach New York, wo er sich mit Jobs durchschlägt, Schauspielunterricht nimmt und 1939 ein zweijähriges Stipendium an der Neighbourhood Playhouse School of the Theatre erhält.

Gregory Peck tritt am Broadway zusammen mit der großen Katherine Cornell auf, aber er heiratet 1942 ihre Frisöse Greta Konen. In einer mittleren Bühnenkarriere zu Beginn der 40er Jahre fallen auch einige Hauptrollen für ihn ab, doch als der als Entdecker neuer Talente bekannte Produzent Selznick 1941 Filmtestaufnahmen von Peck machen läßt, ist seine Einschätzung negativ: der Schauspieler besäße keine Persönlichkeit. Dieses Fehlurteil zu korrigieren, kostet Selznick später eine Menge Geld.

Pecks erster Film *Days of Glory*, 1944 von dem unabhängigen Produzenten Casey Robinson realisiert, war an den Kinokassen kein Renner, doch Gregory avancierte damit zum Geheimtip unter den Nachwuchsstars; der große, stattliche und talentierte Schauspieler wird von mehreren Gesellschaften mit Angeboten überhäuft. Louis B. Mayer von MGM soll einen Weinkrampf bekommen haben, als Peck es ablehnte, einen Siebenjahresvertrag zu unterschreiben.

Damit ist der neue Star in einer günstigen Ausgangsposition, die er auch nützt. Sein Agent schließt verschiedene Einzelverträge ab: Durch diesen Senkrechtstart bleibt es Peck auch erspart, sich in unzähligen Nebenrollen hochdienen zu müssen.

The Keys of Kingdom (»Schlüssel zum Himmelreich«, 1945), Pecks zweiter Film, nach einem Roman von Cronin, läßt schon die ganze darstellerische Spannweite des neuen Stars schlaglichtartig aufscheinen. Peck schlüpft in die Gestalt eines Priesters, dessen Entwicklung vom jungen Mann bis zum Siebzigjährigen nachgezeichnet wird.

Trotz des überragenden Erfolgs dieses Filmes und bei aller Vielseitigkeit Pecks, erkannte sein Agent Hayward, daß Gregory nicht in

196

der Lage war, alles zu spielen. Hayward: »Sie werden immer den richtigen Stoff brauchen!«

Die nächsten Filme waren der richtige Stoff für ihn, die Ausnahme bildeten die beiden Hitchcocks, die er in den 40ern drehte. Im ersten – *Spellbound* (»Ich kämpfe um dich«, 1945) – erhält er die Chance, sich an der Seite von Amerikas Filmliebling Nummer eins, Ingrid Bergman, zu profilieren. Gregory Peck in der Rolle eines falschen Arztes, der unter Amnesie und Schuldkomplexen leidet, verblaßt aber neben der Schwedin; François Truffaut in seinem Gespräch mit Hitchcock über diesen Film und Peck: »Er ist hohl, und er hat vor allem keinen Blick.« Gregory Peck, bescheiden und selbstkritisch, meinte: »Ich war lausig.«

Doch erfreute auch dieses Werk seine Fan-Gemeinde, kein geringerer als Salvador Dali hatte für die alptraumartigen Visionen des Geisteskranken Peck das Bühnenbild entworfen.

In *The Paradine Case* (»Der Fall Paradine«, 1947), einer psychologischen Studie über einen Anwalt, der sich in seine eiskalte Mandantin (Alida Valli) verliebt und dann vor Gericht bis auf die Knochen gedemütigt wird, brilliert Peck durchaus mit Vornehmheit und Eleganz. Daß der Film ein Fehlschlag wurde, lag weniger an Peck, als an Produzent Selznick, der darauf bestand, das Drehbuch selbst zu schreiben. Alfred Hitchcock gab zu, daß er die Topografie des Hauses, in dem der Mord geschah, selbst nie recht verstanden habe und sich Laurence Olivier in der Rolle des hochgebildeten englischen Anwalts als Idealbesetzung gewünscht hätte.

Trotzdem hält Peck an seiner guten Meinung über »Hitch« fest, an dem er schätzt, daß er genau weiß, welchen Gesichtsausdruck und welche Körperhaltung er sich bei einem Schauspieler wünscht. Peck: »Ich habe damals nicht mein Bestes für ihn tun können, weil ich nicht flexibel und Profi genug war.« (Thomas)

In frühen Filmen (*Duel in the Sun*, *David and Bathsheba*) sind seine scharfgeschnittenen Züge von schwerblütiger südlicher Leidenschaft beherrscht, so daß man ihn für einen legitimen Nachfolger Valentinos und Powers halten könnte, doch fehlt ihm die Quirligkeit und weltmännische Eleganz des *latin lover*. Das Exotisch-Fremde, das seinem Image einen Hauch von Geheimnis hinzufügt, verschwindet letztlich hinter dem lincolnesk-aufrichtigen Demokraten, der das amerikanische Ethos in der Tradition der Gary Cooper und Henry Fonda bewahrt und weiterlebt. Peck ist der Mann, zu dem man Vertrauen hat, der das Vernünftige tut. Er ist der Star, der die amerikanischen Tugenden repräsentiert wie kein zweiter; er gewinnt, so oft er auf der Leinwand erscheint, denn gut ist besser als schlecht oder das Gute wird siegen, auch wenn es durch ein Martyrium gehen muß.

Der Regisseur Henry King, der fünf Filme mit ihm gedreht hat, über Gregory Peck: »Er hat Integrität, Würde, Kraft und die noble Gesinnung eines Gentlemans.« In der berüchtigten Skandalchronik von Kenneth Anger »Hollywood Babylon« taucht der Name Peck nicht auf, aber es gibt auch Stimmen, die ihn zwar für einen der nettesten, aber auch langweiligsten Stars der Filmmetropole halten.

Der Gregory Peck der 40er und 50er Jahre ist ein Mann von umwerfender Schönheit, in fast allen seinen Filmen beherrscht der Glamour seiner Erscheinung das Bild. Er selbst scheint fast verlegen darüber, geht damit so selbstverständlich wie möglich um, vermeidet jede Pose, alles, was sein blendendes Äußeres noch aufdringlicher erscheinen lassen könnte.

Peck riskierte es immer wieder, Parts zu übernehmen, die ihm nicht lagen. Sie bedeuteten für ihn Herausforderungen, mit denen er fertig werden mußte, um sein Repertoire zu erweitern.

Ein Beispiel dafür ist der Edelwestern *Duel in the Sun* (»Duell in der Sonne«, 1947), eine pathetische Operette mit tödlichem Ausgang in den Rockies, die den Star als schurkischen Sohn eines reichen Vieh-

Mit Jennifer Jones in *Duel in the Sun*.

züchters sieht, der das stolze Halbblut Pearl (Jennifer Jones) zuerst erobert und dann demütigt, um seine arrogante Männlichkeit zu beweisen. Dieser gewalttätige finstere *outlaw*, der einen Zug in die Luft sprengt und im Davonreiten singt: »I've Been Working on the Railroad« war ein Typ, mit dem Peck seine Schwierigkeiten hatte, aber es gelang ihm, ihn als lebendigen, nach Schweiß und Blut riechenden Schurken auf die Leinwand zu bringen.

Sein gelassener aufrechter Gang, hinter dem sich genausogut ein Bösewicht wie ein Edler verbergen konnte: das war über drei Jahrzehnte eines der Markenzeichen dieses unvergleichlichen Kinomatadors.

Es gibt auch durchaus Fälle mit negativem Ausgang wie den Käp'tn Ahab in *Moby Dick* (1956), einen bösartigen, vom Haß besessenen Mann, der unbedingt den weißen Wal fangen will, der ihm ein Bein abgerissen hat. Mit dieser Rolle hatte Peck kein Glück. Er fragte sich aber, ob die Führung durch Regisseur John Huston ausreichte und der Roman von Melville überhaupt verfilmbar war.

Aufregend ist Pecks Spiel, wenn er in die Rolle eines Finsterlings schlüpft, irgendwie scheint sein wahres Wesen doch durch, verrät er sich in unauffälligen Gesten: In *Yellow Sky* (»Herrin einer toten Stadt«, 1948) gerät er als Bandit mit seinen Kumpanen und seinen Wertvorstellungen in Konflikt und macht komplexe Wandlungen durch, bis er sich auf der Seite von Recht und Gesetz in den Armen einer jungen Frau wiederfindet.

Der zergrübelte, gequälte Held ist der intensivste Peck, den es gibt – am besten spielt er einen kaputten Gesetzeshüter in *I walk the Line* (»Der Sheriff«, 1970), einem seiner bravourösen Spätwerke.

In frühen Filmen durch ein Übermaß an Würde und Ernsthaftigkeit schier erdrückt, kann sich Gregory Peck in *Roman Holiday* (»Ein Herz und eine Krone«, 1954) von seiner heiteren amüsanten Seite zeigen. Die Romanze mit einer europäischen Prinzessin – Audrey Hepburn in ihrer ersten Hauptrolle – erlaubt ihm lustige Eskapaden und trägt zur Aufhellung seines Star-Images bei. Peck hätte sich gern häufiger in Komödien bewiesen, doch ließ sich Hollywood selten auf diese Variante ein.

Gregory Peck, ein junger Ehrgeizling in den 40er Jahren, der, ruhig und introvertiert, als schöner junger Mann keine Problemfigur scheute, kam mit wenigen Filmen zu schnellem Ruhm. In den 50ern spielte er Superhelden, Fieslinge und Männer im grauen Flanell; im Jahr 1963 – ehe seine Karriere langsam abzubröckeln begann – gelang ihm noch einmal eine Glanztat mit dem Anwalt Atticus Finch, der zäh gegen engstirnige Vorurteile kämpft, indem er einen Farbigen verteidigt, der eine weiße Frau vergewaltigt haben soll. Der Film

Oben: Aus *To Kill a Mockingbird*.

Links: Aus *The Big Country*.

hieß *To Kill a Mockingbird* (»Wer die Nachtigall stört«) und brachte ihm den Oscar ein. Wie in einem Brennspiegel konzentrieren sich in dieser Figur noch einmal alle Zutaten des Peckschen Helden: Nachdenklichkeit, Mut und bedingungsloser Einsatz für die gerechte Sache.

In den 70er Jahren trat Gregory Peck seltener auf der Leinwand in Erscheinung – er hatte sich inzwischen auch als Produzent einen Namen gemacht. Seine bisher letzte Filmgestalt war der ehemalige Auschwitz-Arzt Dr. Mengele in *The Boys from Brazil* (1978), ein Monster, das in den Urwäldern Südamerikas untergetaucht ist. (Der Film wurde in der Bundesrepublik bisher nicht gezeigt.)

Gregory Peck ist ein gelassener Mann, der sich in starken Handlungen realisiert. Er wirkt beherrscht, macht wenig Worte. Kein überragender Schauspieler, doch vielseitig – als Filmtypus unverwechselbar: der aufrechte Amerikaner. Wenn er im weißen Viereck der Kinoleinwand erscheint, erkennt man ihn sofort als einen, der die Träume von Millionen erfüllt.

hei

Literatur

E. A. Hotchener: »Papa Hemingway«, München 1966.
Seeßlen/Weil: »Western-Kino«, Reinbek 1979.
Tony Thomas: »Gregory Peck. Seine Filme – sein Leben«, München 1979.

Audrey Hepburn
Lolita der H-Linie

Die alten Traumfabrik-Mythen hatten Speck angesetzt, Falten ver-
runzelten ihren Glanz. Da präsentierte Hollywood nicht nur den ag-
gressiv-sensiblen »Rebellen ohne Sache« (James Dean, Marlon
Brando, John Garfield), sondern auch sein weibliches Gegenstück,
das nymphenhafte Weibkind, Phantasieprodukt einer alternden
Männergesellschaft, die sich im Kriegszustand mit der jungen Generation befand.

Der andere Krieg, in Korea, war zu diesem Zeitpunkt, als Hollywood, diese Schwerindustrie der Idolverehrung, Partnerinnen für
Ich-schwache Männer suchte, im vollen Gange. Ein Zug verdrängter
Homosexualität unterwanderte die Gesellschaft der Soldaten. Das
sexuelle Ideal verniedlichte sich und schuf die Kindfrau, die gegenüber Glamourstars wie Elizabeth Taylor oder Ava Gardner und Pin-
up-girls wie Betty Grable Avantgardistinnen der verleugneten Eigenschaften der Frau sein sollten.

In Audrey Hepburn, europäischer Export in allen Einzelheiten, fanden sich Bilder der Frau vor dem Sündenfall sexueller Ausbeutung,
unschuldig-mädchenhafte Vorstufen der Sexbombe. Die Sexbombe,
als andere Seite des auseinanderfallenden erotischen Ideals, diese
Wiederbelebung des Pin-up-girls der 40er Jahre, schickte sich gerade
an, als Urlaubsbeziehung ohne innere Werte, den libidinösen Stoff-
wechsel der Männer zu verseuchen. Da begann diese Operation
Kindfrau inmitten des Dschungelkrieges in Asien und seiner europäischen Schlafzimmerfronten.

Audrey Hepburn, deren aristokratische Würde selbst in Filmen wie
My Fair Lady, in dem sie eine Ordinäre mit Cockney-Akzent spielt,
immer als natürliche Eigenschaft erscheint, war eine leibhaftige
Baronesse. Als Tochter der holländischen Baronin Ella van Heem-
stra und von Adam Hepburn, aus altem schottischen Adel, am 4.
Mai 1929 geboren, wuchs die grazile Edda Hepburn van Heemstra in
London auf, wo sie eine Tanzausbildung erhielt. Während der deut-

schen Okkupation in Holland verrichtete das braunhaarige, braunäugige Mädchen – sie ist zwölf – Kurierdienste für die Resistance und trauert um den Vater. Der hatte sich den britischen Mosley-Faschisten angeschlossen und war auf Nimmerwiedersehen verschwunden.
Das Ballettstudium nach Kriegsende bringt ihr die erste Broadwayrolle in *Gigi* von der Colette ein, die sie an der Riviera entdeckt. Einige Nebenrollen auf der Leinwand, wie in *One wild Oat* (1951), *The Lavender Hill Mob* (1951) und *Secret People* (1952), festigen den Ruf ihrer Anmut. Die *Vamps* der Leinwand wichen vor diesem Lichtstrahl in die Finsternis unzureichend ausgeleuchteter Sehnsüchte zurück.
Die zierliche Person, winzig als Sexsymbol, gewaltig als Verkörperung gütiger Überredung, unwiderstehlich durch Grazie und Sanftheit, eine erotische Mücke, deren Stachel mit Langzeitwirkung sticht, brachte die Hartgesottenen zu sich selbst, zu ihren eigentlich menschlichen Reserven.

Bringt die Hartgesottenen zu sich selbst (hier: Gregory Peck in *Roman Holiday*).

In ihrer ersten Hauptrolle *Roman Holiday* (»Ein Herz und eine Krone«, 1953) demonstriert sie diese Tugend an einem zynischen Zeitungsschreiber (Gregory Peck). Als Prinzessin Anne aus einem europäischen Niemandsland auf einer *good-will-tour* durch die Hauptstädte weicht sie in Rom vom Pfad ermüdender Pflichterfüllung ab und verbringt einen Tag als gewöhnliche Sterbliche. In dieser Situation lauert Peck/Bradley ihr auf, sie verfallen der Liebe und der Hartgesottene überdies seinem Geschäftssinn. Aber sie bringt ihn dazu, auf die Auswertung einer Handvoll Fotos, Früchte seiner Exklusiv-Beschäftigung mit ihr, zu verzichten.

Die Figur der Prinzessin entzückte die Fans in den Kinos noch mehr als deren geheimes Vorbild, die britische Prinzessin Margaret, auf deren Affären der Film spekulierte. Für 12 000 Dollar spielte sich Audrey Hepburn, die Märchenprinzessin mit dem Alltagscharme des Naturkindes, eingefaßt in großstädtische Mobilität und die Eleganz feinster Erziehung, in die Herzen der Fans.

Sie erhielt nicht nur den Oscar, sondern förderte auch die neue Kleidsamkeit der H-Linie, ohne die die Teenager auf der ganzen Welt nicht mehr sein wollten. Kurzes Haar oder Pferdeschwanz, flache Schuhe, Damen-Pyjamas, viereckige Formen und vorne und hinten nichts wurden ganz groß: Das Motorroller-Zeitalter hielt Einzug.

Nachdem Peter Pan in Hollywood angekommen war, wo die Sexbomben, Objekte der Begierde, sich auszogen, zog Audrey Hepburn aus, die subtile Verkleidung in Mode zu bringen. Als Antwort auf die austauschbaren Halbnackten gab sie die unverwechselbare Gefährtin im Kostüm, zurückhaltend selbstbewußt, charaktervoll gebildet, Subjekt im Umgang mit der Liebe. Was man bei den Bikini-Bomben fand, wenn man zu viel getrunken hatte, fand man bei dem neuen Paramount-Star, wenn man nüchtern war. Blicke, die sie trafen, mußten nicht umflort sein von geheimer Verachtung. Wer sie als Bild auf seinem Nachttisch hatte, hatte sich in seinen besseren Möglichkeiten in der Gewalt. Die Aura sexueller Robustheit war mit ihr, die taufrisch und unberührt durch die Kinolandschaften schritt, nicht mehr gefragt.

Dieses Image mußte in ihrem zweiten großen Film, *Sabrina* (1954), gegen zwei der höchstdekorierten Kino- und Kassenhelden der Traumfabrik, Humphrey Bogart und William Holden, bestehen.

Audrey Hepburn spielte die Sabrina Fairchild, Tochter eines New Yorker Privatchauffeurs, die sich in den reichen David (Holden) unglücklich verliebt und erst nach einem Verwandlungsspiel seine Gleichgültigkeit und den Widerstand der standesbewußten Familie überwindet. Eine frühe Eliza Doolittle, Jahrgang 1954, von Abstammung plebejisch, im Herzen klassenlos und durch äußere Erscheinung auf der Etage der Oberen Zehntausend, spielte sich Audrey/ Sabrina in die Herzen der Leinwand- und Parkettfamilie.

Nicht mehr rundes Kindergesicht, ungehemmte Zuneigung des Publikums erbittend, aber noch nicht von Reife verschlissen – in dieser spannungsvollen Schwebe begegnen wir dem entsexualisierten Antlitz der Hepburn auf der Leinwand, wo Großaufnahmen diesen »absoluten Zustand des Fleisches« (Roland Barthes) festhalten. Aristokratische Züge durch Feingliedrigkeit, Blässe, hohe Backenknochen eines breitflächig-herzförmigen Gesichts, die gerade Nase, energisch auslaufend, ein Kopf auf einem Schwanenhals. Die großen Augen, zwei dunkle Verletzungen in einem weißen Mädchengesicht, das sonst heilgelassen wirkt wie der ganze Körper: Ein Gesicht, eine Gestalt wie Erinnerungen an ein ursprüngliches Programm der Liebe: das Ende der Unterwerfung. Mit Audrey Hepburn ist der Übergang von der allgemeinen Herausforderung der Busen-Stars zum individuellen Ereignis der Partnerschaft vollzogen.

War and Peace (»Krieg und Frieden«, 1956) brachte die Hepburn mit Mel Ferrer (Andrei) auf einen *Set*, mit dem sie von 1954–1967 verheiratet war und den Sohn Sean hatte.

Als russische Generalstochter Natascha – in dem dreistündigen Monumentalfilm nach Tolstois Roman, einem 6-Millionen-Dollar Epos, das ein Schlachtengemälde von Borodino, Beresina und Austerlitz malt – steht sie elfenhaft in den Turbulenzen der napoleonisch-russischen Kriege. Das Werk, überzeugend durch seine Effektsicherheit und die Natascha der Hepburn, wird einer der erfolgreichsten Großfilme des Kinos. Audrey Hepburn verdient 350000 Dollar in drei Monaten schwerster Dreharbeit und ist froh, in ihrem nächsten Film zu einer beschwingteren Darstellung zurückkehren zu dürfen.

Funny Face (»Ein süßer Fratz«, 1957) von Stanley Donen, mit dem sie noch *Charade* (1963) und *Two for the Road* (»Zwei auf gleichem Weg«, 1967) drehen wird, ist ein Musical mit den Melodien George Gershwins, das die Geschichte vom armen Mädchen Jo erzählt, die, als Greenwich-Village-Buchhändlerin, mit jungenhaftem Charme die etwas steife Eleganz des Modefotografen Dick Avery (Fred Astaire) untergräbt. Die Hepburn hat mehrere Sequenzen, in denen sie hinreißend tanzen und sogar singen darf.

Zur Darstellung der elfenhaften Lolita kehrte sie in Billy Wilders *Love in the Afternoon* (»Ariane – Liebe am Nachmittag«, 1957) zurück. In dieser Aschenbrödel-angelt-Millionär-Story hat die Annäherung der Nymphe an den saturierten Ladykiller (Gary Cooper) weitaus handfestere Motive als noch in *Roman Holiday*, wo der erotische Unterton von geschwisterlicher Sympathie verzärtelt schien. Cooper, der massenhafte Sammler williger Weibchen, erweicht vor dem rätselhaften Wesen, das mit kindlicher Natürlichkeit, die er für Taktik hält, fast wider Willen in seinen Schoß fällt.

Die knabenhaft-kindliche Frau, wie die Hepburn sie hier anlegt, setzt gegen die Entkleidungsraffinements der Sexstars die Verhüllungskünste einer Frau, die als erotisches Versprechen niemals aufgegeben, aber durch Züge mädchenhafter Noblesse vornehm verfeinert ist. Diese Gestalt hatte in Ländern wie Frankreich (Brigitte Bardot) Varianten von unverhüllterer Erotik.

In den USA diente sie der Bestätigung und Ergänzung des Mannes, dem sie sich – auf der Basis seines instabilen Selbstverständnisses – bereichernd anschmiegte. Nach abgesegneter Verbindung gibt die Kindfrau den letzten Rest verführerischer Widerspenstigkeit auf, sie wandelt sich zur guten Kameradin. Allerdings wurde mit dem Erscheinen von Nabokovs Roman »Lolita« (1955) und dessen Verfilmung durch Stanley Kubrick (1962, mit Sue Lyon) doch noch das explosive Potential entdeckt, das aus dem schlummernden Mädchen das lockende Weib entließ.

Askese der Fürsorge (in *The Nun's Story*).

Audrey Hepburns Leinwandbotschaften jedenfalls: zaghafte Selbstbestimmung, Identität in der Liebe, ohne Objekt besitzergreifender Männer zu sein – wenn auch unter Zurücknahme erotischer Reizsignale –, wurden in einige ihrer folgenden Filme eingelassen.

Nach *Green Mansions* (»Tropenglut«, 1959), von ihrem »Svengali« Mel Ferrer bebilderte Dschungel-Phantasien, Visionen eines südamerikanischen Reiches in Lackbildern, verwandelte sie sich von der Nymphe in die Nonne und reiste vom Orinoko zum Kongo, wo sie in *The Nun's Story* (»Geschichte einer Nonne«, 1959), nach Kathryn C. Hulmes biografischer Erzählung spielte. Als belgische Ordensschwester Gabrielle Van Der Mal, die nach der selbstgewählten Askese fürsorgerischer Arbeit südlich des Äquators ihr Gelübde aufgibt und in die weltliche Existenz reaktivierter Liebeserfüllung nach Belgien zurückkehrt, gibt sie eine brillante schauspielerische Leistung und wird als beste Darstellerin des Jahres von der Filmkritik gewürdigt.

Wenn sie auch in Werken wie dem Spätwestern von John Huston *The Unforgiven* (»Denen man nicht vergibt«, 1960), in dem man sie als adoptiertes Kiowa-Mädchen sieht, und in Terence Youngs Thriller *Wait until Dark* (»Warte, bis es dunkel ist«, 1967) als blinde Suzie Hendrix, die allen Gefährdungen einer männlich-körperlichen Welt ausgesetzt ist, außer der Reihe agierte, war sie doch gefährdet, auf einen Typ festgelegt zu werden. Erst *Breakfast at Tiffany's* und *Two for the Road* (»Zwei auf gleichem Weg«, 1966), als selbstbewußte Frau, die durch eine Ehekrise geht, erweiterten ihr androgynes Image wieder. Mit zunehmendem Alter versuchte sie, ihre schauspielerischen Tugenden, gegen die Festlegung auf das Fach der jugendlichen Nymphe, zu überschreiten.

Breakfast at Tiffany's (»Frühstück bei Tiffany«, 1961) bot ihr dazu reichlich Gelegenheit. Ihre Holly Golightly, das einfache Mädchen mit den vielversprechenden Träumen, die burschikos mit ihren modischen Verzierungen hantiert, aufmotzend aus schierer Angst, enttäuscht zu werden, ist eine eindringliche psychologische Studie. Vor ihrem Verehrer, dem Schriftsteller Paul Varjak (George Peppard), spielt sie die ausgekochte, große Dame – aber in der Küche. Mondäne Accessoires: die 40 Zentimeter lange Zigarettenspitze, Ohrringe, groß wie Fledermausohren, Augenblenden – Zitate einer Lasterhaften, die vor dem Käfig Angst hat, den sie aus Angst selbst baut. Sie raucht, indem sie eine Rauchende spielt, ihr staksiger Gang mit wiegenden Hüften ist nicht mehr als Imitation. Unter Riesenhüten sieht sie aus wie ein seltener Pilz, auf den ersten Blick wie ein Glückspilz, auf den zweiten nicht. »Brillanten? Erst mit 40!« züngelt sie zynisch. Aber wer sich von ihr verabschiedet, winkt so lange, bis sie nicht mehr zu sehen ist. Man durchschaut sie schnell – und sie gibt sich keine Mühe, es zu verhindern. So verpuppt sich ein verletzbares Kind in die Masken kapriziöser Unberührbarkeit.

Audrey Hepburn, seit 1969 mit dem italienischen Psychologen Mario Dotti verheiratet, mit dem sie den Sohn Luca hat, tritt neben ihren Filmrollen immer wieder im Theater auf. Beides ergänzt sich vorzüglich, findet sie. 1954 erhielt sie für die *Undine* von Giraudoux den »Tony«, Broadways Gegenstück zum »Oscar«, und 1968 einen »Special-Tony« für besondere Theaterverdienste.

George Cukor, mit dem sie ihren vielleicht schönsten Film, das Musical *My fair Lady* (1964), als Eliza Doolittle, drehte, sagt von der exzellenten Tänzerin: »Sie arbeitet hart ... (ist) außerordentlich intelligent, erfinderisch, bescheiden ... und lustig. Sie ist das zärtlichste Geschöpf der Welt.« Humphrey Bogart hielt sie »ganz einfach (für) eine Elfe«. Die zierliche Frau, alles andere als eine stromlinienförmige Venus – Kleidergröße 36, 1,69 Zentimeter groß, Schuhgröße 39 –, eine Salat- und Yoghurt-Fanatikerin mit den dichtesten Augenbrauen Amerikas, die sich am wohlsten nach vierzehnstündigem Schlaf fühlt, Literatur- und Kunstkennerin, die Picasso, *Rigoletto* und Graham Greene schätzt, sie filmte zwischen 1967 und 1976 nicht mehr.

Nachdem sie sich für mehrere Projekte nicht hatte entscheiden können, fand sie in Richard Lesters *Robin & Marian* (1976), mit Sean O'Connery, endlich wieder eine Rolle, in der sie ihr Alter nicht zu verstecken brauchte.

So leicht verfügbar wie die Pullover-Süßen wollte Audrey Hepburn (»Ich kenne meinen Körper. Ich bin keine Schönheit.«) nie sein. Ihr liebenswürdiger Exhibitionismus brauchte zwar das männliche Publikum, nicht aber die zupackende Vulgarität verbogener Herrenbedürfnisse. In den 50er Jahren widersprach sie so überwältigend dem Standard amerikanischen Weiblichkeitswahns, daß sie wie von selbst wie eine Märchenfigur wirkte. Diese Aura, ausgiebig ausgewertet und thematischer Pfiff vieler Werke von *Roman Holiday* bis zu *My fair Lady*, machte sie zu einer Star-Ikone der Güte, der Zartheit, der knabenhaften Erotik.

B. S.

Literatur

Börje Heed/Torsten Quensel: »Audrey Hepburn«, Stockholm/Uddevalla 1954.

James R. Parish/Dan E. Stanke: »The Glamour Girls«, New Rochelle 1975.

Sophia Loren
Herrlich, eine Frau zu sein

Als Anfang der 50er Jahre der Laufsteg italienischer Schönheitswettbewerbe zum Sprungbrett nur mit körperlichen Vorzügen reich bedachter Mädchen wurde, die in den Filmlandschaften das gelobte Land zu erblicken glaubten, schaffte auch Sofia Scicolone den Absprung. Sie war mit vierzehn »Vizeprinzessin des Meeres«, mit sechzehn »Miss Eleganza«, und nachdem der Produzent Carlo Ponti die honigäugige Schönheit entdeckt und Regisseur de Sica ihre darstellerischen Talente entwickelt hatte, blieb sie zwanzig Jahre lang Weltstar, mit den berühmtesten Konturen der Welt.

Das dünne und sehnige Mädchen, als Kind ein »stuzzicadente« (Zahnstocher), war in Pozzuoli, einem Arbeitervorort Neapels, unbemittelt aufgewachsen und zur Klosterschule gegangen. Am 20. 9. 1934 in Rom unehelich geboren, von ihrer ambitionierten Mutter Romilda Villani, einer Greta-Garbo-Preisträgerin, planvoll dirigiert, bekam sie unwiderstehlich Form. Als Modell von Fotoromanen und Kleindarstellerin unbedeutender Filme wie *Cuori sul mare* (»Herzen unter Wasser«, 1949) und *Era lui, si! si!* (»Es war's, ja ja«, 1951) drängelte sie nach Cinecittà, diesen größten europäischen Studios vor den Toren Roms, wo ihr unbändiges neapolitanisches Temperament lange in ordinären Posen erstarrte.

Ihre erste Hauptrolle war unvermeidlich, als sie ihren ganzen Körper in einem Badeanzug präsentierte, der so beredt war, daß er die Unterwasserwelt in *Africa sotto i mari* (»Weiße Frau in Afrika«, 1952) zum Schweigen verurteilte und die Kenner in den Kinos laut aufjubeln ließ. Als italienische Esther Williams war die Nichtschwimmerin, vom Produzenten Sophia Loren getauft, am Kinohimmel aufgegangen.

Wieder aufgetaucht aus der Unterwasserwelt, steckten die Talentingenieure des Filmgeschäfts sie in die schwarze Maske der Titelheldin von *Aida* (1953), eine Rolle, die ihre spätere Konkurrentin Gina Lollobrigida abgelehnt hatte. Mit der Stimme von Renata Tebaldi erregte die leidenschaftliche Sängerin nicht nur das Aufsehen der Opernwelt, sondern auch des Geschäftsmannes in ihrem Entdecker Ponti, der einen Privatvertrag ausheckte und sie zehnmal in einem Jahr auf den Leinwänden erscheinen ließ.

Mit neunzehn eine Konformistin, nach so schnellen Erfolgen von sich eingenommen und den ungewohnten Reichtum mit der Hast des Underdogs genießend, stürzte sich die ungebildete, aber eisern lernende Loren auf alle Angebote. Vor ungeniert bunter Kulisse der schmutzigsten Stadt Europas war sie in der Operette *Carosello napoletano* (»Karussell Neapel«, 1953) ebenso mit geliehener Stimme zu sehen, wie in zwei weiteren Filmen von Ponti-de Laurentiis, der rührigen Produzentenfabrik, die während der Drehwirren von *Krieg und Frieden* (1956) in Trümmer fiel.

Der erste ihrer denkwürdigen, ihren Ruhm begründenden Spaziergänge durch die Altstädte des Landes ereignete sich in de Sicas *L'oro di Napoli* (»Das Gold von Neapel«, 1954). Den Kopf hoch erhoben, die Blicke provokativ auf niemanden geheftet, wogender Körper, umhüllt von einfacher Kleidung (Fummel, Kittel, Schürzen), in Bewegung gehalten von den langen Beinen, die ihn hebelartig aus den ausladenden Hüften vorwärts drehen, schieben, drängen. Und während alle Männer des Viertels in komische Exaltiertheit verfallen, schreitet diese Frau genuß- und machtvoll das Spalier ihrer Sklaven ab.

Wo ihre Maße nun schon zum Geheimcode italienischer Männer geworden waren (97-60-97), deren erotischer Imperialismus einem nationalen Hahnenkomplex in einer sittenstrengen Gesellschaft zugrunde lag, wurde die Loren zu verdeckter Freizügigkeit angehalten. Wie viele Töchter ehrgeiziger Mütter, deren prüder Moralkodex die Vulgarität des Berühmtwerdens nicht scheute, mußte die Loren auf der Klaviatur der Verklemmtheit eines männlichen Publikums spielen, deren eitle Italianität spätere Filmpartner wie Marcello Mastroianni virtuos ironisierten.

Das »Brust-an-Brust-Rennen« mit Gina Lollobrigida war allerdings keine Eigenerfindung der »Mammina« Villani, sondern von Öffentlichkeitsarbeitern, die beide Sexstars spekulativ aufeinanderhetzten. La Lollo, Mitte der 50er Jahre nicht nur in der Publikumsgunst, sondern auch in Gagen vorn (Lollobrigida: 500000 Mark pro Film, Loren: 300000 Mark), mußte, als »Botschafterin der Schönheit« bei Eisenhower im Weißen Haus nur kurzfristig akkreditiert, vor allem aus schauspielerischen Gründen der Loren-Offensive angestammten Platz abtreten. Als die Loren, sechs Jahre jünger und erheblich begabter, nach zähem Sprachstudium ihre Rollen selbst sprechen durfte, verstrickte sich ihre Markt-Konkurrentin immer tiefer in einen

Zerzaust und plebejisch in *La donna del fiume*.

ausgewalzten Kutscherdialekt, der als Italienisch nicht brauchbar schien. Dies Detail war symptomatisch für die Vorzüge der Loren. Ihre Talente waren differenzierter, ihre Gefühle herber, schwerer, offener, sie setzte eine wärmere, reifere Persönlichkeit ein. Sie lächelte, wenn »Gina Nazionale« schmollte. Sie konnte sich wandeln, Gina nicht.

In *La donna del fiume* (»Die Frau vom Fluß«, 1954), als Fischfabrik-Arbeiterin Nives mit zerzaustem Haar und ungeschminktem, ausdrucksstarkem Gesicht, war das Körperspiel der Loren noch beeinflußt von der Pampanini, der Mangano, deren Naivität kalkulierter Kontrast zu ihren Körperformen war. Nach *Pane, amore e ...* (»Liebe, Brot und tausend Küsse«, 1955), Resultat des Sieges im »Busenkrieg« gegen die Lollobrigida, der sie die Fortsetzung von *Pane, amore e fantasie*, 1953, und *Pane, amore e gelosia*, 1954, entrissen hatte, war der taktische Einsatz ihrer Glieder nicht mehr naiv, sondern hemmungslos bis zur Selbstaufgabe. Er schien aber geläutert durch die auch später immer sehr humanen, sehr fraulich-menschlichen Ziele, die in einer virilen Männerwelt wie in *Matrimonio all'-italiana* (»Hochzeit auf italienisch«, 1964) ums schiere Überleben kämpften.

Auf horizontale Ausdrucksformen wollte sich die körperbewußte Loren (»Mein Geheimnis ist die schlanke Taille«) immer weniger verlassen. Ihre Ausdrucksfacetten wuchsen mit der Erlebnisfähigkeit und der Beherrschung ihrer Mittel, an denen sie hart arbeitete. Gesichtsschnitt, Stimme, Körper, Gestus wurden zu einem perfekt und wohlklingend gestimmten Instrument, auf dem sie präzise spielte. Ausgeprägt schmale Nase, breiter, heruntergezogener Mund, hohe Backenknochen, hochgezogene Brauen, die die auseinanderstehenden Augen nach oben ziehen, fliehendes Kinn mit einer Kerbe: War in ihrem Gesicht früher nur Mitternacht, so spiegelten sich jetzt die 24 Stunden darin. Auf der Leinwand entwickelte sie dominierende Kraftströme, die ihre Partner in die Randzonen des Bildes trieben.

Dagegen gefeit war neben Cary Grant und Gregory Peck nur Marcello Mastroianni, mit dem sie erstmals in *Peccato che sia una canaglia!* (»Schade, daß du eine Kanaille bist«, 1954/55), einer Diebesfarce, ihr erhebliches komödiantisches Talent demonstrierte. Mit ihm wie mit de Sica (»Spiel mit deinem ganzen Körper«), konnte sie die Grundfiguren italienischer Buhlschaften entwickeln. Sie wiederholte noch oft die Rolle der tugendhaften, aber koketten Frau, die aus Männern sowohl eitle Galane als auch begehrliche Untertanen macht. Das Glieder-Monument, dem Männerphantasien Abwege andichten, auf die sie es gern führen würden, war sie in *La bella mugnaia* (»Eine Frau für schwache Stunden«, 1955) ebenso wie in *La fortuna di essere donna* (»Wie herrlich, eine Frau zu sein«, 1956). In dieser Komödie ironisiert sie souverän ihr Image, spielt mit ihren überdimensionierten Formen und instrumentiert die ganze Skala befeuernden Sirenengesangs.

Das Image erotisch-mütterlicher Weiblichkeit, die unerwartete Nuancen aus der Sexbombe heraussprengte, trieb sie Hollywood in die Arme. Wo die einheimischen Sex-Idole dem US-Publikum mehr und mehr wie Reklamemonster gegenübertraten, faszinierte die Vorstellung von der sexbewußten, südeuropäischen Frau mit dem tiefsitzenden Appeal alter Kulturen. Cinecittà phantasierte bereits – zehn Jahre nach der Begehung Italiens durch amerikanische Truppen – eine Invasion der USA mit ihren Busen-Brigaden. Die amerikanischen Männer, von der saisonalen Botschaft der Kindfrauen noch nicht erreicht, folgten dem Schauspiel atemlos. Auf hastig herausge-

Mütterlich und plebejisch in *Madame sans Gêne*.

kramten Landkarten informierten sie sich über diese Halbinsel im alten Europa, an deren grünen Bäumen frische Sinnenwesen so atemberaubend wuchsen. Die amerikanischen Ladenmädchen zerzausten ihre glatte Frisur, malten ihren Mund herausfordernd nach unten und rangen mit ihren kleineren Schwestern um deren Pullover. Italienisch war gefragt. Italien war die zweitgrößte Filmnation der Welt (1954 in Hollywood: 200 Filme, in Cinecittà: 150) mit den höchsten Gagen in Europa geworden. Die Was-haste-was-gibste-Philosophie der lateinischen Filmkaufleute hatte das Ohr Hollywoods erreicht.
Sophia Loren, als eine der italienischen Blumen des Fleisches, hatte in Hollywood jedoch wenig Erfolg. Ihre schauspielerische Substanz, die neapolitanische Spielfreude, wurde ihr genommen. In *The Pride and the Passion* (»Stolz und Leidenschaft«, 1957), mit Cary Grant, mit dem sie eine vielberedete Liaison einging, trat sie als spanisches Mädchen auf, das während des Bürgerkriegs in der Armeenachhut

lebt. In *Legend of the Lost* (»Die Stadt der Verlorenen«, 1957) begegnet ihr als arabischem Gossenmädchen der Abenteurer (John Wayne) in der Sahara. Diese beiden Lichtspiele und *The Boy on a Dolphin* (»Der Knabe auf dem Delphin«, 1957) brachten ihr zwar den erhofften Columbia-Vertrag für vier Filme ein, eine Bereicherung ihres Typus aber nicht. Der amerikanische Star, den man aus ihr machen wollte, lähmte ihre wichtigsten Impulse.

Zwar hatte sie schon gelernt, exzessives Temperament, überbordende Reaktionen hinter der Fassade glamouröser Selbstsicherheit zu vertuschen. Im Spiel brauchten ihre Gefühle aber freien Auslauf, im Spiel legitimierte sie ihre leidenschaftliche Offenheit, ihre schnelle Bereitschaft, sich Affekten zu überlassen. Mit verschattetem Gemüt, neurotisch gehemmt, im Wahnsinn endend, wie in *Five Miles to Midnight* (»Die dritte Dimension«, 1961), war sie ebenso falsch naturalisiert wie in den amerikanischen Filmen zuvor. Ganz zu Hause schien sie nur in Carol Reeds *The Key* (»Der Schlüssel«, 1958) als starke, leidensfähige Frau, die drei Männer verliert, und war es in de Sicas Antikriegsfilm *La ciociara* (»Und dennoch leben sie«, 1961), der ihr den Oscar einbrachte. Unverwüstlich humorvoll durfte sie in Anthony Asquiths brillantem Slapstick *The Millionairess* (»Die Millionärin«, 1960) ebenso sein wie in der augenzwinkernden Historie *Madame sans Gêne* (1961), wo sie als stämmig praktische Wäscherin, mit tiefem Dekolleté und breitem Lachen, zur Herzogin »aufsteigt«.

In diesem Fach war die Schauspielerin ohne Ausbildung, instinktiv begabt, kraftvoll warm, humorvoll, vital, zu Hause. Es hielt sie auch in den 60er Jahren lange an der Spitze der 1-Millionen-Dollar-Stars. Ihre mexikanische Heirat mit Carlo Ponti 1957, vom Vatikan als Bigamie denunziert und 1966 wiederholt, die Geburt eines Kindes 1969, nach vielen Fehlgeburten, beschäftigten die Fanmagazine. 1967 drehte sie mit Charles Chaplin, dem Halbgott ihrer neapolitanischen Jugend, *A Countess from Hongkong* (»Die Gräfin von Hongkong«) und erhielt 1969 den *Golden Globe* als »populärster weiblicher Star der Welt«.

Sophia Loren, die sich für eine Hexe hält und immer etwas Rotes unsichtbar am Körper trägt, spielte immer unorthodoxe Persönlichkeiten. Starke Frauen (*Matrimonio all'italiana*), schwache Frauen (*Five Miles to Midnight*), mütterliche (*Madama sans Gêne*), kapriziöse (*La bella mugnaia*), umhergetriebene (*La ciociara*), machtvolle (*Lady L.*). Die sensible Kämpferin gegen die Ausbeutung ihrer äußeren Erscheinung spielte sie, nach frivoler Exposition, immer. Im Film wie im Leben.

Sie schien immer bei sich, weil ihre Schönheit eigene Maßstäbe setz-

Machtvoll
(in *Lady L.*).

te, ohne daß sie, zwar unverwechselbar, eine zeitlose Figur entwikkelt hätte. Ihre Karriere zerfällt in zwei Teile. Teil eins: die Laufstegschönheit, Teil zwei: der mitteilungsreichste weibliche Star der Welt. Die erste Figur ist konformistisch. Die zweite fragt: Was erreiche ich mit meinen Rollen?
Solche Fragen beantworten die Zuschauer, die in ihre Filme gehen.

B. S.

Literatur

Tony Crawley: »The Films of Sophia Loren«, London 1974.
E. A. Hotchener: »Sophia Loren – Leben und Lieben«, München 1979.
Roger Manvell: »Love Goddesses of the Movies«, London, New York, ff., 1975.
Donald Zec: »Sophia«, London 1975.

John Wayne
Der schwarze Falke

»Wer zuerst schießt, spricht das letzte Wort.«

Marion Michael Morrison hatte immer Schwierigkeiten, auf hochhackigen Stiefeln zu gehen. Als er eines Tages anfing, seinen Gang aus der schweren Hüfte heraus zu organisieren und ihn durch schlingernde Bewegungen seiner angewinkelten Arme zu steuern, war ein Teil seines Images da. Yakima Canutt, Stuntman, Rodeo-Weltmeister und *Second Unit*-Spezialist für *Action*-Szenen – in *Stagecoach* war er der Mann, der unter die Pferdehufe und Postkutschenräder gerät –, brachte diesem Mann den Gang bei, dem Raoul Walsh in *The Big Trail* (1930), seiner ersten Hauptrolle, zum Künstlernamen verhalf: John Wayne. Er vervollkommnete seinen Typus durch die schwerfällige Grazie seines Körpers, verlegenes Grinsen des schief aufgerissenen Mundes, dessen schmale Lippen starke Zähne freilegen. Die typische Haltung: Arme angewinkelt oder in den Hosentaschen, rechtes Bein vorgestellt, das Körpergewicht liegt auf dem linken, der Oberkörper leicht angebeugt, so, als wollte er nie mehr weitergehen. Hier stand er, John Wayne. Das war sein Platz. Wo er stand, war Amerika.
Dieses Monstrum wurde immer größer. Auf der Leinwand hatte er eine unvergleichliche Präsenz. Einen größeren Darsteller von Figuranten des alten Westens gab es nicht und wird es vermutlich nie geben. Neben seiner unvergeßlich eindringlichen Wirkung als Verkörperung des *Westerners*, wirken andere Genrehelden wie Roger Moore, Audie Murphy, Randolph Scott wie aufgezogene Schneiderattrappen. Und obwohl er in seinen 156 Filmen zwischen 1928 und 1976 nicht nur Cowboys spielte, entwickelte er doch die Standards des amerikanischen Heimatfilms wie kein zweiter Schauspieler, und in der Erinnerung seiner Fans ist dieser langsam verwitternde Koloß einfach der letzte Prontosaurier des Westens, eingesessener Teil des Monument Valley. Oben der Stetson, unten das Pferd und dazwischen dieser Kerl, verwaschenes Hemd, Lederweste und Schweißtuch um den unbeugsamen Hals.

Waynes erste 63 Filme waren nicht erfolgreich. Zehn Jahre lang wechselte er zwischen Cowboy-Komparsen und Protagonisten von billigen Serienprodukten, vornehmlich für die *Republic Pictures*, der Spezialfirma für B-Filme. Er mußte so oft vom Pferd fallen, daß er sich bald selbst nicht mehr leiden mochte. Dieser fatale Zustand wurde erst durch die Hauptrolle in John Fords *Stagecoach* (»Ringo/ Höllenfahrt nach Santa Fee«, 1939) beendet, der Waynes Ruhm begründete.

Waynes Eltern wollten ihren Sprößling, der am 26. 5. 1907 in Winterset, Iowa, geboren wurde, eigentlich auf eine mehr bürgerliche Lebensreise schicken. Der Vater, ein Apotheker, machte in Kalifornien, wohin die Familie zog, als John sieben war, einen Drugstore auf und schickte ihn auf die Universität von Los Angeles (UCLA). John selbst wollte zur Handelsmarine, schaffte aber die Seefahrtschule nicht, arbeitete, nachdem er das Studium von Volkswirtschaft und Jura hingeschmissen hatte, als Apfelsinenpflücker, Preisboxer und Eisverkäufer und auch mal als Requisiteur für Tom Mix in den Studios der Fox. Hier entdeckte er den Film. Als das Interesse wechselseitig wurde, konnte er in Fords *Hangman's House* (1928) in einer winzigen Nebenrolle als Rennplatzbesucher seine erste, unbedeutende Botschaft in den Zuschauerraum senden.

Der junge Recke war in dieser Zeit nicht nur Mitglied des »Debattier-Clubs«, sondern auch Star der Football-Mannschaft der UCLA, ein sportliches As. Es war diese Eigenschaft, die er als Kapital in seine folgenden Filme einzahlte und die ihm schließlich den Durchbruch verschaffte. »Wayne ist wie eine große Katze, er kann jedem Hindernis ausweichen«, lobte ihn sein späterer Regisseur Howard Hawks. »Er konnte reiten. Er machte alles, was ich ihm sagte.«

In *Stagecoach* stellte John Wayne seine Fähigkeiten unter Beweis. In diesem frühen Meisterwerk des reflektierten Westerns, in dem neun individuelle Charaktere, die sich auf eine abenteuerliche Postkutschenfahrt durch Indianerland begeben, von der großartigen Landschaft des Monument Valley gespiegelt werden, sieht Wayne noch aus wie Broncho Bill, der von William S. Hart verkörperte Serienheld. Breitkrempiger Hut, schmale Lippen, blitzende Augen, über dem bäuerisch-kantigen Gesicht eine kleine kesse Locke. Er ist noch ganz unfertig, szenischer Mittelpunkt nur durch gewaltsame Kamerafahrten, wie bei seinem ersten Auftritt, oder durch andere optische Make-ups. Als die erste Poststation erreicht ist, geht er nach rechts aus dem Bild wie der Statist, der er zehn Jahre lang war. Dennoch fixiert sich das dramatische Geschehen zunehmend im Spiegel seines ausdruckslosen Gesichts, seiner Gestalt, die wie ein Rammbock in der Landschaft steht. Am

Ende ist dem Film sein Erscheinungsbild als ästhetisches Zeichen tief eingearbeitet.

Vierzig Jahre lang spielte John Wayne Reporter, Diplomaten, Soldaten, Säufer, Raufbolde, Abenteurer, Mongolenfürsten und – immer wieder – die Superstars des Westens. Trotz dieser unzähligen Rollen war er uniformiert letzten Endes nur als guter Amerikaner, der unter dem Sternenbanner gegen eine Welt von Feinden kämpft. Mal waren es heimtückische Rothäute, die im Dickicht dräuten, mal schlitzäugige Indochinesen, die ihr eigenes Land besetzt hielten, irgendwann tauchte der Ur-Amerikaner John Wayne mit der Attitüde des Sheriffs auf, und wohin die Feinde auch flohen – er verfolgte sie, unbeirrt westwärts reitend. So gesehen war er ein Archetyp, aus der Puderquaste der Heldenfabrik kam er nicht. Sein Teil war der Mythos vom freien Amerika, das Hohelied der mutigen, weißen Kolonisation. Daran glaubte er fest.

Zehn Jahre nach dem Karrierebeginn fügte er seinem Image den letzten Schliff zu. In Hawks *Red River* (»Panik am roten Fluß«, 1948) spielt er den Rancher Tom Dunson. Die straffe Geschichte eines großen Viehtrecks erzählt auf meisterhaft verknüpften Konfliktebenen vom Patriarchen, der seine Sache ausficht, auch wenn es dabei Tote gibt. Im Geist seines späteren Idols, des Generals Westmoreland, der Städte befreite, indem er sie zerstörte, erzieht sich Wayne/Dunson seinen Adoptivsohn Matthew (Montgomery Clift) – und

Erziehungsmanöver (mit Montgomery Clift in *Red River*).

sollte der dabei draufgehn – nach seinem Weltbild. Und er muß erleben, wie dieser, abgestoßen vom Starrsinn des Großranchers, sich von ihm abwendet.

Wie in dieser Rolle spielte Wayne, der nie Schauspielunterricht hatte und sich stets selbst darstellte, immer wieder Gestalten, deren anachronistische Haltung tiefe Wunden in ihre Identität schlägt. Aber solche Verwundungen überstehen sie noch stoischer, in ihrer unbelehrbaren Unbeugsamkeit noch bewegender als die Verwundungen durch Geschosse der Feinde. Als verbitterter Bürgerkriegsveteran und Rassist Ethan Edwards in Fords *The Searchers* (»Der schwarze Falke«, 1956) begreift er erst nach sieben Jahren verbohrter Indianerjagd die Unvereinbarkeit von Haß und Toleranz; als Tom Doniphon in Fords *The Man who Shot Liberty Valance* (»Der Mann, der Liberty Valance erschoß«, 1962) rollt die neue Zeit konstitutioneller Machtverhältnisse mit tödlicher Gewalt über ihn, den alten Faustkämpfer des Rechts, hinweg; als *Gun-fighter* Cole Thornton in Hawks *El Dorado* (1967) humpelt er am Schluß, lädiert an Körper und Seele, davon.

Wenn andere außer sich gerieten, war er bei sich. Er war zu Hause in Feindesland. Für ihn gab es nur drei Klassen von Personen: die Ordnungshüter (dazu zählte er), die »demokratische« Masse der Mitläufer, die Gesetzesbrecher. Letztere waren zum Abschuß freigegeben. Mochten noch so viele Feinde lauern, am Ende war »dies harte Land« befriedet, und die Sonne erhob sich über dem Canyon. Die Kinozuschauer hingegen erhoben sich wie betäubt von ihren Sitzen und versuchten zu gehen, was manch einem schwerfiel, der diesen Giganten zwei Stunden zu Pferde hatte sitzen sehen.

Mochte John Wayne tun, was getan werden mußte, eigentlich verteidigte er nur die Reinheit seiner selbstgewählten Philosophie, sein Bild vom Platz in dieser Welt. Wenn die Kugeln flogen, zeigte er, was er war. Deshalb war er die Kultfigur von Western, wo es nicht um die Leiden der Besiegten geht, sondern um die Leistungen des Helden. Er hatte einen Stil, der in der Anwendung von – spielerischer, oder auch brutaler – Gewalt am besten zum Ausdruck kam. »Ein Held ist, wer wie ein Held aussieht« (Robert Warshow), deshalb gewöhnte sich Wayne schnell an diese Standards von Kleidung und Gestik. Die Witwenmacher an den Hüften, sein Pferd, er selbst – im Westen gilt die äußere Erscheinung alles, die Gefühlsklasse nichts.

Seine besten Regisseure, Ford und Hawks, vermochten es, die Heldengestalt zu vermenschlichen. Wayne war immer dann am besten, wenn Züge von Selbstironie und Narben der Schwäche an ihm sichtbar wurden. So in *Donovans Reef* (»Die Hafenkneipe von Tahiti«,

Die männliche und die weibliche Seite des Westens (mit Angie Dickinson in *Rio Bravo*).

1963), wo er sich als martialischer Raufbold herrliche, genußvoll inszenierte Gefechte mit Lee Marvin liefert, so in *Hatari* (1962), wo der Großwildjäger Sean Mercer in die Falle einer liebenden Frau geht (Elsa Martinelli), Opfer eines winzigen Gefühls, das seine gewaltigen Sinne hinterlistig verwirrt.

Er schuf sich Welten, wo Taten zählten, nicht Gefühle. So kam er zurecht. Wo Gefühle herrschten, lauerte Unbill, dort waren Frauen zu Hause. In diese Art Behausung trat er voller Angst, wie er kurz vor seinem Tod einer Reporterin verriet. Er war für die Emanzipation der Frau, solange »das Essen pünktlich auf dem Tisch steht«. Kam eine Frau in die Nähe, wurde dies Mannsbild aus Granit abgebaut. »Ich verstehe Frauen nicht. Die besten stellen keine Fragen ...«

Die Exemplare, denen er in seinen Filmen begegnet, kommen oft aus der Kulturwelt der Ostküste. Sie stehen dem »Töten und Getötetwerden« skeptisch gegenüber, das ihm als Lebensphilosophie auf den Leib geschrieben ist. Sie verkörpern, selbst noch als Saloontänzerin, wie Angie Dickinson in *Rio Bravo* (1959), die eine, die »weibliche« Seite Amerikas: Zivilisation, Bildung, Gefühl. John Wayne verkörperte die andere: den »männlichen« Eroberungsgeist des Westens.

Frauen, die er liebte, waren exotisch. 1933 heiratete er Josie Saenz, Tochter eines chilenischen Konsuls. Die Ehe hielt bis Weihnachten 1945, ihr entsprangen vier Kinder. Seine zweite Frau, die Mexikanerin Esperanza Baur, lieferte ihm *Showdowns* im Wohnzimmer, er soff mit ihr und prügelte sie in grenzenloser Eifersucht. Zum Scheidungstermin im Jahre 1954 erschien sie mit zwei Veilchen und kassierte 500000 Dollar Schmerzensgeld. Die Peruanerin Pilar Palette besaß dagegen zwei Vorzüge, die Wayne schätzte: Anpassungsfähigkeit und Mütterlichkeit. Man heiratete, und erst nach 19 Jahren Anpassung explodierte Pilar: »Er ist unnachgiebig, stur und verschlossen – genau der *law-and-order-man*, der er in seinen Filmen ist ... Sein Verhältnis zu Frauen ist das von Cowboys zu Animierdamen.« 1973 trennte sich der *law-and-order*-Mann von seiner Animierdame, die ihm drei Kinder geboren hatte. Die Scheidung wollten jedoch beide nicht. Letzte Lebensgefährtin des Cowboys war dann Pat Stacey, seine Sekretärin. Sie blieb es bis zu seinem Tod.

Es gab nur eine Frau, von der Wayne in höchsten Tönen schwärmte, und das war Marlene Dietrich. »Sie ist die ideale Ehefrau – in jeder Beziehung.« Nach ihrem gemeinsamen Film *Seven Sinners* (»Das Haus der sieben Sünden«, 1950), hielt auch Marlene nicht hinter dem Berg. »Er ist unermüdlich und vital, wie sonst nur kleine Männer. Er ist Napoleon.« Monatelang waren Napoleon und der Vamp unzertrennlich, aber obgleich sie ihn als »den besten von allen« geortet hatte, gingen sie über Nacht auseinander – und verloren kein Wort mehr darüber.

In den 60er und 70er Jahren produzierte Wayne viele Filme in seiner eigenen Firma *Batjac*. Er, der zehnmal Nr. eins der Top-Ten-Stars war, einer der mächtigsten Männer Hollywoods, versuchte sich in Propaganda-*Trailern* wie *The Alamo* (1960) und *The Green Berets* (»Die grünen Teufel«, 1968). Nachdem der Duke (»Der Herzog«, so genannt nach einem Hund seiner Kinderzeit) 1965 in Vietnam vor den Truppen das Hohelied des rechtschaffenen Amerika gesungen hatte, waren diese Filme, in denen er Produzent, Regisseur und Hauptdarsteller war, die episch-bombastische Fortsetzung der Weltanschauung, die das Mitglied der rechtsradikalen John-Birch-Society, Präsident der erzkonservativen »Film-Allianz für die Erhaltung der amerikanischen Ideale« und Parteigänger von Nixon, Goldwater und Reagan, auf dem *Set* der US-Politik verkündete: Wo ich bin, ist Amerika, und außerhalb regiert der Feind.

Seine patriotische Aufrichtigkeit und männliche Treue verabscheute Weichheit, wie er sie verstand, er setzte sie in eins mit Unehrlichkeit, mit Zwischentönen, die er, ein Kerl mit den Begriffen der »Frontier« des 19. Jahrhunderts, für Drückebergerei hielt. Das hinderte ihn nicht, mit den windigsten Figuren der amerikanischen Politik Komplicenschaft zu pflegen, mit professionellen Lügnern und Drahtziehern dunkler Geschäfte im Weißen Haus, das er für Fort Alamo hielt.

Nach dem Sündenfall von Vietnam, Newark und Watergate suchte Amerika in ihm, dem Symbol des aufrechten Ganges in die falsche Richtung, nach der verlorenen Unschuld. Cynthia Buchanan bat in der »New York Times«: »Komm nach Hause John ... und finde ... unsere Jugend, die wir irgendwo ... verloren haben.«

Ein Teil dieser Jugend, für die er reaktionär, redegewaltig und reich war, eine schwer zu verkraftende Mischung, saß bereits abends in den Kinos und blickte – trotz allem – zu ihm auf.

Späte Anerkennung verschaffte dem Duke 1970 der Oscar, den er für seine Darstellung als Rooster Coghurn in Hathaways *True Grit* (»Der Marshal«, 1969) erhielt. Er spielte den sentimentalen Schießprügel, das alte Schlachtroß, whiskyfest und gottesfürchtig, das mit einem Auge mißmutig den nicht mehr freien Westen beäugt. Hier war er allerdings schlechter als in früheren, großen Rollen, eine Karikatur des ehemals kongenialen Verkörperers amerikanischer Träume von Individualität, großzügiger Männlichkeit und körpergerechter Freiheiten.

Sein letzter Ausritt war *The Shootist* (»Der Scharfschütze«, 1976). Er konnte noch einmal den Helden geben, der nun allerdings zum wirklich letzten Mal zum *Showdown* antritt und den schönen Westerntod erleidet, der ihm zukommt. Die Darstellung des krebskranken *Gunman* hatte seine tragische Parallele in der Wirklichkeit. Wayne, todkrank, konnte nicht mehr ohne Hilfe das Pferd besteigen, aber zur Ehrenrunde im vollen Bewußtsein seines legendenhaften Zuschnitts reichte es noch.

15 Jahre lang hatte er gegen den Krebs gekämpft. 1964 verlor er nach einer ersten Operation den linken Lungenflügel, später wurde ihm die Herzklappe eines Schweins eingepflanzt, Anfang 1979 die Gallenblase entfernt, dann der Magen, danach befiel der Krebs die Lymphknoten. Am 9. April stand er noch die Oscar-Verleihung im »Music Center«, Hollywood, durch, schmerzgebeugt, da er Medikamente bis zu seinem Tod ablehnte. Nach seinem 73. Geburtstag starb er, am 12. 6. 1979, im Krankenhaus.

John Wayne war groß. Er zog und er schoß im Film immer zuerst, das hielt ihm die Nörgler vom Halse und häufte genügend Beweise an für seine Wahrheit. Man liebte ihn auf der Leinwand, wie ein Schicksal, dem man nicht entgehen kann, er war das personifizierte Über-Ich, ausstaffiert mit Stetson und Colt, den Insignien des längeren Arms von Ordnung und Gesetz.

Er hatte jedoch zwei Gesichter. Das eine, der eitle, mächtige Propagandist verlorener Werte, reaktionärer Horizonte, ist bekannt. Das andere kann man aus Einzelteilen seiner Filmrollen zusammensetzen. Es zeigte sich u. a. in *Stagecoach*, wenn er in stoischer Zuneigung auf die moralisch erniedrigte Frau setzt, in *The Searchers*, wenn er Nathalie Wood in die Arme schließt, überschwemmt von zärtlichsten, lang aufgestauten Patriarchengefühlen, oder in seiner loyalen Freundschaft zum alten Krüppel (Walter Brennan als Stumpy), der allen im Wege steht, in *Rio Bravo*.

Auch das war John Wayne.

Wayne besaß Ölquellen, Grundstücke, Hotels und ein US-Minenräumboot, das er »Wildgans« taufte und als Luxusjacht herrichtete. 17 000 Morgen mit Farm in Arizona und 70 000 Rinder. An den Filmen, die 3 Milliarden Mark einspielten, verdiente er 600 Millionen. Insgesamt wurde das Vermögen des sorgenreichen Oberhaupts eines weitverzweigten Familienclans auf zuletzt noch 240 Millionen Mark geschätzt.

Kurz vor seinem Tod überreichte ihm Jimmy Carter eine nationale Goldmedaille, die vor ihm nur wenige amerikanische Standbilder verliehen bekommen hatten, so George Washington und Walt Disney. Für seinen Grabstein wählte er ein mexikanisches Sprichwort: „Feo fuerte y formal" – Er war häßlich und stark, aber er besaß Würde.

B. S.

Literatur

George Carpozi: »The John Wayne Story«, New Rochelle 1972.
Allen Eyles: »John Wayne and the Movies«, South Brunswick 1976.
Mark Ricci: »The Films of John Wayne«, Secausus, N. J. 1972.

Jeanne Moreau
Femme fatale

Sie ist eine Spielerin, immer auf dem Sprung, die Göttin Gelegenheit beim Schopfe zu ergreifen. Mit weißblond gefärbtem Haar, sehr filigranen Schuhen, einer Pelzstola auf dem Abendkleid schreitet sie wie eine Sirene ins Casino, deren Lockung niemand widersteht. Sie spielt wie im Fieber Roulette, aber auch mit ihrem kleinen Glücksbringer, einem Bankangestellten, der glaubt, sie liebe ihn. Dabei ist er nur ein Talisman, den sie wie einen Jeton auf den Spieltisch wirft, um Geld zu hecken. Wohl verschenkt sie ein rasch hingeworfenes Lächeln, aber nur als Köder zur Konzilianz, als taktische Geste, sich von Schuldgefühlen freizukaufen. Ihr Lächeln ist eine angedeutete Unterwerfung, die aufmunternd wirkt. Der Blick aber soll nur die höhnische Ablehnung vertuschen.

Sie spielt auch mit den Accessoires. Steckt sie sich eine Zigarette an, saugt sie den Rauch so gierig ein, daß die Wangentaschen sich nach innen stülpen und ein anderes Gesicht nach außen kehren: ein lockender Wink, der die Abfuhr gleich mitfunkt. Dann wirft sie den Kopf so tief in den Nacken, daß die Haare fliegen, sie stellt sich unter ihre Zigarette, die ihr Partner in einer kleinen Szene wird, die theatralisch sich in Rauch auflöst. Wippt sie die Zigarettenspitze in den Fingern, so wirkt es wie eine Verlängerung des Augenklimperns. Aus jeder Geste schlägt sie zweifach Funken, um die Verruchtheit, die natürlich scheint, noch künstlich zu verlängern. Sie ist abrupt und fahrig, herrisch und unbeherrscht. Sie wirft ihren Kopf herum, wie der Wind umschlägt. Sie zeigt Profil und geht sofort frontal in Stellung. Sie bebt wie ein kostbares Rennpferd vor dem Start und hat ihre Kraft doch fest am Zügel.

Der Film, in dem sie diese Frau verkörpert, ist nicht sehr bekannt: *La baie des anges* (»Die blonde Sünderin«, Jacques Demy, 1962), aber in diesem Nebenwerk hatte Jeanne Moreau jede Möglichkeit, sich zu entfalten. »Schauspielerin zu sein, bedeutete für mich auch ein Loslösen von der Erinnerung an ein fünftes Stockwerk in Montmartre, an das Treppenhaus voller Küchengerüche, an die Vermengung mit den anderen Armen, die auf demselben Treppenabsatz wohnten. Wie mein Vater liebe ich das Land und betrachte die Stadt wie eine Provinzlerin; aber wie meine englische Mutter, die Tänzerin an den Folies Bergères wurde, um aus Lancashire herauszukommen, habe ich stets danach getrachtet, ›jemand‹ zu werden«, erklärte sie in einem Interview mit Oriana Fallaci.

1928 in Paris geboren, wurde Jeanne Moreau mit zwanzig Jahren jüngstes Ensemblemitglied der Comédie Française, die ihre berühmten Darsteller als Staatspensionäre einstellt. Sie wechselt bald zum Théâtre National Populaire und wurde neben Gérard Philipe ein Star der Truppe, mit dem zusammen sie im Film *Les liaisons dangereuses* (»Gefährliche Liebschaften«, Roger Vadim, 1959) das kaltschnäuzige Duo der Gefühlsexperimente spielte. Den Beginn ihrer Filmkarriere markierte, befördert durch die enge Bindung an den Regisseur Louis Malle, ihre Rolle in *L'Ascenseur pour l'échafaud* (»Fahrstuhl zum Schaffott«, 1957) und die kühl kalkulierende, gleichwohl hemmungslos leidenschaftlich Liebende in Malles Film *Les Amants* (»Die Liebenden«, 1958), der als Skandal den Erfolg nur beflügelte.

An der Seite von Monica Vitti und Bernhard Wicki stellte Antonioni die Moreau in seinem Film *La Notte* (»Die Nacht«, 1961) heraus. Sie fand darin zu einem neuen Ausdruck, dem der vollkommenen, undurchdringlichen Indifferenz. Mailand, die Großstadt, die Entfremdung inmitten des Kältetods der Gefühle sind ihrem Gesicht so deutlich eingeschrieben wie ein Zeichen der Moderne. Aber unter allen leidenden Frauen Antonionis, deren Sinnlichkeit auf den Gesichtern eingefroren ist, zuckt bei ihr noch ein Protest auf. Sie gibt sich nicht im Verstummen geschlagen. Sie revoltiert.

François Truffaut entdeckte ihre lichten Seiten, ohne die Schatten zu verdecken. In *Jules et Jim* (»Jules und Jim«, 1961) spielte Jeanne Moreau neben Oscar Werner und Henri Serre in den Titelrollen die Catherine, in die sich beide Freunde verlieben. Sie ist, wie der Erzähler im Film konstatiert, »eine Frau, die alle lieben, eine Königin, eine Naturgewalt, die sich wie ein Wasserfall ausdrückt. Sie lebt unter allen Umständen in Klarheit und Harmonie, geleitet vom Gefühl ihrer Unschuld«. Das heitere Idyll geht als bittere Romanze aus. Die Schönheit der Bilder, der Schauplätze des Landhauses, der adriatischen Sommerinsel, der Holzhütte im Schwarzwald, wird von Truffaut zersetzt durch den bodenlosen Zynismus des fortlaufenden Kommentars. Diese so glücklich scheinende ménage à trois birgt den Zerfall schon in sich. Die ästhetische Moral, die Truffaut für *Jules et Jim* postulierte, findet eigene Mittel, sich zu widerlegen.

Aus *Jules und Jim*.

Jeanne Moreau als Catherine ist eine Traumfrau, ein lebendes Abbild einer archaischen Statue, die die Männer auf der Insel sehen. Sie ist am Ende eine platonische Idee der Alterslosigkeit der Liebe, deren verführerische Sanftheit um so grausamer zerstört wird, je sehnender der Zuschauer ihr anheimfiel. Das in freundschaftlicher Liebe zugeneigte Trio sitzt beisammen, Catherine strickt, die Männer entspannen sich im Schaukelstuhl. Da fährt das berühmte Liedchen der Moreau wie ein Blitz unter sie, um den Teufelskreis zu sprengen, »Le tourbillon de la vie« (»Der Strudel des Lebens«): »Sie hatte Augen aus Opal, die mich faszinierten wie ihr blasses Gesicht: die femme fatale, die mir zum Verhängnis wurde.« Unschuldig dahergeträllert ist dies die heftigste Abfuhr an alle ihre Liebhaber.
Nun konnte sie wählen, und sie wählte nur die allerersten Regisseure für ihre Rollen im Charakterfach. Sie spielte unter Joseph Losey, unter Orson Welles, bei Max Ophüls und wieder bei Louis Malle im *Feu Follet* (»Das Irrlicht«, 1963), wo sie nur kurz, nervös und fast wider Willen in einer Szene auf dem Hof zu sehen ist, so anziehend wie abweisend. Luis Bunuel engagierte sie für seinen Film *Le Journal d'une femme de chambre* (»Tagebuch einer Kammerzofe«, 1964), an dem sich schon einmal Jean Renoir in Hollywood, mit Paulette Goddard in der Titelrolle, versucht hatte.
Der Film erzählt das Tagebuch der Zofe, richtet die Geschichten und die kleinbürgerlich, verklemmt, brutal handelnden Personen

nach ihrer Perspektive aus. Wie scharf sie fremde Emotionen für ihr Spiel berechnet, aus kleinen Katastrophen Kapital für ihren Aufstieg schlägt, so unberührt geht diese Zofe Célestine durch die Handlung. Jeanne Moreau stellt noch einmal heraus, in welchem Maß sie die impassibilité verkörpert: diese moralische Trägheit der Flaubertschen Helden, deren Unschuld nur Mangel an Gelegenheiten ist.

An der Seite von Brigitte Bardot spielte sie in Louis Malles knallbuntem Unterhaltungsspektakel *Viva Maria!* (1965) die Schwierigkeit überzeugend vor, inmitten eines unterdrückten lateinamerikanischen Staates nicht nur den Striptease zu erfinden, sondern noch, mit Hilfe der Bardot, erfolgreich eine Revolution anzuzetteln. Gregor von Rezzori, der selbst eine kleine Rolle als Zauberkünstler innehatte (der Granaten ins feindliche Lager mit seinen Brieftauben beförderte), schrieb in seinem Tagebuch der Verfilmung von *Viva Maria* über den Auftritt der Moreau am Drehort in Mexiko:

»Sehr artig gab sie jedem, den sie kannte oder zu kennen meinte, die Hand, begrüßte auch einige von uns namentlich, die übrigen mit einem züchtigen ›Bon jour, Monsieur‹. Einige kriegten sogar zu ihrer Beglückung sehr zarte, ein wenig scheue Begrüßungsküsse auf die Wangen gehaucht. Das alles ging sehr leise und in betonter Unauffälligkeit vor sich. Erschienen war eine Elfenkönigin, der kein Erleiden, kein Erdulden fremd geblieben ist. Ihr aufmunterndes Lächeln aber schien zu sagen: ›Laßt uns dennoch heiter sein!‹ Es war ein Meisterstück von Auftritt. Mit einem Schlag, der zart und zugleich mächtig war wie die Berührung einer Feenhand, führte sie uns vor Augen, welche Rolle sie in unserer für ein paar Monate vorausbestimmten Gemeinschaft zu spielen gewillt war. Als Zauberkünstler habe ich einiges von ihr zu lernen.«

Diese Rolle als Anarchistentochter in einer Revolutionsoperette brachte ihr nicht den Oscar ein, aber eine Titelgeschichte im US-amerikanischen »Time Magazine«, was auch ein Adelsprädikat der Unterhaltungsindustrie, wenngleich noch nicht den Ritterschlag bedeutet. Nach einem Drehbuch von Jean Genet trat Jeanne Moreau

Mit Brigitte Bardot in *Viva Maria*.

Mit Charles Denner in *La mariée était en noir*.

dann im Film *Mademoiselle* (Tony Richardson, 1965) auf. Hier gibt sie ein psychoanalytisch angehauchtes Porträt vom Destruktionstrieb einer frustrierten Dorfschullehrerin. Ihr Drang, Brände zu legen, ist erotische Ersatzhandlung. Sie schminkt sich und streichelt ihre Fetische – Handschuhe und Schuhe –, bevor sie die Brunnen vergiftet, das Vieh ersäuft oder Feuer legt. Von der Regie geschmäcklerisch ins Bild gesetzt, ist sie, einmal mehr, nicht so sehr Handelnde als vielmehr der Brennpunkt, der das Handeln auslöst – mit ketzerhafter Kriminalität und göttinnengleicher Gerechtigkeit.
Sie liebte die Rolle der Racheengel, und in dem hitchcockhaften Film *La mariée était en noir* (»Die Braut trug Schwarz«, François Truffaut, 1967) gab es genug für sie zu tun: Fünf Männer hatte sie zu töten, die Mörder ihres Bräutigams. Julie Kohler ist eine Figur der Kinowelt, die sich um Realismus nicht zu scheren hat. Die Beweise ihrer Ermittlungsarbeit bleibt sie schuldig. Mechanisch, unerbittlich vollzieht sich ihre Obsession. Ihr Tun ist reines Zwangshandeln im Klima der Angst. Wo die dinglichen Details ein Eigenleben führen, gibt es keine Motivationen. Ein davonschwebender Schleier, ein geleertes Wasserglas, ein Bild bleiben als Zeichen der Moreau, die ihre Spuren sonst verflüchtigt. Sie hat eine geheimnisumwitterte Identität: Schon zum Vorspann erscheint ihr mechanisch reproduziertes Bild in der Druckerei – als Fahndungszettel. Der vorletzte Mann, den sie tötet, hält sie für ein Modell. Er ist Maler und malt sie als Diana auf der Jagd: die römische Gottheit der Sklavenklasse. Jeanne Moreaus Gesicht wird von Truffaut, der sie schon einmal zur Göttin stilisierte, in seiner schnell changierenden Fähigkeit, zu vereisen und heftig aufzutauen, ausgebeutet.

Wie oft huscht ein kleines, trügerisches Versöhnungslächeln über ihre Wangen, die sich gleich straffen und zur Maske erstarren. Den sozialen Aufstieg als Erstarrung stellte Jeanne Moreau im Debütfilm des ehemaligen Kritikers André Techiné dar: *Souvenirs d'en France* (»Erinnerungen aus Frankreich«, 1975). Die Wäscherin Berthe steigt zwischen den Daten 1936, der Volksfrontregierung in Frankreich, und 1970, dem Ende des Gaullismus, zur Fabrikantin auf. 1936 ist sie die Geliebte des Erben der Landmaschinenfabrik im Südwesten und nach dem Krieg, mit Résistance-Orden hochdekoriert, die verhärtete Chefin des Unternehmens. Zwei fast identische Szenen am gleichen Schauplatz markieren den Weg, der sie zum Aufstieg führte. Zur Volksfrontzeit verschafft sie einem Arbeitslosen, der ihr am Fabriktor begegnet, eine Stellung. Nach den Mai-Unruhen 1968 tritt sie, an gleicher Stelle, den Streikenden entgegen.

Spät erst löste sich Jeanne Moreau aus den glamourösen Kreisen. Sie ließ sich nach kurzer Ehe scheiden und hat einen heute zwanzigjährigen Sohn. Die Presse hat ihre Verbindung zu Louis Malle, zu Pierre Cardin oder wie jüngst zu Peter Handke in Paris sensationell hochgespielt. Dazu hat sie selbst nichts zu sagen. Sie engagiert sich zunehmend für die französische Frauenbewegung und arbeitet mit im Zusammenschluß der Filmarbeiterinnen: Les femmes de Musidora. Wie radikal der Bruch zur kommerziellen Filmindustrie ist, den sie vollzog, bezeugt ihr Mitwirken in den Filmen der Marguerite Duras, bei der sie in *Nathalie Granger* auftrat. Da werden die Darsteller nicht mehr als realistisches Abbild von lebenden Menschen ausgestellt, da wird rigoros jedwede psychologisch einfühlende Haltung ausgeklammert. Da wird auch die so leidenschaftliche Moreau unter dem Blick der Duras zu einem tranceartigen, traumhaften Wesen.

In ihrem ersten Film, bei dem sie die Regie führte, versammelt sie vier Schauspielerinnen in einem Landhaus, in ihrer Stadtwohnung in Paris, um sie zum Erfahrungsaustausch unter Frauen und Kolleginnen zu bewegen. Die Frauen um sie – die Regisseurin spielt selbst mit – geben sich verspielt, schön, mitteilsam. Sie gehen aufeinander ein. Die Männer um sie sind dagegen streng konkurrierend, verschlossen, eifersüchtig und bedeutsam. Sie erleiden zwar Einbußen in der Männerrolle, dennoch setzen sie kraft ihrer Berufe in Kunst und Wissenschaft die Dominanz des männlichen Blicks an den Horizont der Welt fort. Sie erscheinen als Randfiguren neben den Frauen, bleiben aber Lebenszentren, um die Frauen – in typischer Existenz des Luxus – kreisen. Die Figur des deutschen Dichters Heinrich Grün (von Bruno Ganz gespielt) deutet, über den Verweis auf Kellers »Grünen Heinrich«, wohl auf Peter Handke.

Dieser Debütfilm hieß *Lumière* (»Licht«, 1976). Was darin Aufschluß über die natürlichen und anerzogenen Ausdrucksformen von Frauensprache/Männersprache gibt, ist die ständige Berührung der Frauen. Sich umarmend gehen sie aufeinander ein, wo die Männer stur auf Distanz schalten, um ein Berührungsverbot zu signalisieren. Hier üben die Frauen eine Komplicenschaft der Körper, wo die Männer noch, schon hohl und brüchig, eine Verfügungsgewalt über jene Körper behaupten. Tatsächlich sind in diesem Film zwei verschiedene Grammatiken der Körpersprache abzulesen. Sie prallen aufeinander, sie werden aber übersetzt in ein gestisches Vokabular.

KWi

Literatur

Oriana Fallaci: »Femme Fatale« (Jeanne Moreau) in: »Ab- und Beifälliges über Prominente«, Düsseldorf 1965.

»Des femmes de musidora, Paroles ... elles tournent« (Interview mit Jeanne Moreau), Paris 1976.

Michel Laclos: »Jeanne Moreau«, Paris 1965.

Gregor von Rezzori: »Die Toten auf ihre Plätze! Tagebuch des Films ›Viva Maria««, Reinbek 1966.

François Truffaut: »Jules et Jim. Découpage intégral«, Paris 1971.

Star-Typage
und Varianten

Harte Macker

Das Genre des Gangsterfilms – geboren in den Depressionsjahren nach der Weltwirtschaftskrise von 1929 – bot auch dem Zuschauer der 40er Jahre noch ein fetischisierbares Bild modernen Lebenskampfes und seiner rituell gebannten Ängste, das im Zweiten Weltkrieg allerdings Züge übersteigerter Zerstörung und unintegrierbarer Todeserfahrung bekam.

Als Genre, in dem sich »schnelles« Leben und städtische Existenz beispielhaft spiegeln, blieb der Gangsterfilm mit seinen Varianten: Detektivfilm und Kriminalfilm auch nach seiner ersten Blütezeit – die bis etwa 1939 reichte – wichtigstes Medium oppositioneller Gegenwelten zum bürgerlichen System. Aber in beiden Welten erschien der Erfolg »gewissermaßen als wachsende Kraft zum Unrechttun« (Robert Warshow).

Die Reinkarnation des Mythos vom urbanen Gangster, der die – seelischen und körperlichen – Narben einer wölfischen Lebensweise im Dschungel der Großstadt hinter perfektionierten äußerlichen Standards wie Hüten, bunten Krawatten, Trenchcoats und Handfeuerwaffen verbirgt, war Humphrey Bogart in seinen ersten zehn Leinwandjahren. Später konnte er mit seinem von fragwürdigen Erfolgen gezeichneten Gesicht und einer von Verlorenheit stigmatisierten Gestalt einen Typ ausbilden, der dieses Rollenfach nur noch als Basis für gelegentliche Ausflüge benutzte.

Dem Gangster-Image verhaftet blieben – trotz gelegentlicher Rollenwechsel – solche Darsteller wie Edward G. Robinson und James Cagney. Robinson, Amerikaner rumänischer Abstammung (eigentlich: Emanuel Goldenberg), debütierte mit *Little Caesar* (1930) so erfolgreich, daß er diesen Typus des Hartgesottenen oft kopieren mußte. Seine von Schläfrigkeit und – allerdings wie eine Maske wirkende – Weichheit geprägte Erscheinung, die seinen frühen Gangsterfiguren ein gefährlich-doppelgesichtiges Profil verlieh, konnte er mit zunehmendem Alter zur grandiosen Darstellung ehrenwert-abgründiger Charaktere nutzen, deren subtile Psychogramme er mit intensiver Intelligenz zeichnete (*The Woman in the Window,* 1944). Eine vergleichbare Entwicklung durchlief James Cagney, der in *The Public Enemy* (1931) eine so authentische Gangster-Physiognomie entwarf, daß er mit seiner federnden Agilität, der aggressiven Haltung des kurzgewachsenen Körpers, den ständig geballten Fäusten und herausfordernden Blicken Zentrum gleichartiger Darstellungen auch in den 40er Jahren blieb. Der infantil-neurotische Zug seiner Figuren kam in *White Heat* (1949) auf den Punkt. Als exzellenter Tänzer und dramatischer Schauspieler unternahm er auch mehrere Ausflüge in andere entsprechende Rollenfächer (*Yankee Doodle Dandy*, 1942 – *What Price Glory?*, 1952).

Ein weiterer ebenbürtiger Gangsterdarsteller war, neben dem smarten George Raft, der als Valentino-Kopie begann, nach *Scarface* (1932) lange Zeit Paul Muni (bürgerlich: Muni Weisenfreund). Der Amerikaner österreichischer Abstammung schien in solchen Figuren wie dem Tony Camonte, den er mit beunruhigender Faszination des Bösen darstellte, bei sich selbst zu sein. Sein virtuoses Talent führte ihn danach in die unterschiedlichsten Rollenfächer, denen sich der intelligente Darsteller aus Angst vor Typisierung verschrieb. Daß ein Zuviel an Begabung der Herausbildung eines Star-Images hinderlich sein kann, ist an seiner Laufbahn exemplarisch abzulesen. Das Gegenteil trifft auf Alan Ladd zu, dessen reaktionslose, von beherrschter Sensibilität geprägten Gesichtszüge ihn seit *This Gun for Hire* (1942) auf einen Typ festlegten, der ihm Starruhm verlieh. Auf der Gangsterdarstellung als Basis konnte Kirk Douglas (bürgerlich: Yssur Danilovitch Demsky) mit einem für den *tough guy* prädestinierten Gesicht und muskulöser Gestalt aufbauen, der sich vor allem in den 50er Jahren als anspruchsvoller Darsteller anderer Rollenfächer einen Namen machte (*Paths of Glory*, 1957).

Das gleiche gilt für Robert Mitchum, für dessen Vielseitigkeit Filme wie *Crossfire* (1947) und *The Night of the Hunter* (1955) stehen. Auch dem ehemaligen Zirkusakrobaten Burt Lancaster kamen Aussehen und athletische Präsenz bei der Darstellung harter Rollen zugute, die jedoch mit ebensolchem Erfolg in farbenprächtigen Degenfilmen wie *The Crimson Pirate* (1952) einsetzbar waren. Der strahlende, leicht plebejisch wirkende Charme seiner frühen Auftritte wich in späteren Charakterzeichnungen einer reifen, auch in unsympathischen Rollen überzeugend menschlichen Darstellung (*From here to Eternity*, 1953). Der am professionellsten wirkende Darsteller »Harter Macker« war der ehemalige Boxer Robert Ryan (*Act of*

Violence, 1948). Die überraschend weichen Gesichtszüge des schwarzhaarigen, großgewachsenen Schurken-Darstellers gaben mit zunehmendem Alter seinen immer lakonischer werdenden Auftritten (*The Professionals*, 1966) einen Stich ins Anrüchige, aber auch Vergeistigte. Mit Ryan hin und wieder verglichen wurde der hühnenhaft-blonde Sterling Hayden, hervorragend als melancholischer Gangster in *The Asphalt Jungle* (1950) oder in *Johnny Guitar* (1954), wo er der Figur des sensiblen, durch Vergangenheit und Aussehen festgelegten Außenseiters kultische Dimensionen abgewinnt. Für den europäischen Gangster- und Kriminalfilm der 50er und 60er Jahre erfüllte das – unter anderen Voraussetzungen – der Italiener Lino Ventura (bürgerlich: Angelo Borrini), dessen Attitüde des kantigen, in einsamen Revolveraktionen erfolgreichen Helden mit dunklem sozialen Hintergrund ihn in Filmen wie *Classe tous risques* (1959) und *Le deuxième souffle* (1966) zu Starruhm verhalfen. Zur Kultfigur rüder Krimis avancierte seit den späten 50er Jahren auch der amerikanische Schauspieler Eddie Constantine, dessen sarkastischer Lemmy Caution ihn zum plaziert schlagenden Genrehelden mit dem sardonischen Grinsen werden ließen.

Gezeichnete Frauen

Seit den 30er Jahren war Bette Davis die energische Frau, die nicht um den Preis gesellschaftlicher Amputation geliebt werden will. Daß sie auf Glamour verzichtet und in die Manierismen der potenten Lady ausweicht, überzog sie mit dem Image einer Neurotikerin, das sie mit der gleichaltrigen Joan Crawford (bürgerlich: Lucille Le Sueur) teilte, deren Gefühlsleben durch einen Ehrgeiz gefährdet schien, der ihr außerhalb der Leinwandexistenz geschäftlichen Erfolg eintrug (sie wurde Direktorin von »Pepsi Cola«). Beide waren zusammen in *Whatever Happened to Baby Jane?* (1962) zu sehen.

Als Verkörperung der anspruchsvollen Frau trat ebenfalls die Engländerin Vivien Leigh (bürgerlich: Vivien Hartley) hervor, deren Leinwandschicksal noch stärker als bei ihren Gefährtinnen zu neurotisch-krankhaften Einbrüchen tendierte (*A Streetcar Named Desire*, 1951). Alle drei Frauentypen waren gezeichnet von einer im Gangsterfilm kulminierenden Misogynie, die in der Verbindung von erotischer Weiblichkeit und tatkräftiger Selbstbehauptung ein Zuviel an gesellschaftlichem Realismus erblickte, der auf der Leinwand nur denunziatorisch eingefärbt erscheinen durfte. Das gilt auch für Barbary Stanwyck (bürgerlich: Ruby Stevens), die zwar oft als gute Kameradin und treue Gefährtin engagierter Durchschnittsamerikaner auftrat, mit zunehmendem Alter aber auf den Typ der rücksichtslosen, gefühlskalten Aufsteigerin fixiert wurde, der auch kriminelle Seiten nicht fremd sind (*Double Indemnity*, 1943).

Eine durch patente Tüchtigkeit verharmloste, vornehmere Dame verkörperte die gebürtige Irin Greer Garson (*Mrs. Miniver*, 1942), blonder und englischer USA-Export ebenso wie Deborah Kerr, deren erotische Ausstrahlung durch einen frigiden Zug entschärft schien, der sich jedoch in entscheidenden Situationen als sekundär erwies (*From here to Eternity*, 1953).

Liebhaber und Gentlemen

Als Liebhaber mit verfeinerter Kultur, die oft als Gegenspieler amerikanischer Pioniernaturen auftraten (als deren herausragendes Monument John Wayne galt), zeigten sich solche Figuranten wie Leslie Howard (bürgerlich: Leslie Howard Stainer), der in *Gone with the Wind* (1939) seine transparente englische Erscheinung romantisch auflud, und Lawrence Olivier (*Rebecca*, 1941), englischer Shakespeare-Schauspieler und Regisseur, dessen Vielseitigkeit nicht im Widerspruch stand zu einem besonders in den 40er Jahren lebendigen Image als von Fremdheit und Leidensfähigkeit beseeltem Liebhaber. Mit einer, neben verbindlichem Charme auffälligen, zynischen Note versehen, tat sich in diesem Fach Charles Boyer hervor, ein französischer Topstar in USA, der zunehmend distinguierte Charaktere darstellte. Ebenso wie er war Ronald Colman als geistreicher, gepflegter Held in romantischen Rollen zu sehen, die – obwohl er Amerikaner war – seinem Typus einen europäisch-kolonialen Zuschnitt verliehen.

Von statuarischer Schönheit präsentierte sich der Amerikaner Robert Taylor (bürgerlich: Spangler Arlington Brough), dessen lange Karriere ihn bevorzugt in verschwärmten Rollen erscheinen ließ, die ihn als männlichen Liebesgott spezialisierten. In Kostüm- und Ritterfilmen, besonders der 50er Jahre (*Ivanhoe*, 1952) kultivierte er als Variante des *Swashbuckler* seine draufgängerischen Züge, blieb aber in Gestus und Auftreten doch eher dem charmanten Liebhaber in der Nachfolge der John Gilbert und Clark Gable verhaftet, als der er in *Camille*, 1937, schon reüssiert hatte.

Kostümierte Draufgänger

Als draufgängerischer Kostümheld der 40er Jahre hatte sich Tyrone Power, gekleidet in die Maskerade variantenreicher Freibeuterei, profiliert; ein abenteuerlicher Genreheld, der später den Beschränkungen dieses Fachs zu entkommen trachtete. Auch Ronald Colman konnte in seiner mittleren Phase in diesem Fach glänzen, als dessen hervorragender Vertreter neben Power auch Erroll Flynn galt. Der in Nordirland geborene amerikanische Star unzähliger Mantel- und Degen-Abenteuer der gehobenen Unterhaltungsklasse (*Captain Blood*, 1935; *The Warriors*, 1955) beeindruckte durch seinen mannbaren Charme ebenso wie durch eine jungenhafte Dreistigkeit im Umgang mit Feinden aller Art, gegen die er Intelligenz, Humor und körperliche Gewandtheit aufbieten konnte. Mit Einschränkungen gilt das auch für den Engländer Stewart Granger (bürgerlich: James Stewart), dessen feminin anmutende Schönheit neben abenteuerlichen Rollen (*King Solomon's Mines*, 1950) besonders in weich gezeichneten Liebhaberrollen zur Geltung kam. Weniger festgelegt war der Amerikaner Victor Mature, dessen ausdrucksstarkes Gesicht ihn, trotz eines beschränkten schauspielerischen Repertoires, für Charakterrollen (*My Darling Clementine*, 1946) ebenso prädestinierte wie aufgrund seines hünenhaften Wuchses für historische Kolossalfiguren (*The Robe*, 1953). Körperliche Präsenz hatte auch der Amerikaner Cornel Wilde zu bieten, der – bis weit in die 50er Jahre – als sympathischer Abenteurer (*At Sword's Point*, 1952) ebenso renommierte wie Tony Curtis (bürgerlich: Bernard Schwarz) als sein legitimer Nachfolger, dessen durchtrainiertes Äußeres am eindrucksvollsten in Ausstattungsfilme paßte (*Trapeze*, 1956), bevor er ein komödiantisches Talent entwickelte. Der beliebteste weibliche Star von Mantel- und Degenfilmen war die rothaarige Irin Maureen O'Hara, deren überschäumendes Temperament nicht nur in maskulinem Draufgängertum zur Geltung kam, sondern ihren männlichen Filmpartnern auch gern genutzte Möglichkeiten zur Demonstration viriler Tugenden bot (*The Black Swan*, 1942).

Nette Jungen – Nachbar Joe

Der an biederem Bürgersinn gereifte Tausendsassa früherer Lichtspielepochen, nach der Normalisierung wirtschaftlicher und sozialer Verhältnisse als netter Bursche aus der Nachbarschaft prototypisches Symbol ab etwa 1935, gewann in James Stewart Statur. Der schlaksige Darsteller jungenhafter Kleinbürger hatte zeitweise in Gary Cooper sein Ebenbild, vor allem in dessen Auftritten als Mr. Deeds (1936). Cooper, der den schweigsamen, lakonischen Typ auch in einem poetischen Klima wie in *For whom the Bell Tolls* (1943) und in Western (*High Noon*, 1952) bis zum Ende der 50er Jahre darstellen konnte, erhielt sein prägendes Image als dezenter, etwas linkischer *Joe American* mit den ungeordneten Extremitäten und dem knappen Pathos des Aufrechten in den 30er Jahren. Spencer Tracy, der als harter Macker begann, mauserte sich ebenfalls zum warmherzigen Darsteller gutmütiger Durchschnittsfiguren, vor allem an der Seite von Katharine Hepburn, mit der er neunmal auftrat. Sein trockener Humor und die patriarchalisch anmutende Menschlichkeit (*The Sea of Grass*, 1947) machten ihn trotz seiner Vielseitigkeit zum idealen Verkörperer der zeitbedingten Ideale. Seine komödiantischen Fähigkeiten teilte er mit dem ungleich eloquenteren Cary Grant, der der Figur des netten Jungen durch scharfen Witz und Ironie überlegene Züge verlieh. Nuancen von Abgeklärtheit und Vernunft brachte der Amerikaner Henry Fonda in diesen Figurentyp ein, er gewann durch ihn auch die Erfahrung der vergeblichen Anstrengung, wie sie Humphrey Bogart in der zweiten Hälfte seiner Karriere beispielhaft verkörperte. Ausgesprochen männliche Züge verlieh dem netten Jungen William Holden (bürgerlich: William Beedle), dessen in Standards und Moral sehr amerikanische Normalität noch übertroffen wurde von Rock Hudson (bürgerlich: Roy Fitzgerald), dessen dramatische Leistung in *Giants* (1956) Ausnahme in einer Reihe eher anspruchsloser Melodramen und Komödien war.

Das Fach des *Joe American* verließ sehr bald Gregory Peck. Er konnte als abgründiger Hitchcock-Charakter (*Spellbound*, 1945) ebenso überzeugen wie als Abenteurer oder desillusionierter ehemaliger Held (*The Gunfighter*, 1950). Diese Vielseitigkeit machte ihn zu einem Leinwandstar an sich.

Daß der »nette Junge von nebenan« auch als Mann der Tat bestehen konnte, bewies im Deutschland der 30er bis frühen 50er Jahre Hans Albers. Der dreiste Tausendsassa in der Nachfolge von Harry Piel, aber auch Douglas Fairbanks gab seiner klobigen, blond-blauäugigen Erscheinung genug draufgängerischen und säkularen Appeal, um als einziger deutscher Star dieses Typs und dieser Zeit gelten zu können. Schon äußerlich von Albers unterschieden war Gérard Philipe, der »nette Junge« des französischen Nachkriegsfilms, dessen Haltung und Talent, changierend zwischen jugendlicher Schwärmerei und rauhen Unartigkeiten, differenzierter waren als die vergleichbarer Helden. Im Nachbarland Italien erwuchs in Marcello

244

Mastroianni ein Darsteller ähnlichen Kalibers, der vor allem in der Parodie des mediterranen Don Juan, aber auch als Verkörperung realistisch gezeichneter Volkstypen glänzte. Sein intellektueller, durch feines Danebenstehen komödiantisch akzentuierter Charme (*Otto e mezzo*, 1963) ließ den renommierten Bühnenstar auch in den 60er Jahren an der Spitze der Publikumsgunst.

Kameradinnen

Wo die ehemaligen Helden des glamourösen Abenteuers dem Durchschnittsburschen gewichen waren, der mit Mühe, wenn auch nicht ohne virile Tugenden, seine Alltagsprobleme bändigte, entstand in der Beziehung der Geschlechter auf weiblicher Seite das neue Ideal der zuverlässigen Kameradin, eher tüchtig als glamourös, Hüterin ehrbarerer Habitate, als der erotikschwangere Vamp, Gegenbild früherer Tage, sie bewohnt hatte.
Über Figurantinnen wie Myrna Loy und Claudette Colbert, die in den 30er Jahren zu Starruhm kamen, bildete sich dieser sportliche Frauentyp beispielhaft in Jean Arthur heraus, deren heisere, quicke Stimme ebenso zur Etablierung eines agilen, realitätsnahen Leinwandideals beitrug wie ihr unbeirrbarer Optimismus (*Only Angels have Wings*, 1939). In Ehekomödien mit augenzwinkernden Konflikten tat sich die energische Carole Lombard (bürgerlich: Jane Alice Peters) hervor, die allerdings schon 1942, nach ihrem letzten Film *To Be or not to Be*, bei einem Flugzeugunglück starb. Mit verhärmtem Liebreiz unterzog Katharine Hepburn die gute Kameradin einer realitätsgerechten Korrektur, als sie nach den *Screwball*-Komödien der 30er Jahre eigensinnige Frauen darstellte, deren hausgemachter Sexappeal sich in unvermuteten Liebesbeziehungen zu bewähren hatte (*The African Queen*, 1951). Zur Klasse der guten Kameradin gehörte ebenso Loretta Young, beliebteste Partnerin von Tyrone Power, wie, in den 50er Jahren, Doris Day (bürgerlich: Doris Kappelhoff), deren Künstlername insofern Programm war, als nächtliche Gedanken eines männlichen Publikums bei ihrem Anblick versiegen sollten.
Die Ausnahmeerscheinung des verläßlichen Frauentyps in schweren Zeiten von Krieg und Nachkrieg war Ingrid Bergman. Ihre romantische Aura, die das Bild natürlicher Schönheit der Schwedin hin und wieder verklärte, verhinderte, daß die manchmal hausbackene Mütterlichkeit der Frau, die sich der Soldat an der Front wünscht, wenn er an die Heimat denkt, überhand nahm. In diese Gefahr geriet Lau-

ren Bacall (bürgerlich: Betty Joan Perske) schon deshalb nicht, weil sie es in Humphrey Bogart oft mit einem Partner zu tun hatte, an dessen Seite sie alle erotischen und intellektuellen Reserven zu mobilisieren hatte. Von dieser Anstrengung blieb Grace Kelly, zu deren hervorstechenden Merkmalen eine kühle, manchmal ins Biedere abgleitende Schönheit ebenso gehörte wie eine aufregende Stimme, verschont. Ihre Darstellung war deshalb, von Ausnahme wie *Rear Window* (1955) abgesehen, auch eher farblos, was man von einer anderen Eisblonden des amerikanischen Nachkriegskinos, von Eva Maria Saint, zumindest dann nicht behaupten konnte, wenn ihre Reserviertheit von nur mühsam gebändigter Leidenschaft unterwühlt wurde (*North by Northwest*, 1959).

Die gute deutsche Kameradin jener Jahre war Hildegard Knef, die alle Trümmerlandschaften ihres Heimatlandes durchschritt, bevor sie sich in den USA mit dem Appeal der seidenbestrumpften Sünderin umgab. Sie war, im Gegensatz zu Maria Schell, dem anderen, jedoch leidensstärkeren deutschsprachigen Star des Nachkriegsfilms, die einzige Filmschauspielerin jener Jahre, die eine »internationale« sinnliche Aura auf die Leinwand zu bringen vermochte.

Romy Schneider entfaltete diese Ausstrahlung ein Jahrzehnt später, nachdem ihr Karrierebeginn sie in den 50er Jahren auf die süße Märchenprinzessin festgeschrieben hatte. In Frankreich stand mit Simone Signoret (bürgerlich: Simone Kaminker) ein Star in der Tradition der verläßlichen Frau, der seine Rollen sowohl mit intensiven Wärmeströmen, wie mit erotischer Spontaneität auszustatten verstand. Melancholisch und entrückt zeigte sich Michèle Morgan (bürgerlich: Simone Roussel), die besonders als Partnerin Jean Gabins (*Quai des brumes*, 1938) an jene Grenzen ihres Typs vorstieß, hinter der mythische Qualitäten sichtbar werden.

Verlierer

Die Wahrscheinlichkeit des Scheiterns, reale Erfahrung angesichts des Zweiten Weltkrieges, nahm in der Gestalt Humphrey Bogarts manifeste Züge an. In seinem Bild entstand ein Ideal, das mit den tatkräftigen auch die netten Helden beiseiteräumte. Einen unmittelbaren Vorläufer dieses Typs hatte es in der Gestalt des Ungarn Peter Lorre (bürgerlich: Laszlo Löwenstein) schon zwischen den Kriegen gegeben, als der kleingewachsene Spezialist psychotischer Charaktere in *M* (1931) jene Rollen vorbereitete, die ihn später schon physiognomisch zum Prototyp des Verlierers machen sollten (so zusammen mit Bogart in *The Maltese Falcon*, 1941, und *Casablanca*, 1943). Wo Bogart noch die Würde des stoisch Scheiternden bewahrte, bildete Lorre Züge überdeterminierter Opferbereitschaft aus, die ihn später, dämonisch gewendet, als leibhaftige Horrorfigur erscheinen ließen (*The Raven*, 1963).

Der Franzose Jean Gabin gab dem Typ des Verlierers durch plebejische Züge einen deutlicheren sozialen Hintergrund, den er schon durch Henry Fonda (*You only Live Once*, 1936) und im Spiel der großen Gangsterdarsteller der 30er und 40er Jahre im Ansatz erhalten hatte.

Auch der Amerikaner Joseph Cotten konnte das Gefühl des Scheiterns als eine Seite seines Spiels eindrucksvoll erzeugen, vor allem wenn seine steife, eine körperliche Behinderung assoziierende Spielweise mit einer psychisch verschatteten Rollendisposition zusammenfiel. Den neurotischen Zug leidvollen Scheiterns, wie allerdings ebenso virtuos die sadistische Komponente des Triumphes, verstand der britische Schauspieler James Mason auf die Leinwand zu bringen. Seine Begabung schien aber zu differenziert und beunruhigend für eine eindeutige Starqualität.

Sexgöttinnen

Das Frauenideal der Soldaten des Zweiten Weltkriegs erhitzte sich, je weiter man von einem Zuhause entfernt war, in dem immer unerotischere, sportlich-patente Mädels Regie führten. Die aus einschlägigen Magazinen herausgerissenen und an die Kasernenspinds gepinnten Photos zeigten Girls, die mit nichts geizten. Ihre erste Tugend sollte die Verfügbarkeit in hastigen Phantasien und kurzem Urlaub sein.

Rita Hayworth (bürgerlich: Margarita Cansino) war in den 40er Jahren das begehrteste *Pin-up-girl*. Nachdem sie durch so programmatische Filme wie *Cover Girl* (1944) und *Gilda* (1946) geschlingert war, vereinte sie alle Sehnsüchte der Männer auf sich, obwohl ihre überdimensionierte Schönheit den praktischen Aspekt des Pin-up-girls schon überschritt. Das war bei Betty Grable (bürgerlich: Elizabeth Grasle) ganz anders, deren Erscheinung auf die Dimension der Alltagsgebräuche durchaus reduzierbar war. Entrückt aus diesen profanen Gefilden waren, mit unterschiedlicher Intensität, Schönheitsgöttinnen wie Dorothy Lamour (bürgerlich: Dorothy Kaumeyer), die in exotischen Landschaften von Südsee-Abenteuern beeindruckendes Ornament blieb, und die Österreicherin Hedy Lamarr

247

(bürgerlich: Hedwig Kiesler), eine schwarzhaarige, glutäugige Darstellerin, deren romantische Aura in Kostümfilmen (*White Cargo*, 1942) wirkungsvoll eingesetzt wurde. Die blonde Lana Turner, als erstes Pullover-Girl Hollywoods lanciert, verstand es nicht nur sich einen glamourösen Anstrich zu geben, der in den Extravaganzen ihres Privatlebens wurzelte, sondern hin und wieder auch ernsthafte Sprechrollen auszufüllen (*The Postman always Rings Twice*, 1946). In der Person der Ava Gardner (bürgerlich: Lucy Johnson) manifestiert sich am reinsten das Bemühen Hollywoods, den Mythos der Sexgöttin auf eine identifikationsfähige Ebene zu bringen, ohne ihn zu zerstören, wie das Orson Welles mit Rita Hayworth getan hatte (*The Lady from Shanghai*, 1948). Daß in der Präsentation der Gardner abwechselnd die Wirklichkeit mythologisiert oder der Mythos in der Wirklichkeit vergegenständlicht wurde, konnte nur gelingen durch die unzerstörbare Präsenz und Schönheit des Stars und eine schauspielerische Begabung (*The Barefoot Contessa*, 1954), die ihren Ruf als Cover-Girl überstand.

Die reinste Ausprägung der Sexgöttin war die »Mondäne«, Liz Taylor. Als »Dunkle«, Verführerische verkörperte sie ein sinnliches Prinzip, das als Geheimnis der selbstbewußten Frau deshalb Anklang fand, weil sie in nichts anderem als dem männlichen Liebespartner das Ziel ihres Lebens erblickte. In der Tradition der Alla Nazimova, Gloria Swanson, Norma Talmadge, brach ihr zielgerichtetes erotisches Streben so dem Stachel männlicher Ängste vor der hypertrophen Frau die Spitze ab, mit der zur gleichen Zeit blonde Sirenen wie Kim Novak (bürgerlich: Marilyn Novak), der letzte reine Studio-Star Hollywoods, noch geheimnisvoll operierten.

Die lustbetonte, wenn auch manipulierte Ausgeburt des Pin-up-girls konnte in den Nachkriegsjahren einerseits ironisiert werden, wendete sich andererseits in böser Misogynie gegen die Frau als angstterregende Partnerin insgesamt. Im Dunkel der Kinos wurde ein Geschöpf – *die Sexbombe* – als Kind einer Gesellschaft geboren, die ihre libidinösen Qualitäten in den Schützengräben heißer und kalter Kriege ruiniert hatte.

In Person und Lebensgeschichte Marilyn Monroes (bürgerlich: Norma Jean Baker) kam das Zerstörerisch-Widersprüchliche dieser Figuration auf den Punkt. Ihre Schwestern auf der Leinwand, wie Jane Russell (The *Outlaw*, 1940–49), erlitten ihr tragisches Schicksal entweder aus mangelnder Sensibilität oder naiver Identifikation mit ihrem Status nicht. Daß Jane Russell ein komödiantisches Talent besaß (*Gentlemen Prefer Blondes*, 1953), bewahrte sie zusätzlich vor Internalisierung des Bildes der Verachtung.

Gewürzt mit dem Pfeffer südländischen Temperaments und verfeinert von der Spielfreude europäischer Kinokultur, präsentierte sich Sophia Loren (bürgerlich: Sofia Scicolone) als abendländische Variante des Busenstars, der durch sie zudem überragende darstellerische Qualitäten bekam. Ihrer italienischen Konkurrentin Gina Lollobrigida fehlte dieses Talent, sie glich es durch statuarische Schönheit aus. Im spekulativ naiven Körperspiel als Kontrast zu erotischer Eindeutigkeit waren Darstellerinnen wie Rossana Podesta oder Silvana Pampanini besonders erfolgreich, andererseits jedoch auch weniger entwicklungsfähig. Das galt mit Einschränkungen auch für Silvana Mangano, die sich jedoch mit zunehmendem Alter aus diesem Rollenfach befreite. Durch Spielfreude, Können und warmherzige Überzeugungskraft war Anna Magnani von vornherein eine Ausnahmeerscheinung auf diesem Sektor. Ihre Entwicklung zum italienischen Volkstyp als realistischem Faszinosum vollzog sie über *Roma, città aperta* (1945), *Le Carosse d'or* (1953) und *Mamma Roma* (1962) mit unnachahmlicher Vitalität.

Die Betonung spezifisch weiblich-körperlicher Attribute hatte im französischen Film eine eher bejahende Tendenz. In der Tradition der Sexbomben stand am ehesten noch Martine Carol (bürgerlich: Marie-Louise-Jeanne Mourer), deren Sinnenfreude sich oft in Ausdruck und Accessoires des galanten 19. Jahrhunderts mitteilte. Ihr lockerer Exhibitionismus ließ Haltungen von Verächtlichkeit kaum aufkommen, wenn er in *Lola Montez* (1955) auch auf seinen Waren- und Tauschcharakter hin kritisierbar wurde. In die Bereiche emanzipatorischen Umgangs mit der eigenen Sexualität wurde die Sexbombe erst durch den Lolitatyp der Brigitte Bardot überführt, in der erotisches Streben sich zur selbstverständlichen Seinsweise naturalisierte.

Lolita und die Nymphen

Erfreute die französische Version der Lolita mit unverhüllter Erotik, so hatte ihre nymphenhafte Schwester im amerikanischen Kino eher knabenhaft-kindliche Züge. Als zaghafte Avantgardistin der bislang verleugneten Eigenschaften der Frau tat sich Audrey Hepburn (eigentlich: Edda Hepburn van Heemstra) hervor, die in ihrer liebenswert-kapriziösen Leinwandschwester, der Französin Leslie Caron, eine vergleichbare, jedoch erheblich stärker zur musikalischen Demonstration verspielter Weiblichkeit neigende Gefährtin im Typ hatte (*An American in Paris*, 1951).

Figurantinnen der Kindfrau waren, mit unterschiedlichen Mitteln,

Pier Angeli, Julie Harris, Cecil Aubry und im schwedischen Film Bibi Andersson (*Det sjunde inseglet*, 1957), deren leidenschaftliche Liebesfähigkeit unter einer kühlen Maske die Umwege von Tanz und Musik nie einschlug. Eine exemplarische Darstellung des Kindweibs gab Carroll Baker, vornehmlich in *Baby Doll* (1956); ihr erotischer Zauber wurde von Marina Vlady (bürgerlich: Marina de Poliakoff-Baidoroff) im französischen Film durch deren uneuropäische Gesichtszüge einerseits exotisiert, und bekam andererseits eine verruchtere Note.

Zur Synthese führte erst Jeanne Moreau die Nymphe und deren dezidiert erotische Ausprägung im Lolita-Typ durch Darstellungen intellektueller Distanz und fröhlicher Überlegenheit, die sie durch ihre warme, sinnliche Ausstrahlung und ein überragendes Schauspieltalent auf eine unverwechselbar individuelle Stufe hob.

Die Subversiven

Mit vage formulierten Kampfansagen trat in den 50er Jahren eine Generation jugendlicher Rebellen ins Schwarz-Weiß der Leinwand, deren Rollen und Leben identisch schienen. Sie attackierten in eher ohnmächtigem Grimm stellvertretende Popanze wie Familie, Elternhaus und die Institute der Ausbildung. Zu einer prinzipiellen Kritik der gesellschaftlichen Grundverhältnisse stießen sie trotz ihrer subversiven Attitüde nicht vor. Ihr Gestus war der des Ekels und der Verdrossenheit. In James Dean, dessen Deplaciertheit im Raum etablierter Erwachsener fundamental schien, fand diese Generation ebenso ihr hilflos aufbegehrendes Idol wie in Marlon Brando, dessen plebejisches Auftreten der Revolte Konturen direkter gesellschaftlicher Aggressivität verlieh. Zwischen beiden stand Montgomery Clift, der Brandos Wut und Deans Verlorenheit zu einem Image vereinte, das ihn als Prototyp des Opfers mit starken Frauen – denen seine Sehnsucht gilt – ebenso zusammenbrachte (*Raintree Country*, 1957) wie mit leidensfähigen Männergestalten, auf die er seine prinzipielle »Krankheit« projizieren konnte. Ein Anti-Held in seiner Nachfolge wurde Anthony Perkins, dessen nervöse Jungenallüren einen Stich ins Psychopathische annahmen (*Psycho*, 1960) oder seine allgemeine Desorientierung im Labyrinth etablierter Ordnungen erwarten ließen.

Durchschaubare Rebellion verkörperte dagegen der Amerikaner John Garfield. Seine größere physische Direktheit prädestinierte ihn eine Zeitlang als Underdog mit kriminellen Zielen, ehe es ihm mit der Darstellung eines unterprivilegierten Sportlers, in *Body and Soul* (1947), gelang, soziale Grundlagen virtueller Opposition plausibel erscheinen zu lassen.

Das Erbe der Rebellen traten im folgenden Darsteller wie Paul Newman, J. P. Belmondo, Steve McQueen, Zbigniew Czibulski an, die jedoch aus vielschichtigen Gründen Stars einer neuen Generation sind mit einem Image, das sich in den 60er Jahren in zunehmend »unreinen« Genres veränderte oder, im Falle des Polen, durch einen frühen Tod einen legendenhaften Zuschnitt bekam.

B. S.

Literatur

Kenneth Anger: »Hollywood – Babylon«, Reinbek 1979.

Richard Dyer: »Stars«, London 1979.

Hans-G. Keller/J. M. Thie/Meinolf Zurhorst: »Der Gangster-Film«, München 1977.

Edgar Morin: »Die Stars« in: Dieter Prokop, »Materialien zur Theorie des Films«, München 1971.

James Robert Parish/Ronald L. Bowers: »The MGM Stock Company: The Golden Era«, New Rochelle, 4. Aufl. 1975.

James R. Parish: »The Tough Guys«, New Rochelle 1976.

James Robert Parish/Don E. Stanke: »The Debonairs«, New Rochelle 1975.

James R. Parish/Don E. Stanke: »The Swashbucklers«, New Rochelle 1976.

Enno Patalas: »Sozialgeschichte der Stars«, Hamburg 1963.

Hans Scheugl: »Sexualität und Neurose im Film«, München 1978.

Robert Warshow: »The Immediate Experience«, New York 1972 (Kapitel: American Movies).

Harter Macker: James Cagney.

Gentleman-Liebhaber: Robert Taylor.

Kostümierter Draufgänger: Stewart Granger.

Der nette Junge: Rock Hudson.

Verlierer: Joseph Cotten.

Der Subversive: John Garfield.

Gezeichnete Frau: Joan Crawford.

Kameradin: Jean Arthur.

Sexgöttinnen. Das Pullover-Girl: Jane Russell.

Sexgöttinnen. Die Romantisch-Exotische: Hedy Lamarr.

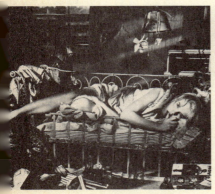
Sexgöttinnen. Galant verfeinerter Exhibitionismus: Martine Carol.

Nymphenhafte Lolita: Carroll Baker.

Filmographien

**Die Filmographien geben einen Überblick
über die wichtigsten Filme der Stars**

Hans Albers

Das schöne Abenteuer. Deutschland 1924. R: Manfred Noa. D: Vilma Banky. – *Athleten.* Deutschland 1924/25. R: Friedrich Zelnik. D: Asta Nielsen. – *Halbseide.* Deutschland 1925. R: Richard Oswald. D: Mary Parker. – *Die Nacht gehört uns.* Deutschland 1929. R: Carl Froelich. D: Charlotte Ander, Ida Wüst. – *Der blaue Engel.* Deutschland 1930. R: Josef von Sternberg. D: Marlene Dietrich, Emil Jannings. – *Bomben auf Monte Carlo.* Deutschland 1931. R: Hanns Schwarz. D: Heinz Rühmann, Ida Wüst, Peter Lorre. – *Der Draufgänger.* Deutschland 1931. R: Richard Eichberg. D: Gerda Maurus, Ernst Stahl-Nachbaur. – *Der Sieger.* Deutschland 1932. R: Hans Hinrich/Paul Martin. D: Käthe von Nagy, Julius Falkenstein. – *F. P. 1 antwortet nicht.* Deutschland 1932. R: Karl Hartl. D: Sybille Schmitz, Paul Hartmann, Peter Lorre. – *Flüchtlinge.* Deutschland 1933. R: Gustav Ucicky. D: Käthe von Nagy, Eugen Klöpfer, Ida Wüst. – *Peer Gynt.* Deutschland 1934. R: Fritz Wendhausen. D: Lucie Höflich, Olga Tschechowa, Lizzi Waldmüller. – *Sergeant Berry.* Deutschland 1938. R: Herbert Selpin. D: Toni von Bukovics, Peter Voss. – *Wasser für Canitoga.* Deutschland 1939. R: Herbert Selpin. D: Charlotte Susa, Hilde Sessak, Peter Voss. – *Carl Peters.* Deutschland 1941. R: Herbert Selpin. D: Fritz Odemar, Toni von Bukovics, Hans Leibelt. – *Münchhausen.* Deutschland 1942/43. R: Josef von Baky. D: Käte Haack, Brigitte Horney, Hubert von Meyerinck. – *Große Freiheit Nr. 7.* Deutschland 1944. R: Helmut Käutner. D: Ilse Werner, Hans Söhnker. – *Und über uns der Himmel.* Deutschland 1947. R: Josef von Baky. D: Paul Edwin Roth, Elsa Wagner, Otto Gebühr. – *Nachts auf den Straßen.* BRD 1951. R: Rudolf Jugert. D: Lucie Mannheim, Hildegard Knef, Hans Reiser. – *Auf der Reeperbahn nachts um halb eins.* BRD 1954. R: Wolfgang Liebeneiner. D: Heinz Rühmann, Fita Benkhoff, Gustav Knuth, Wolfgang Neuss. – *Der letzte Mann.* BRD 1955. R: Harald Braun. D: Romy Schneider, Rudolf Forster, Joachim Fuchsberger. – *Der Greifer.* BRD 1958. R: Eugen York. D: Hansjörg Felmy, Susanne Cramer, Horst Frank, Siegfried Lowitz. – *Der Mann im Strom.* BRD 1958. R: Eugen York. D: Helmut Schmid, Hans Nielsen. – *Kein Engel ist so rein.* BRD 1960. R: Wolfgang Becker. D: Sabine Sinjen, Peter Kraus, Horst Frank.

Brigitte Bardot

Le trou normand. Frankreich 1952. R: Jean Boyer. D: Bourvil, Jane Marken. – *Act Of Love* (»Ein Akt der Liebe«). USA/Frankreich 1953. R: Anatole Litvak. D: Kirk Douglas, Dany Robin. – *Helen Of Troy* (»Helena von Troja«). USA 1954. R: Robert Wise. D: Rossana Podesta, Jacques Sernas. – *Futures vedettes* (»Reif auf jungen Blüten«). Frankreich 1954. R: Marc Allégret. D: Jean Marais. – *Les grandes manoeuvres* (»Das große Manöver«). Frankreich/Italien 1955. R: René Clair. D: Michèle Morgan, Gérard Philipe. – *En effeuillant la marguerite* (»Das Gänseblümchen wird entblättert«). Frankreich 1956. R: Marc Allégret. D: Daniel Gélin. – *Et dieu créa la femme* (»Und immer lockt das Weib«). Frankreich 1956. R: Roger Vadim. D: Curd Jürgens, Jean-Louis Trintignant, Christian Marquand. – *En cas de malheur* (»Mit den Waffen einer Frau«). Frankreich/Italien 1957. R: Claude Autant-Lara. D: Jean Gabin, Edwige Feuillère, Franco Interlenghi. – *Babette s'en va-t-en guerre* (»Babette zieht in den Krieg«). Frankreich 1959. R: Christian-Jaque. D: Jacques Charrier, Hannes Messemer. – *La vérité* (»Die Wahrheit«). Frankreich/Italien 1960. R: Georges Clouzot. D: Marie-José Nat, Sami Frey. – *Vie privée* (»Privatleben«). Frankreich/Italien 1961. R: Louis Malle. D: Marcello Mastroianni. – *Le bride sur le cou* (»In Freiheit dressiert«). Frankreich 1962. R: Roger Vadim. D: Michel Subor. – *Le mepris* (»Die Verachtung«). Frankreich/Italien 1963. R: Jean-Luc Godard. D: Jack Palance, Michel Piccoli, Fritz Lang. – *Viva Maria!* (»Viva Maria!«). Frankreich/Italien 1965. R: Louis Malle. D: Jeanne Moreau. – *Boulevard du rhum* (»Die Rum-Straße«). Frankreich 1970. R: Robert Enrico. D: Lino Ventura.

Ingrid Bergman

Intermezzo. USA 1939. R: Gregory Ratoff. D: Leslie Howard. – *Dr. Jekyll and Mr. Hyde.* USA 1941. R: Victor Fleming. D: Spencer Tracy, Lana Turner. – *Casablanca.* USA 1942. R: Michael Curtiz. D: Humphrey Bogart, Paul Henreid, Claude Rains, Peter Lorre. – *For Whom the Bell Tolls* (»Wem die Stunde schlägt«). USA 1943. R: Sam Wood. D: Gary Cooper, Akim Tamiroff. – *Gaslight* (»Das Haus der Lady Alquist«). USA 1944. R: George Cukor. D: Charles Boyer, Joseph Cotten. – *Spellbound* (»Ich kämpfe um dich«). USA 1945. R: Alfred Hitchcock. D: Gregory Peck. – *Notorious* (»Weißes Gift/Berüchtigt«). USA 1946. R: Alfred Hitchcock. D: Cary Grant, Claude Rains. – *Arch of Triumph* (»Arc de Triomphe«). USA 1948. R: Lewis Milestome. D: Charles Boyer, Charles Laughton. – *Joan of Arc* (»Die Heilige Johanna«). USA 1948. R: Victor Fleming. D: José Ferrer. – *Under Capricorn* (»Sklavin des Herzens«). Großbritannien 1949. R: Alfred Hitchcock. D: Joseph Cotten, Michael Wilding. – *Stromboli.* Italien 1950. R: Roberto Rosselini. D: Mario Vitale. – *Europa 51.* Italien 1951. R: Roberto Rosselini. D: Alexander Knox, Ettore Giannini, Guilietta Masina. – *Viaggio in Italia* (»Liebe ist stärker«). Italien 1953. R: Roberto Rosselini. D: George Sanders, Natalia Rai. – *Anastasia.* USA 1956. R: Anatol Litvak. D: Yul

Brynner, Helen Hayes. – *The Inn of the Sixth Happiness* (»Die Herberge zur 6. Glückseligkeit«). USA 1958. R: Marc Robson. D: Curd Jürgens, Robert Donat. – *Elena et les hommes* (»Weiße Margeriten/Elena und die Männer«). Frankreich/Italien 1956. R: Jean Renoir. D: Mel Ferrer, Jean Marais. – *Indiscreet* (»Indiskret«). USA 1958. R: Stanley Donen. D: Cary Grant. – *Der Besuch*. Deutschland/Italien 1963. R: Bernhard Wicki. D: Anthony Quinn, Hans-Christian Blech. – *Cactus Flower* (»Die Kaktusblüte«). USA 1969. R: Gene Saks. D: Goldie Hawn, Walter Matthau. – *Herbstsonate*. Deutschland/Schweden 1978. R: Ingmar Bergman. D: Liv Ullmann, Erland Josephson.

Humphrey Bogart

Broadway's Like That. USA 1930. R: Murray Roth. D: Ruth Etting, Joan Blondell. – *A Devil With Women*. USA 1930. R: Irving Cummings. D: Victor McLaglen, Mona Maris. – *The Petrified Forest* (»Der versteinerte Wald«). USA 1935. R: Archie Mayo. D: Leslie Howard, Bette Davis. – *Marked Woman*. USA 1936. R: Lloyd Bacon. D.: Bette Davis, Lola Lane. – *Dead End* (»Sackgasse«). USA 1937. R: William Wyler. D: Sylvia Sidney, Joel McCrea. – *Angels With Dirty Faces* (»Chicago«). USA 1938. R: Michael Curtiz. D: James Cagney, Pat O'Brien. – *The Roaring Twenties* (»Die goldenen Zwanziger«). USA 1939. R: Raoul Walsh. D: James Cagney, Priscilla Lane. – *High Sierra*. USA 1940. R: John Huston. D: Ida Lupino, Arthur Kennedy. – *The Maltese Falcon* (»Die Spur des Falken«). USA 1941. R: John Huston. D: Mary Astor, Peter Lorre, Sydney Greenstreet. – *Casablanca*. USA 1942. R: Michael Curtiz. D: Ingrid Bergman, Conrad Veidt, Paul Henreid, Claude Rains, Peter Lorre, Sydney Greenstreet. – *To Have And Have Not* (»Haben und Nichthaben«). USA 1944. R: Howard Hawks. D: Walter Brennan, Lauren Bacall. – *The Big Sleep* (»Tote schlafen fest«). USA 1945. R: Howard Hawks. D: Lauren Bacall, John Ridgely, Dorothy Malone. – *The Treasure Of The Sierra Madre* (»Der Schatz der Sierra Madre«). USA 1947. R: John Huston. D: Walter Huston, Tim Holt. – *Key Largo* (»Hafen des Lasters«). USA 1948. R: John Huston. D: Edward G. Robinson, Lauren Bacall, Lionel Barrymore. – *The African Queen* (»African Queen«). USA 1951. R: John Huston. D: Katharine Hepburn, Robert Morley. – *The Caine Mutiny* (»Die Caine war ihr Schicksal«). USA 1954. R: Edward Dmytryk. D: Jose Ferrer, Van Johnson, Fred MacMurray. – *We're No Angels* (»Wir sind keine Engel«). USA 1954/55. R: Michael Curtiz. D: Aldo Ray, Peter Ustinov, Joan Bennett, Basil Rathbone. – *The Left Hand Of God* (»Die linke Hand Gottes«). USA 1955. R: Edward Dmytryk. D: Gene Tierney, Lee J. Cobb, Agnes Moorehead. – *The Desperate Hours* (»An einem Tag wie jeder andere«). USA 1955. R: William Wyler. D: Fredric March, Arthur Kennedy. – *The Harder They Fall* (»Schmutziger Lorbeer«). USA 1955/56. R: Mark Robson. D: Rod Steiger, Jan Sterling.

Marlon Brando

The Men (»Die Männer«). USA 1950. R: Fred Zinnemann. D: Teresa Wright, Jack Webb. – *A Streetcar named Desire* (»Endstation Sehnsucht«). USA 1951. R: Elia Kazan. D: Vivien Leigh, Kim Hunter, Karl Malden. – *Viva Zapata!* (»Viva Zapata«). USA 1952. R: Elia Kazan. D: Jean Peters, Anthony Quinn. – *Julius Caesar* (»Julius Cäsar«). USA 1953. R: Joseph Mankiewicz. D: Louis Calhern, James Mason, Deborah Kerr. – *The Wilde One* (»Der Wilde«). USA 1953. R: Laslo Benedek. D: Lee Marvin. – *On the Waterfront* (»Die Faust im Nacken«). USA 1954. R: Elia Kazan. D: Eva Marie Saint, Karl Malden, Rod Steiger. – *Désirée* (»Désirée«). USA 1954. R: Henry Koster. D: Jean Simmons, Merle Oberon. – *The Teahouse of the August Moon* (»Das kleine Teehaus«). USA 1956. R: Daniel Mann. D: Glenn Ford, Machiko Kyo. – *Sayonara* (»Sayonara«). USA 1957. R: Joshua Logan. D: Miiko Taka, James Garner. – *The Young Lions* (»Die jungen Löwen«). USA 1958. R: Edward Dmytryk. D: Montgomery Clift, Dean Martin, Maximilian Schell. – *One-Eyed Jacks* (»Der Besessene«). USA 1961. R: Marlon Brando. D: Karl Malden, Katy Jurado. – *Mutiny on the Bounty* (»Die Meuterei auf der Bounty«). USA 1962. R: Lewis Milestone. D: Trevor Howard. – *The Ugly American* (»Der häßliche Amerikaner«). USA 1962. R: George Englund. D: Eiji Okada. – *The Chase* (»Ein Mann wird gejagt«). USA 1965 R: Arthur Penn. D: Jane Fonda, Robert Redford. – *A Countess from Hong Kong* (»Die Gräfin von Hongkong«). Großbritannien 1966. R: Charles Chaplin. D: Sophia Loren. – *Burn!* (»Queimada«). Italien/Frankreich 1969. R: Gillo Pontecorvo. D: Evaristo Marquez. – *The Godfather* (»Der Pate«). USA 1971. R: Francis Ford Coppola. D: Al Pacino, James Caan. – *L'Ultimo Tango a Parigi* (»Der letzte Tango in Paris«). Italien/Frankreich 1972. R: Bernardo Bertolucci. D: Maria Schneider, Jean-Pierre Léaud. *Superman* (»Supermann«). England 1978. R: Richard Donner. D: Christopher Reeve, Gene Hackman. – *Apocalypse Now* (»Apocalypse Now«). USA 1979. R: Francis Ford Coppola. D: Martin Shean, Dennis Hopper.

Bette Davis

Bad Sister. USA 1931. R: Hobart Henley. D: Sidney Fox, ZaSu Pitts. – *The Man who Played god.* USA 1932. R: John Adolfi. D: George Arliss, Violet Heming. – *Cabin In The Cotton* (»Die Hütte im Baumwollfeld«). USA 1932. R: Michael Curtiz. D: Richard Barthelmess, Dorothy Jordan. – *Ex-Lady.* USA 1933. R: Robert Florey. D: Gene Raymond, Frank McHugh. – *Of Human Bondage* (»Des Menschen Hörigkeit«). USA 1934. R: John Cromwell. D: Leslie Howard, Frances Dee, Kay Johnson. – *Bordertown* (»Stadt an der Grenze«). USA 1935. R: Archie Mayo. D: Paul Muni, Margaret Lindsay. – *Dangerous.* USA 1935. R: Alfred E. Green. D: Franchot Tone, Margaret Lindsay. – *The Petrified Forest.* USA 1936. R: Archie Mayo. D: Leslie Howard, Humphrey Bogart. – *Satan Met a Lady.* USA 1936. R: William Dieterle. D: Warren William, Alison Skipworth. – *Marked Woman.* USA 1937.

R: Lloyd Bacon. D: Eduardo Ciannelli, Humphrey Bogart, Mayo Methot. – *Jezebel.* USA 1938. R: William Wyler. D: Henry Fonda, George Brent, Donald Crisp. – *The Letter* (»Der Brief«). USA 1940. R: William Wyler. D: Herbert Marshall, Gale Sondergaard. – *The Little Foxes* (»Die kleinen Füchse«). USA 1941. R: William Wyler. D: Herbert Marshall, Teresa Wright, Dan Duryea. – *The Man who Came to Dinner* (»Der Mann, der zum Essen kam«). USA 1941. R: William Keighley. D: Ann Sheridan. – *In this our Life* (»Ich will mein Leben leben«). USA 1942. R: John Huston. D: Olivia de Havilland, George Brent. – *Deception.* USA 1946. R: Irving Rapper. D: Paul Henreid, Claude Rains. – *Beyond the Forest.* USA 1949. R: King Vidor. D: Joseph Cotten. – *All about Eve* (»Alles über Eva«). USA 1950. R: Joseph L. Mankiewicz. D: Ann Baxter, Georges Sanders, Gary Merrill, Marilyn Monroe. – *Payment on Demand.* USA 1951. R: Curtis Bernhardt. D: Barry Sullivan. – *Another Man's Poison.* USA 1952. R: Irving Rapper. D: Gary Merrill. – *Phone Call from a Stranger* (»Ein Fremder ruft an«). USA 1952. R: Jean Negulesco. D: Gary Merrill, Shelley Winters, Michael Rennie. – *The Star.* USA 1952. R: Stuart Heisler. D: Sterling Hayden, Natalie Wood. – *The Virgin Queen* (»Rebell Ihrer Majestät«). USA 1955. R: Henry Koster. D: Richard Todd, Joan Collins. – *What Ever Happened to Baby Jane?* (»Was geschah wirklich mit Baby Jane?«). USA 1961. R: Robert Aldrich. D: Joan Crawford, Victor Buono. – *Hush ... Hush, Sweet Charlotte* (»Wiegenlied für eine Leiche«). USA 1964. R: Robert Aldrich. D: Olivia de Havilland, Joseph Cotten, Agnes Moorehead. – *Burnt Offerings* (»Landhaus der toten Seelen«). USA 1976. R: Dan Curtis. D: Karen Black, Oliver Reed. – *Return from Witch Mountain.* USA 1978. R: John Hough. D: Kim Richards, Christopher Lee.

James Dean

Fixed Bayonets (»Die Bajonette sind bereit«). USA 1951. R: Samuel Fuller. D: Richard Basehart. – *Sailor Beware* (»Seemann, paß auf!«). USA 1951. R: Hal Walker. D: Dean Martin, Jerry Lewis. – *Has Anybody Seen my Gal?* (»Hat jemand meine Braut gesehen?«). USA 1952. R: Douglas Sirk. D: Rock Hudson, Piper Laurie, Charles Coburn. – *East of Eden* (»Jenseits von Eden«). USA 1955. R: Elia Kazan. D: Julie Harris, Raymond Massey, Richard Davalos, Burl Ives. – *Rebel without a Cause* (»Denn sie wissen nicht, was sie tun«). USA 1955. R: Nicholas Ray. D: Natalie Wood, Sal Mineo, Jim Backus. – *Giants* (»Giganten«). USA 1955. R: George Stevens. D: Elizabeth Taylor, Rock Hudson, Mercedes McCambridge, Dennis Hopper.

Cary Grant

Blonde Venus (»Blonde Venus«). USA 1932. R: Josef von Sternberg. D: Marlene Dietrich, Herbert Marshall. – *She Done Him Wrong* (»Sie tat ihm Unrecht«). USA 1933. R: Lowell Sherman. D: Mae West, Gilbert Roland. –

I'm No Angel. USA 1933. R: Wesley Ruggles. D: Mae West, Edward Arnold. – *Sylvia Scarlett.* USA 1936. R: George Cukor. D: Katharine Hepburn, Brian Aherne. – *Bringing Up Baby* (»Leoparden küßt man nicht«). USA 1938. R: Howard Hawks. D: Katharine Hepburn, Charles Ruggles. – *Only Angels Have Wings* (»SOS- Feuer an Bord«). USA 1939. R: Howard Hawks. D: Jean Arthur, Rita Hayworth. – *His Girl Friday* (»Sein Mädchen für besondere Fälle«). USA 1940. R: Howard Hawks. D: Rosalind Russel, Ralph Bellamy. – *The Philadelphia Story* (»Die Nacht vor der Hochzeit«). USA 1940. R: George Cukor. D: Katharine Hepburn, James Stewart. – *Suspicion* (»Verdacht«). USA 1941. R: Alfred Hitchcock. D: Joan Fontaine, Sir Cedric Hardwicke. – *Arsenic and Old Lace* (»Arsen und Spitzenhäubchen«). USA 1944. R: Frank Capra. D: Priscilla Lane, Peter Lorre. – *Notorious* (»Berüchtigt«). USA 1946. R: Alfred Hitchcock. D: Ingrid Bergman, Claude Rains. – *I Was a Male War Bride* (»Ich war eine männliche Kriegsbraut«). USA 1949. R: Howard Hawks. D: Ann Sheridan. – *Monkey Business* (»Liebling, ich werde jünger«). USA 1952. R: Howard Hawks. D: Ginger Rogers, Charles Coburn, Marilyn Monroe. – *To Catch a Thief* (»Über den Dächern von Nizza«). USA 1955. R: Alfred Hitchcock. D: Grace Kelly, Jessie Royce Landis. – *The Pride and the Passion* (»Stolz und Leidenschaft«). USA 1957. R: Stanley Kramer. D: Frank Sinatra, Sophia Loren. – *North By Northwest* (»Der unsichtbare Dritte«). USA 1959. R: Alfred Hitchcock. D: Eva Marie Saint, James Mason. – *That Touch of Mink* (»Ein Hauch von Nerz«). USA 1962. R: Delbert Mann. D: Doris Day, Gig Young. – *Charade* (»Charade«). USA 1963. R: Stanley Donen. D: Audrey Hepburn, Walter Matthau, James Coburn, George Kennedy. – *Walk, Don't Run.* (»Nicht so schnell, mein Junge«). USA 1966. R: Charles Walters. D: Samantha Eggar.

Rita Hayworth

Dante's Inferno. USA 1935. R: Harry Lachman. D: Spencer Tracy, Claire Trevor. – *Only Angels Have Wings* (»SOS – Feuer an Bord«). USA 1938. R: Howard Hawks. D: Cary Grant, Jean Arthur. – *Angels Over Broadway.* USA 1940. R: Ben Hecht. D: Douglas Fairbanks Jr. – *Blood and Sand* (»König der Toreros«). USA 1941. R: Rouben Mamoulian. D: Tyrone Power, Linda Darnell, Nazimovo, Anthony Quinn. – *You'll Never Get Rich.* USA 1941. R: Sidney Lanfield. D: Fred Astaire, Robert Benchley. – *Tales of Manhattan.* USA 1941. R: Julien Duvivier. D: Charles Boyer, Ginger Rogers, Henry Fonda. – *You Were Never Lovelier* (»Du warst nie berückender«). USA 1942. R: William A. Seiter. D: Fred Astaire, Adolphe Menjou. – *Cover Girl* (»Es tanzt die Göttin«). USA 1943. R: Charles Vidor. D: Gene Kelly. – *Gilda* (»Gilda«). USA 1946. R: Charles Vidor. D: Glenn Ford, George Macready. – *The Lady from Shanghai* (»Die Lady von Shanghai«). USA 1947. R: Orson Welles. D: Orson Welles. – *Affair in Trinidad* (»Affäre in Trinidad«). USA 1952. R: Vincent Sherman. D: Glenn Ford. – *Salome* (»Salome«). USA 1952. R: William Dieterle. D: Stewart Granger, Charles Laughton. – *Miss Sadie Thompson* (»Miss Sadie Thompson«). USA 1953. R:

Curtis Bernhardt. D: Jose Ferrer. – *Pal Joey* (»Pal Joey«). USA 1957. R: George Sidney. D: Frank Sinatra, Kim Novak. – *Separate Tables* (»Getrennt von Tisch und Bett«). USA 1957. R: Delbert Mann. D: Deborah Kerr, David Niven. – *They Came to Cordura* (»Sie kamen nach Cordura«). USA 1958. R: Robert Rossen. D: Gary Cooper.

Audrey Hepburn

Roman Holiday (»Ein Herz und eine Krone«). USA 1953. R: William Wyler. D: Gregory Peck. – *Sabrina*. USA 1954. R: Billy Wilder. D: William Holden, Humphrey Bogart. – *War and Peace* (»Krieg und Frieden«). USA 1956. R: King Vidor. D: Mel Ferrer, Henry Fonda. – *Funny Face* (»Ein süßer Fratz«). USA 1957. R: Stanley Donen. D: Fred Astaire. – *Love in the Afternoon* (»Ariane – Liebe am Nachmittag«). USA 1957. R: Billy Wilder. D: Gary Cooper. – *Green Mansions* (»Tropenglut«). USA 1959. R: Mel Ferrer. D: Anthony Perkins, L. J. Cobb. – *The Nun's Story* (»Geschichte einer Nonne«). R: Fred Zinnemann. D: Peter Finch. – *The Unforgiven* (»Denen man nicht vergibt«). USA 1960. R: John Huston. D: Audie Murphy. – *Breakfast at Tiffany's* (»Frühstück bei Tiffany«). USA 1961. R: Blake Edwards. D: George Peppard. – *My Fair Lady*. USA 1964. R: George Cukor. D: Rex Harrison. – *Two for the Road* (»Zwei auf gleichem Weg«). USA 1966. R: Stanley Donen. D: Albert Finney. – *Wait until Dark* (»Warte bis es dunkel ist«). USA 1967. R: Terence Young. D: Alan Arkin. – *Robin & Marian*. Großbritannien 1975. R: Richard Lester. D: Sean O'Connery, Richard Harris.

Hildegard Knef

Unter den Brücken. Deutschland 1945/1950. R: Helmut Käutner. D: Carl Raddatz, Gustav Knuth, Hannelore Schroth. – *Die Mörder sind unter uns*. Deutschland 1946. R: Wolfgang Staudte. D: Ernst Wilhelm Borchert, Arno Paulsen. – *Film ohne Titel*. Deutschland 1947. R: Rudolf Jugert. D: Hans Söhnker, Irene von Meyendorff. – *Zwischen gestern und morgen*. Deutschland 1947. R: Harald Braun. D: Viktor de Kowa, Winnie Markus. – *Die Sünderin*. BRD 1950. R: Willi Forst. D: Gustav Fröhlich. – *Decision Before Dawn* (»Entscheidung vor Morgengrauen«). USA 1951. R: Anatol Litvak. D: Oskar Werner, Richard Basehart. – *Nachts auf den Straßen*. BRD 1951. R: Rudolf Jugert. D: Hans Albers, Lucie Mannheim. – *Diplomatic Courier* (»Kurier nach Triest«). USA 1952. R: Henry Hathaway. D: Tyrone Power, Karl Malden. – *Alraune*. BRD 1952. R: Arthur Maria Rabenalt. D: Erich von Stroheim, Karlheinz Böhm. – *La fête à Henriette* (»Auf den Straßen von Paris«). Frankreich 1952. R: Julien Duvivier. D: Dany Robin, Michel Auclair. – *The Snows of Kilimandjaro* (»Schnee am Kilimandscharo«). USA

1953. R: Henry King. D: Gregory Peck, Susan Hayward, Ava Gardner. – *The Man Between* (»Gefährlicher Urlaub«). Großbritannien 1953. R: Carol Reed. D: Claire Bloom. – *Madeleine und der Legionär*. BRD 1958. R: Wolfgang Staudte. D: Bernhard Wicki, Hannes Messemer. – *La Fille de Hambourg* (»Das Mädchen aus Hamburg«). Frankreich 1958. R: Yves Allégret. D: Daniel Gélin. – *Lulu*. BRD 1962. R: Rolf Thiele. D: Mario Adorf, Nadja Tiller, O. E. Hasse. – *Verdammt zur Sünde*. BRD 1964. R: Alfred Weidenmann. D: Martin Held, Tilla Durieux. – *Jeder stirbt für sich allein*. BRD 1975. R: Alfred Vohrer. D: Carl Raddatz, Sylvia Manas. – *Fedora* (»Fedora«). USA 1978. R: Billy Wilder. D: William Holden, Marthe Keller, Henry Fonda.

Vivien Leigh

Fire Over England (»Feuer über England«). Großbritannien 1937. R: William K. Howard. D: Flora Robson, Laurence Olivier. – *Gone with the Wind* (»Vom Winde verweht«). USA 1939. R: Victor Fleming. D: Clark Gable, Olivia de Havilland. – *Waterloo Bridge* (»Ihr erster Mann«). USA 1940. R: Mervyn LeRoy. D: Robert Taylor. – *Lady Hamilton* (»Lord Nelsons letzte Liebe«). USA 1941. R: Alexander Korda. D: Laurence Olivier. – *Cäsar und Cleopatra*. Großbritannien 1944. R: Gabriel Pascal. D: Flora Robson, Claude Rains. – *Anna Karenina*. Großbritannien 1948. R: Julien Duvivier. D: Ralph Richardson. – *A Streetcar named Desire* (»Endstation Sehnsucht«). USA 1951. R: Elia Kazan. D: Marlon Brando, Kim Hunter, Karl Malden. – *The Roman Spring of Mrs. Stone* (»Der römische Frühling der Mrs. Stone«). USA 1961. R: José Quintero. D: Warren Beatty, Lotte Lenya. – *Ship of Fools* (»Das Narrenschiff«). USA 1965. R: Stanley Kramer. D: Oskar Werner, Simone Signoret, Lee Marvin.

Sophia Loren

Africa sotto i mari. Italien 1952. R: Giovanni Roccardi. D: Steve Barclay. – *Aida*. Italien 1953. R: Clementi Fracassi. D: Lois Maxwell. – *Carosello napoletano* (»Karussel Neapel«). Italien 1953. R: Ettore Giannini. D: Paolo Stoppa, Nadia Gray. – *L'oro di Napoli* (»Das Gold von Neapel«). Italien 1954. R: Vittorio deSica. D: Toto, Silvana Mangano, deSica, Giacomo Furia. – *La donna del fiume* (»Die Frau vom Fluß«). Frankreich/Italien 1954. R: Mario Soldati. D: Gerard Oury. – *Peccato che sia una canaglia!* (»Schade daß du eine Kanaille bist«). Italien 1954/55. R: Allessandro Blasetti. D: deSica, Marcello Mastroianni. – *Il segno di Venere* (»Im Zeichen der Venus«). Italien 1955. R: Dino Risi. D: Franca Valeri, Raf Vallone. – *La bella mugnaia* (»Eine Frau für schwache Stunden«). Italien 1955. R: Mario Camerini. D: deSica, Marcello Mastroianni. – *Pane, amore, e ...* (»Liebe, Brot und tausend Küsse«). Italien/Frankreich 1955. R: Dino Risi. D: deSica. – *La for-*

tuna di essere donna (»Wie herrlich, eine Frau zu sein«). Italien/Frankreich 1955. R: Alessandro Blasetti. D: Charles Boyer, Marcello Mastroianni. – *The Pride and The Passion* (»Stolz und Leidenschaft«). USA 1957. R: Stanley Kramer. D: Cary Grant, Frank Sinatra. – *Boy on a Dolphin* (»Der Knabe auf dem Delphin«). USA 1957. R: Jean Negulesco. D: Alan Ladd, Clifton Webb. – *Legend of the Lost* (»Die Stadt der Verlorenen«). USA/Panama/Italien. 1957. R: Henry Hathaway. D: John Wayne, Rossano Brazzi. – *The Key* (»Der Schlüssel«). Großbritannien 1958. R: Carol Reed. D: William Holden, Trevor Howard. – *The Millionaires* (»Die Millionärin«). Großbritannien 1960. R: Anthony Asquith. D: Peter Sellers, deSica. – *La ciociara* (»Und dennoch leben sie«). Italien/Frankreich 1961. R: deSica. D: Raf Vallone, J. P. Belmondo. – *Madame sans Gêne.* Italien/Frankreich/Spanien 1961. R: Christian-Jacque. D: Robert Hossein. – *Five Miles to Midnight* (»Die dritte Dimension«). Frankreich/Italien 1962. R: Anatole Litvak. D: Anthony Perkins. – *Matrimonio all'italiana* (»Hochzeit auf Italienisch«). Italien/Frankreich 1964. R: deSica. Marcello Mastroianni. – *Lady L.* Frankreich/Italien 1965. R: Peter Ustinov. D: Paul Newman, David Niven. – *A Countess from Hongkong* (»Die Gräfin von Hongkong«). USA 1966. R: Charles Chaplin. D: Marlon Brando, Sydney Chaplin. – *Una giornata particolare* (»Ein besonderer Tag«). Italien/Kanada 1977. R: Ettore Scola. D: Marcello Mastroianni.

Marilyn Monroe

Ladies of the Chorus. USA 1948. R: Phil Karlson. D: Adele Jergens, Rand Brooks. – *Love Happy.* USA 1950. R: David Miller. D: Harpo, Chico und Groucho Marx. – *The Asphalt Jungle* (»Asphalt-Dschungel«). USA 1950. R: John Huston. D: Sterling Hayden, Louis Calhern. – *All about Eve* (»Alles über Eva«). USA 1950. R: Joseph Mankiewicz. D: Bette Davis, Anne Baxter, George Sanders. – *Clash by Night* (»Vor dem neuen Tag«). USA 1952. R: Fritz Lang. D: Barbara Stanwyck. – *Don't Bother to Knock* (»Versuchung auf 809«). USA 1952. R: Roy Baker. D: Richard Widmark, Anne Bancroft. – *Monkey Business* (»Liebling, ich werde jünger«). USA 1952. R: Howard Hawks. D: Cary Grant, Ginger Rogers. – *Niagara* (»Niagara«). USA 1953. R: Henry Hathaway. D: Joseph Cotten. – *Gentlemen Prefer Blondes* (»Blondinen bevorzugt«). USA 1953. R: Howard Hawks. D: Jane Russell, Charles Coburn. – *How to Marry a Millionaire* (»Wie angelt man sich einen Millionär?«). USA 1953. R: Jean Negulesco. D: Betty Grable, Laureen Bacall, William Powell. – *River of no Return* (»Fluß ohne Wiederkehr«). USA 1954. R: Otto Preminger. D: Robert Mitchum. – *There's no Business Like Showbusiness* (»Rhythmus im Blut«). USA 1954. R: Walter Lang. D: Ethel Merman, Donald O'Connor. – *The Seven Year Itch* (»Das verflixte siebte Jahr«). USA 1955. R: Billy Wilder. D: Tom Ewell. – *Bus Stop* (»Bus Stop«). USA 1956. R: Joshua Logan. D: Don Murray. – *The Prince and the Showgirl* (»Der Prinz und die Tänzerin«). USA 1957. R + D: Laurence Olivier. – *Some Like it Hot* (»Manche mögen's heiß«). USA 1959. R: Billy Wilder. D:

Tony Curtis, Jack Lemmon. – *Let's Make Love* (»Machen wir's in Liebe«). USA 1960. R: George Cukor. D: Yves Montand, Tony Randall. – *The Misfits* [»Misfits – Nicht gesellschaftsfähig«). USA 1961. R: John Huston. D: Clark Gable, Montgomery Clift, Eli Wallach. – *Something's Got to Give*. USA 1962. R: George Cukor. D: Dean Martin, Cyd Charisse. (Unvollendet.)

Jeanne Moreau

L'Ascenseur pour l'echafaud (»Fahrstuhl zum Schafott«). Frankreich 1957. R: Louis Malle. D: Maurice Ronet. – *Les Amants* (»Die Liebenden«). Frankreich 1958. R: Louis Malle. D: Jean-Marc Bory. – *Les liaisons dangereuses* (»Gefährliche Liebschaften«). Frankreich 1959. R: Roger Vadim. D: Gérard Philipe. – *La Notte* (»Die Nacht«). Italien/Frankreich 1961. R: Michelangelo Antonioni. D: Monica Vitti, Bernhard Wicki. – *Jules et Jim* (»Jules und Jim«). Frankreich 1961. R: Francois Truffaut. D: Oskar Werner, Henri Serre. – *Le Feu follet* (»Das Irrlicht«). Frankreich 1963. R: Louis Malle. D: Maurice Ronet, Alexandra Stewart. – *Le Journal d'une femme de Chambre* (»Tagebuch einer Kammerzofe«). Frankreich/Italien 1964. R: Louis Bunuel. D: Michel Piccoli, Georges Géret. – *Viva Maria!* Frankreich/ Italien 1965. R: Louis Malle. D: Brigitte Bardot, George Hamilton. – *La mariée état en noir* (»Die Braut trug schwarz«). Frankreich 1967. R: François Truffaut. D: Jean-Claude Brialy. – *Lumière* (»Licht«). Frankreich 1976. R: Jeanne Moreau. D: Jeanne Moreau, Bruno Ganz.

Gregory Peck

Days of Glory. USA 1944. R: Jaques Tourneur. D: Tamara Toumanova, Alan Reed. – *The Keys of the Kingdom* (»Schlüssel zum Himmelreich«). USA 1945. R: John M. Stahl. D: Thomas Mitchell, Vincent Price. – *Spellbound* (»Ich kämpfe um dich«). USA 1945. R: Alfred Hitchcock. D: Ingrid Bergman, Michael Chekhov. – *Duel in the Sun* (»Duell in der Sonne«). USA 1947. R: King Vidor. D: Jennifer Jones, Joseph Cotten, Lionel Barrymore, Lilian Gish. – *The Macomber Affair* (»Affäre Macomber«). USA 1947. R: Zoltan Korda. D: Joan Bennett, Robert Preston. – *Gentleman's Agreement* (»Tabu der Gerechten«). USA 1947. R: Elia Kazan. D: Dorothy McGuire, John Garfield. – *The Paradine Case* (»Der Fall Paradine«). USA 1948. R: Alfred Hitchcock. D: Charles Laughton, Alida Valli, Louis Jourdan. – *Twelve O'Clock High* (»Der Kommandeur«). USA 1949. R: Henry King. D: Hugh Marlowe, Gary Merrill. – *The Gunfighter* (»Der Scharfschütze«). USA 1950. R: Henry King. D: Helen Westcott, Millard Mitchell. – *The Snows of Kilimanjaro* (»Schnee am Kilimandscharo«). USA 1952. R: Henry King. D: Susan Hayward, Ava Gardner, Hildegard Knef. – *Roman Holiday* (»Ein Herz und eine Krone«). USA 1954. R: William Wyler. D: Audrey

Hepburn, Eddie Albert. – *Moby Dick*. USA 1956. R: John Huston. D: Richard Basehart, Orson Welles. – *The Bravados (»Bravados«)*. USA 1958. R: Henry King. D: Joan Collins, Stephen Boyd. – *The Big Country* (»Weites Land«). USA 1958. R: William Wyler. D: Jean Simmons, Carroll Baker, Charlton Heston. – *The Guns of Navarone* (»Die Kanonen von Navarone«). USA 1961. R: Lee Thompson. D: David Niven, Anthony Quinn, Irene Papas. – *To Kill a Mockingbird* (»Wer die Nachtigall stört«). USA 1963. R: Robert Mulligan. D: Mary Badham, Philip Alford. – *Arabesque* (»Arabeske«). USA 1966. R: Stanley Donen. D: Sophia Loren, Alan Badel. – *I Walk the Line* (»Der Sheriff«). USA 1970. R: John Frankenheimer. D: Tuesday Weld, Estelle Parsons. – *The Omen* (»Das Omen«). USA 1976. R: Lee Remick, David Warner. – *The Boys from Brazil*. USA 1978. R: Franklin J. Schaffner. D: Laurence Olivier, James Mason, Lilli Palmer.

Gérard Philipe

Les petites du quai aux fleurs (»Die Kleinen vom Blumenkai«). Frankreich 1943. R: Marc Allégret. D: Odette Joyeux, Danielle Delorme. – *Le diable au corps* (»Den Teufel im Leib«). Frankreich 1947. R: Claude Autant-Lara. D: Micheline Presle, Denise Grey. – *La Chartreuse de Parma* (»Die Kartause von Parma«). Frankreich 1948. R: Christian-Jacques. D: Renée Faure, Maria Casares. – *La beauté du diable* (»Pakt mit dem Teufel«). Frankreich/Großbritannien 1949. R: René Clair. D: Michel Simon, Nicole Besnard. – *La Ronde* (»Der Reigen«). Frankreich 1950. R: Max Ophüls. D: Simone Signoret, Serge Regfiani, Danielle Darieux, Daniel Gélin, Simone Simon, Jean-Louis Barrault. – *Juliette ou la cléf des songes* (»Juliette oder Der Schlüssel zu den Träumen«). Frankreich 1951. R: Marcel Carné. D: Suzanne Cloutier. – *Fanfan la Tulipe* (»Fanfan der Husar«). Frankreich/Italien 1951. R: Christian-Jacques. D: Gina Lollobrigida. – *Les Orgueilleux* (»Aufenthalt vor Vera Cruz«). Frankreich 1953. R: Yves Allégret. D: Michèle Morgan. – *Le Rouge et le Noir* (»Rot und Schwarz«). Frankreich/Italien 1954. R: Claude Autant-Lara. D: Danielle Darieux, Antonella Lualdi. – *Till L'Espiègle* (»Till Eulenspiegel«). Frankreich/DDR 1956. R: Gérard Philipe/Joris Ivens. D: G. Philipe, Jean Vilar, Nicole Berger. – *Les liaisons dangereuses* (»Gefährliche Liebschaften«). Frankreich 1959. R: Roger Vadim. D: Jeanne Moreau, Jean Louis Trintignant. – *La fièvre monte a El Pao* (»Das Fieber steigt in El Pao«). Frankreich/Mexiko 1959. R: Luis Bunuel. D: Maria Félix, Jean Servais.

Tyrone Power

Tom Brown of Culver. USA 1932. R: William Wyler. D: Tom Brown, H. B. Warner. – *Flirtation Walk*. USA 1934. R: Frank Borzage. D: Dick Powell, Ruby Keeler. – *Girls' Dormitory* (»Mädchenschlafsaal«). USA 1936.

R: Irving Cummings. D: Herbert Marshall, Simone Simon. – *Ladies in Love* (»Verliebte Damen«). USA 1936. R: Edward H. Griffith. D: Loretta Young, Simone Simon, Don Ameche. – *Lloyds of London*. USA 1936. R: Henry King. D: Freddie Bartholomew, Madeleine Carroll. – *Love is News*. USA 1937. R: Tay Garnett. D: Loretta Young, Don Ameche. – *Cafe Metropole*. USA 1937. R: Edward H. Griffith. D: Adolphe Menjou, Loretta Young. – *Thin Ice*. USA 1937. R: Sidney Lansfield. D: Sonja Henie, Arthur Treacher. – *Second Honeymoon*. USA 1937. R: Walter Lang. D: Loretta Young, Claire Trevor. – *In Old Chicago* (»In Alt-Chicago«). USA 1938. R: Henry King. D: Alice Faye, Don Ameche. – *Alexander's Ragtime Band*. USA 1938. R: Henry King. D: Alice Faye, Don Ameche. – *Marie Antoinette*. USA 1938. R: W. S. Van Dyke II. D: Norma Shearer, John Barrymore, Robert Morley. – *Suez*. USA 1938. R: Allan Dwan. D: Loretta Young, J. Edward Bromberg – *Jesse James* (»Jesse James, Mann ohne Gesetz«). USA 1939. R: Henry King. D: Henry Fonda, Nancy Kelly. – *The Mark of Zorro* (»Im Zeichen Zorros«). USA 1940. R: Rouben Mamoulian. D: Linda Darnell, Basil Rathbone, Gale Sondergaard. – *Blood and Sand* (»König der Toreros«). USA 1941. R: Rouben Mamoulian. D: Linda Darnell, Rita Hayworth, Nazimova, Anthony Quinn. – *The Black Swan* (»Der Seeräuber«). USA 1942. R: Henry King. D: Maureen O'Hara, Thomas Mitchell, George Sanders, Anthony Quinn. – *The Razor's Edge* (»Auf Messers Schneide«). USA 1946. R: Edmund Goulding. D: Gene Tierney, Ann Baxter. – *Nightmare Alley* (»Der Scharlatan«). USA 1947. R: Edmund Goulding. D: Joan Blondell. – *Captain from Castille*. USA 1947. R: Henry King. D: Jean Peters, Cesar Romero. – *Prince of Foxes* (»In den Klauen des Borgia«). USA 1949. R: Henry King. D: Orson Welles. – *The Black Rose* (»Die schwarze Rose«). USA 1950. R: Henry Hathaway. D: Orson Welles, Cecile Aubry. – *The Long Grey Line* (»Die lange, graue Linie«). USA 1955. R: John Ford. D: Maureen O'Hara. – *Abandon Ship!* (»Die Angst hat tausend Namen«). USA 1957. R: Richard Sale. D: Mai Zetterling, Lloyd Nolan. – *The Sun also Rises* (»Zwischen Madrid und Paris«). USA 1957. R: Henry King. D: Ava Gardner, Mel Ferrer, Errol Flynn. – *Witness for the Prosecution* (»Zeugin der Anklage«). USA 1958. R: Billy Wilder. D: Marlene Dietrich, Charles Laughton.

Maria Schell

The Magic Box (»Der magische Kasten«). Großbritannien 1951. R: John Boulting. D: Robert Donat, Laurence Olivier. – *Es kommt ein Tag*. BRD 1951. R: Rudolf Jugert. D: Dieter Borsche. – *Träumender Mund*. BRD 1952. R: Josef von Baky. D: O. W. Fischer. – *Die letzte Brücke*. Österreich/Jugoslawien 1954. R: Helmut Käutner. D: Bernhard Wicki. – *Rose Bernd*. BRD 1956. R: Wolfgang Staudte. D: Raf Vallone, Hannes Messemer. – *Gervaise*. Frankreich 1956. R: René Clément. D: François Périer. – *The Brothers Karamasov* (»Die Brüder Karamasow«). USA 1957. R: Richards Brooks. D: Yul Brynner. – *The Hanging Tree* (»Der Galgenbaum«). USA

1959. R: Delmer Daves. D: Gary Cooper. – *Le notti bianchi* (»Weiße Nächte«). Italien 1958. R: Luchino Visconti. D: Marcello Mastroianni, Jean Marais.

Simone Signoret

La Ronde (»Der Reigen«). Frankreich 1950. R: Max Ophüls. D: Serge Reggiani, Danielle Darieux, Daniel Gélin, Simone Simon, Jean-Louis Barrault, Gérard Philipe. – *Le casque d'or* (»Der Goldhelm«). Frankreich 1952. R: Jacques Becker. D: Serge Reggiani. – *Thérèse Raquin* (»Therese Raquin«). Frankreich 1953. R: Marcel Carné. D: Raf Vallone, Martine Carol. – *Les Diaboliques* (»Die Teuflischen«). Frankreich 1954. R: Henri-Georges Clouzot. D: Paul Meurisse. – *La Mort en ce jardin* (»Pesthauch des Dschungels/ Der Tod in diesem Garten«). Mexiko/Frankreich 1956. R: Luis Bunuel. D: Michel Piccoli. – *Room at the top* (»Der Weg nach oben«). Großbritannien 1958. R: Jack Clayton. D: Laurence Harvey. – *Ship of Fools* (»Das Narrenschiff«). USA 1965. R: Stanley Kramer. D: Oscar Werner, Vivien Leigh, Jose Ferrer, Lee Marvin, Heinz Rühmann. – *L'Aveu* (»Das Geständnis«). Frankreich/Italien 1969. R: Constantine Costa-Gavras. D: Yves Montand. – *L'armée des ombres* (»Armee im Schatten«). Frankreich 1969. R: J.-P. Melville. D: Lino Ventura, Paul Meurisse. – *Le Chat* (»Die Katze«). Frankreich/ Italien 1970. R: Pierre Granier-Deferre. D: Jean Gabin. – *Rude journée pour la reine* (»Ein harter Tag für die Königin«). Frankreich/BRD/Schweiz 1973. R: René Allio. D: Jacques Debary. – *La vie devant soi.* (»Madame Rosa«). Frankreich 1977. R: Moshe Misrahi. D: Claude Dauphin.

James Stewart

The Murder Man (»Der elektrische Stuhl«). USA 1935. R: Tim Whelan. D: Spencer Tracy, Virginia Bruce. – *After the Thin Man* (»Dünner Mann, 2. Fall«). USA 1936. R: W. S. Van Dyke. D: William Powell, Myrna Loy. – *Mr. Smith Goes to Washington* (»Mr. Smith geht nach Washington«). USA 1939. R: Frank Capra. D: Jean Arthur, Claude Rains. – *Destry Rides Again* (»Der große Bluff«). USA 1939. R: George Marshall. D: Marlene Dietrich. – *The Philadelphia Story* (»Die Nacht vor der Hochzeit«). USA 1940. R: George Cukor. D: Cary Grant, Katharine Hepburn. – *Ziegfield Girl* (»Mädchen im Rampenlicht«). USA 1941. R: Robert Z. Leonard. D: Judy Garland, Hedy Lamarr, Lana Turner. – *The Stratton Story.* USA 1949. R: Sam Wood. D: June Allyson, Frank Morgan. – *Broken Arrow* (»Der gebrochene Pfeil«). USA 1950. R: Delmer Daves. D: Jeff Chandler, Debra Paget. – *Harvey* (»Mein Freund Harvey«). USA 1950. R: Henry Koster. D: Josephine Hull, Peggy Dow. – *Bend of the River* (»Meuterei am Schlangenfluß«). USA 1952. R: Anthony Mann. D: Arthur Kennedy, Julia Adams, Rock Hudson. – *The Glenn Miller Story* (»Die Glenn Miller-Story«). USA 1954. R: Anthony

Mann. D: June Allyson, Charles Drake. – *Rear Window* (»Fenster zum Hof«). USA 1954. R: Alfred Hitchcock. D: Grace Kelly, Wendell Corey, Thelma Ritter. – *The Man from Laramie* (»Der Mann aus Laramie«). USA 1955. R: Anthony Mann. D: Arthur Kennedy, Donald Crisp. – *The Man Who Knew Too Much* (»Der Mann, der zuviel wußte«). USA 1956. R: Alfred Hitchcock. D: Doris Day. – *Vertigo* (»Aus dem Reich der Toten«). USA 1958. R: Alfred Hitchcock. D: Kim Novak. – *Anatomy of a Murder* (»Anatomie eines Mordes«). USA 1959. R: Otto Preminger. D: Lee Remick, Ben Gazzara. – *The Man Who Shot Liberty Valance* (»Der Mann, der Liberty Valance erschoß«). USA 1962. R: John Ford. D: John Wayne, Vera Miles. – *Cheyenne Autumn* (»Cheyenne«). USA 1964. R: John Ford. D: Richard Widmark, Caroll Baker, Karl Malden. – *The Big Sleep* (»Tote schlafen besser«). USA 1978. R: Michael Winner. D: Robert Mitchum, Sarah Miles.

Elizabeth Taylor

There's one Born every Minute. USA 1942. R: Harold Young. D: Hugh Herbert, Tom Brown. – *Lassie Come Home* (»Heimweh«). USA 1943. R: Fred M. Wilcox. D: Roddy McDowall, Donald Crisp. – *Jane Eyre* (»Die Waise von Lowood«). USA 1944. R: Robert Stevenson. D: Orson Welles, Joan Fontaine. – *National Velvet*. USA 1944. R: Clarence Brown. D: Mickey Rooney, Donald Crisp. – *Courage of Lassie*. USA 1946. R: Fred M. Wilcox. D: Frank Morgan, Tom Drake. – *Cynthia*. USA 1947. R: Robert Z. Leonard. D: George Murphy, S. Z. Sakall, Mary Astor. – *A Date with Judy* (»Wirbel um Judy«). USA 1948. R: Richard Thorpe. D: Wallace Beery, Jane Powell. – *Julia Misbehaves* (»Julia benimmt sich schlecht«). USA 1948. R: Jack Conway. D: Greer Garson, Peter Lawford. – *Little Women* (»Kleine tapfere Jo«). USA 1949. R: Mervyn LeRoy. D: June Allyson, Peter Lawford, Janet Leigh, Mary Astor. – *Conspirator* (»Verschwörer«). USA 1950. R: Victor Saville. D: Robert Taylor. – *A Place in the Sun* (»Ein Platz an der Sonne«). USA 1951. R: George Stevens. D: Shelley Winters, Montgomery Clift. – *Love is Better than Ever*. USA 1952. R: Stanley Donen. D: Larry Parks. – *The Girl who had Everything*. USA 1953. R: Richard Thorpe. D: William Powell, Gig Young. – *Elephant Walk* (»Elefantenpfad«). USA 1954. R: William Dieterle. D: Dana Andrews, Peter Finch. – *Rhapsody* (»Symphonie des Herzens«). USA 1954. R: Charles Vidor. D: Vittorio Gassman. – *Giants* (»Giganten«). USA 1956. R: George Stevens. D: Rock Hudson, James Dean, Carroll Baker. – *Raintree Country* (»Das Land des Regenbaumes«). USA 1957. R: Edward Dmytryk. D: Montgomery Clift, Eva Marie Saint. – *Cat on a Hot Tin Roof* (»Die Katze auf dem heißen Blechdach«). USA 1958. R: Richard Brooks. D: Paul Newmann, Burl Ives. – *Suddenly Last Summer* (»Plötzlich im letzten Sommer«). USA 1959. R: Joseph L. Mankiewicz. D: Katharine Hepburn, Montgomery Clift. – *Butterfield 8* (»Telefon Butterfield 8«). USA 1960. R: Daniel Mann. D: Laurence Harvey, Eddie Fisher. – *Cleopatra*. USA 1963. R: Joseph L. Mankiewicz. D:

Rex Harrison, Richard Burton. – *The VIPs* (»Hotel International«). USA 1963. R: Anthony Asquith. D: Richard Burton, Orson Welles. – *The Sandpiper* (»... die alles begehren«). USA 1965. R: Vincente Minnelli. D: Richard Burton. – *Who's Afraid of Virginia Woolf?* (»Wer hat Angst vor Virginia Woolf?«). USA 1966. R: Mike Nichols. D: Richard Burton, George Segal. – *The Taming of the Shrew* (»Der Widerspenstigen Zähmung«). USA 1967. R: Franco Zeffirelli. D: Richard Burton. – *The Comedians* (»Die Stunde der Komödianten«). USA 1967. R: Peter Glenville. D: Richard Burton, Alec Guiness, Peter Ustinov. – *Secret Ceremony* (»Die Frau aus dem Nichts«). USA 1968. R: Joseph Losey. D: Mia Farrow, Robert Mitchum. – *The only Game in Town* (»Das einzige Spiel in der Stadt«). USA 1970. R: George Stevens. D: Warren Beatty. – *Hammersmith is out.* Großbritannien 1972. R: Peter Ustinov. D: Richard Burton, Peter Ustinov. – *A Little Night Music.* USA 1977. R: Harold Prince. D: Diana Rigg.

John Wayne

Hangman's House (»Das Haus des Henkers«). USA 1928. R: John Ford. D: Victor McLaglen. – *Stagecoach* (»Ringo/Höllenfahrt nach Santa Fe«). USA 1939. R: John Ford. D: Claire Trevor, Tim Holt, Thomas Mitchell. – *Red River* (»Panik am roten Fluß«). USA 1948. R: Howard Hawks. D: Montgomery Clift, Joanne Dru, Walter Brennan. – *Rio Grande.* USA 1950. R: John Ford. D: Maureen O'Hara. – *The Searchers* (»Der schwarze Falke«). USA 1956. R: John Ford. D: Vera Miles, Natalie Wood, Jeffrey Hunter. – *Rio Bravo.* USA 1959. R: Howard Hawks. D: Angie Dickinson, Dean Martin, Walter Brennan, Ricky Nelson. – *The Alamo* (»Alamo«). USA 1960. R: John Wayne/John Ford. D: Linda Cristal, Richard Widmark. – *The Man who Shot Liberty Valance* (»Der Mann der Liberty Valance erschoß«). USA 1962. R: John Ford. D: James Stewart, Lee Marvin. – *Hatari.* USA 1962. R: Howard Hawks. D: Elsa Martinelli, Hardy Krüger. – *Donovan's Reef* (»Die Hafenkneipe von Tahiti«). USA 1963. R: John Ford. D: Lee Marvin, Elizabeth Allen. – *El Dorado.* USA 1967. R: Howard Hawks. D: Robert Mitchum, James Caan. – *The Green Berets* (»Die grünen Teufel«). USA 1968. R: John Wayne/Ray Kellog/Mervyn LeRoy. D: David Janssen, Aldo Ray. – *True Grit* (»Der Marshal«). USA 1969. R: Henry Hathaway. D: Kim Darby. – *The Shootist* (»Der Scharfschütze«). USA 1976. R: Don Siegel. D: Lauren Bacall, James Stewart.

Orson Welles

Citizen Kane. USA 1940/41. R: Orson Welles. D: Orson Welles, Joseph Cotten, Agnes Moorehead. – *The Magnificent Ambersons* (»Der Glanz des Hauses Amberson«). USA 1941/42. R: Orson Welles. D: Tim Holt, Joseph Cotten, Anne Baxter. – *The Stranger.* USA 1945. R: Welles. D: Welles, Loretta

Young, Edward G. Robinson. – *The Lady from Shanghai* (»Die Lady von Shanghai«). USA 1947. R: Welles. D: Welles, Rita Hayworth. – *Macbeth*. USA 1947. R: Welles. D: Welles, Jeanette Nolan, Dan O'Herlihy. – *Othello*. Italien 1949/52. R: Welles. D: Welles, Micheál MacLiammóir, Suzanne Cloutier, Joseph Cotten. – *Mr. Arkadin/Confidential Report* (»Herr Satan persönlich!«). Spanien/Frankreich 1954/55. R: Welles. D: Welles, Paola Mori, Robert Arden, Akim Tamiroff. – *Touch of Evil* (»Im Zeichen des Bösen«). USA 1957/58. R: Welles. D: Welles, Charlton Heston, Janet Leigh, Akim Tamiroff. – *The Trial* (»Der Prozeß«). Frankreich 1962. R: Welles. D: Welles, Anthony Quinn, Jeanne Moreau, Elsa Martinelli, Romy Schneider, Akim Tamiroff. – *Chimes at Midnight* (»Falstaff«). Spanien/Schweiz 1965/66. R: Welles. D: Welles, Keith Baxter, John Gielgud, Jeanne Moreau. – *The Immortal Story/Une Histoire Immortelle* (»Stunde der Wahrheit«). Frankreich 1966/67. R: Welles. D: Welles, Jeanne Moreau. – *F for Fake* (»F wie Fälschung«). Iran/Frankreich 1973. R: Welles. D: (alle Darsteller spielen sich selbst) Welles, Oja Kodar, François Reichenbach, Elmyr de Hory, Clifford Irving. – *Filming Othello by Orson Welles* (»Erinnerungen an Othello«). USA 1977. R: Welles. D: Welles.

Bildnachweis

Bavaria 37
Camera-Film 112
Centfox 42, 49, 62, 66, 67, 100, 122, 160, 161, 165, 167, 190, 194,
Columbia 57, 68, 90, 94, 96, 99, 132, 134, 140,146, 151, 184, 213, 253 (2)
DEFA 114
Europa 215
Fama 136, 139
Films Ariane/Filmsound 109
Franco-London/Rizzoli 253
Junge Film-Union 116
Menningen 104, 160, 252
MGM 58, 70, 72, 143, 155, 187, 217, 252 (3)
NDF 117
Neue Filmkunst 233
Paramount 52, 102, 156, 204, 253
Roitfeld/Francos/Vides 130
RKO 29, 79, 253
Schorcht 85
Selznick 198
SPEVA 122
UFA 30, 34, 39
United Artists 19, 22, 128, 157, 169, 171, 200, 220/221, 223, 230, 234, 235
Universal 76, 84, 200, 252
Universal-Film, Paris 106
Warner Brothers 10, 13, 15, 17, 25, 28, 46, 47, 56, 168, 174, 179, 181, 183,
    192, 202, 207, 218, 225, 252, 253
Warner-Columbia 210
Zebra 120

FISCHER CINEMA

**Rudolf Arnheim
Kritiken und Aufsätze
zum Film**
Herausgegeben von Helmut
H. Diederichs
Band 3653

Film als Kunst
Mit einem Vorwort zur
Neuausgabe
Band 3656

**Willi Bär / Hans Jürgen
Weber (Hrsg.)
Schwestern oder
Die Balance des Glücks**
Ein Film von Margarethe
von Trotta
Band 3659

Fischer Film Almanach 1980
Filme, Festivals, Tendenzen
Herausgegeben von Willi
Bär und Hans Jürgen Weber
Band 3657

**Sheridan Morley
Marlene Dietrich**
Bildbiographie
Band 3652

**Hans Richter
Der Kampf um den Film**
Für einen gesellschaftlich
verantwortlichen Film
Herausgegeben von
Jürgen Römhild
Band 3651

**Margarethe von Trotta /
Luisa Francia
Das zweite Erwachen der
Christa Klages**
Band 3654

Syberbergs Filmbuch
Filmästhetik. 10 Jahre Film-
alltag. Meine Trauerarbeit für
Bayreuth. Wörterbuch des
deutschen Filmkritikers
Band 3650

**Karsten Witte / Berndt
Schulz / Adolf Heinzlmeier
Die Unsterblichen des Kinos**
Glanz und Mythos der Stars
der 40er und 50er Jahre
Band 3658